新时代特色小镇发展指南丛书

浙江特色小镇经验及实践

杨 飞　廖 彦　孙东琪　徐杏华　杜耀龙　著

中国建筑工业出版社

图书在版编目（CIP）数据

浙江特色小镇经验及实践 / 杨飞等著 .— 北京：中国建筑工业出版社，2019.9
（新时代特色小镇发展指南丛书）
ISBN 978-7-112-24066-1

Ⅰ.①浙… Ⅱ.①杨… Ⅲ.①小城镇—城市建设—研究—浙江 Ⅳ.① F299.275.5

中国版本图书馆 CIP 数据核字（2019）第 167737 号

责任编辑：宋 凯 张瀛天
版式设计：京点制版
责任校对：赵 菲 芦欣甜

新时代特色小镇发展指南丛书
浙江特色小镇经验及实践
杨 飞 廖 彦 孙东琪 徐杏华 杜耀龙 著
*
中国建筑工业出版社出版、发行（北京海淀三里河路 9 号）
各地新华书店、建筑书店经销
北京点击世代文化传媒有限公司制版
北京建筑工业印刷厂印刷
*
开本：787×1092 毫米 1/16 印张：18¼ 字数：288 千字
2019 年 11 月第一版 2019 年 11 月第一次印刷
定价：68.00 元
ISBN 978-7-112-24066-1
（34541）

前　言 PREFACE

笔者作为工作在规划设计一线的一名普通规划师，有幸得到机会于 2014 年底在浙江省建设厅挂职，一年半的挂职锻炼结束后，又投身一线规划设计工作。期间不仅经历了特色小镇的诞生记，也主持和参与了大量特色小镇的规划设计、评审等工作，现在回头梳理自己的所见、所思、所悟，可谓感慨良多，可以用《桃花扇》中的一句经典名句来形容“俺曾见，金陵玉树莺生晓，秦淮水榭花开早谁知道容易冰消！眼看他起朱楼，眼看他宴宾客，眼见他楼塌了”。

近几年，“特色小镇”就像我们这个时代的网红，经历了 2014 年底的初出茅庐、崭露头角，很快受到各方面的热捧，从中央到地方，从政府到金融机构，还有不计其数的设计师、媒体、专家学者等等，可以说在 2015 和 2016 年的两年间，特色小镇是不折不扣的“出道即巅峰”。但和许多网红蹿红太快没有牢固的积淀和准备类似，随着全国运动式的推进特色小镇建设，质疑的声音也越来越大，而且出现了越来越多的负面新闻“某某特色小镇昙花一现”“某某特色小镇资方撤资”“某某特色小镇山寨鬼城”等等。终于进入 2017 年，政府高层开始对特色小镇进行冷思考，随着 2017 年底国家财政部发文《关于规范政府和社会资本合作（PPP）综合信息平台项目库管理的通知》标志着国家开始对包括特色小镇在内的金融风险提高警惕，随后 2018 年初，国家发展改革委等四部委发布《关于规范推进特色小镇和特色小城镇建设的若干意见》，更是将中央对特色小镇踩刹车的信号明确的传递给社会。

但我们也要看到中央踩刹车只是降速降温，并不是将鼓励特色小镇发展的决策推倒。这是因为特色小镇理念本身并没有问题，而且特色小镇也是社会主义新时代新型城镇化的重要组成和重要抓手。新型城镇化的核心在于不以牺牲生态空间和农业空间为代价的情况下，重点关注三农发展，推动基础设施和公共服务设施的一体化和均等化，实现城乡融合发展。而特色小镇从城乡功能和城乡区位关系来说处于城与乡的结合部和过渡区，是城市设施和服务向乡村过渡的必经途径。

所以经过一段时间的降温和纠偏，特色小镇继续出发，稳步前进。国家发展改革委在 2019 年 3 月 31 日印发《新型城镇化建设重点任务》，其中将支持特色小镇有序发展作为工作重心之一。在推进工作的表述中，也可以一窥特色小镇发展方向以及对之前问题的反思，尤其是要求“建立规范纠偏机制，逐年开展监测评估，淘汰错用概念的行政建制镇、滥用概念的虚假小镇、缺失投资主体的虚拟小镇”，可见国家高层对特色小镇理念和途径的高度认可，以及在反思后对特色小镇再出发的期待。

笔者对特色小镇和小城镇发展尤其的关注，这渊源可以追溯到本科时的毕业论文《大都市边缘区土地可持续利用》，开始思考除了被大城市吞噬，非城非村的地区应该如何发展？之后在美国和德国历经近 8 年的学习、工作和生活，都是在小镇之中（先后为美国的 Ames，德国的 Freising 和美国的 Gainesville，分别为爱荷华州立大学、慕尼黑工业大学和佛罗里达大学的所在地），生活的经历和学习研究的积累让笔者一直保持着对镇村发展的兴趣。尤其是初到在美国读书时，硕士导师，和蔼的 Riad Mahayni 老先生，给我推荐了 E.F. Schmacher 在 1989 年所著的《Small is beautiful》。书中阐释了经济发展并不要一味地追求规模，适度规模可以取得更好的实际效果，小而美，正是特色小镇的独特魅力。所以重回轨道的“特色小镇”承载着我个人对城市生活的向往，也承载着新型城镇化的重任。写就本书也正是希望参与到“特色小镇”的讨论中，让特色小镇更美好。

那么这本书到底写了些什么内容呢？既然我们讲“特色小镇”，不妨借鉴特色小镇内涵展开的方式。在《特色小镇是浙江省创新发展的战略选择》中，时任浙江省省长李强撰文称，“特色小镇不是行政区划单元上的镇，也不是……”，在阐述特色小镇是什么之前，先否定性描述特色小镇不是什么。介绍本书是什么之前，笔者也斗胆参照这一方式，首先否定它不是什么。本书不是学术研究成果，也不是理论层面的讲解。特色小镇推行几年来，市面上已经有不少论著介绍特色小镇的理论和学术研究的成果，所以本书中并没有太多理念的讲述，比如“三生空间”之类的术语和名词也用的很少。

本书是笔者实操经验的总结和思考。第一章从背景的角度阐述特色小镇产生的土壤，从而更有助于读者理解特色小镇的实质；第二章抛出特色小镇推进中出现过的偏差，在开头的位置提出这些内容也是希望读者在后文的阅读中可以保持清醒的头脑，带着问题去吸收和思考；第三和第四章解读特色小镇的内涵及各地对特色小镇的理解；第五章的核心内容曾发表在《小城镇建设》杂志上，提出后文介绍内容的规划框架，以规划的视角搭建特色小镇的框架体系；第六、七、八、九章是本书的核心，主要分享什么是特色、如何形成特色，以及如何在实操角度把握特色小镇的核心；第十章通过特色小镇的分类介绍了不同类型的特色小镇；最后一章通过 10 个案例，全面解读“不同类型特色小镇如何在规划设计实践中应用本书介绍的理念和工具”。

希望本书可以作为有关从业人员的工具书。首先，本书可以作为策划规划的操作手册，不仅适用于特色小镇，还适用于美丽乡村、乡村振兴及较小经济体的产业策划及概念规划。第二，希望本书中的视角和分析逻辑可以给从业者以启发，如何发掘特色资源，如何分析问题，如何打造小镇特色等；第三，本书中提供了大量素材，尤其是其中对许多特色小镇的分析解读都来自于笔者及团队的原创方案。所以本书不仅适用于规划设计专业的学生和设计师，还能为政府工作人员、投资人等相关人士更加科学认识特色小镇、更加合理谋划特色小镇提供依据和参考。

目 录 CONTENTS

第 1 章　特色小镇的时代背景

1.1　浙江特色小镇发端的社会、经济和生态背景

1.1.1　浙江城乡发展背景

改革开放以来，浙江从农村工业化起步，走出一条不同于传统工业化模式的发展道路，历史的或偶然的因素，诱发了某些产业在某地萌芽，并依托根植于地方社会文化的产业组织，不断创新和集聚生产要素，逐步壮大形成“一镇一品”特色。这在浙江比比皆是。“一镇一品”，作为乡镇经济自发形成的经济形态，经过 30 多年来的发展，随着土地、劳动力等要素成本的不断上升，已难适应当前经济的发展需求，也难以形成持续的有效的投资，到了发展乏力、面临转型的关键时期。而特色小镇能在浙江省孕育，也正是省委省政府准确把握发展瓶颈，并针对性开出药方的尝试和努力。

1. 产业背景

首先特色小镇根植于浙江省30年经济发展所形成的块状经济。“块状经济”是指一定的区域范围内形成的一种产业集中、专业化极强同时又具有明显地方特色的区域性产业群体的经济组织形式。改革开放以来，浙江省依靠独特的区位优势、传统经商意识和当地能人的示范带动下，形成了由当地产业和专业性商品市场互为依托、联动发展的一镇一品、一县一业的区域块状经济。从拨浪鼓摇出的“小商品联合国”义乌，到“‘布’满全球的纺织大县”绍兴，再到“小家电生产王国”慈溪……柳市的低压电器、嘉善的木材、绍兴的轻纺、海宁的皮革、濮院的羊毛衫、织里的童装、永康的五金制品、温州龙岗的不锈钢等都闻名全国。发端于草根创业激情、以块状模式为主要特征的浙江县域经济，为全国县域经济的发展提供了范本。县域经济的集体发力，让浙江

这个陆域面积全国倒数第二的资源小省，创造了全国第四的经济总量，成为中国经济最具活力的省份之一。

历经 30 来年的发展，块状经济是浙江县域经济的主要支撑，浙江省 90% 以上的县市区都培育和发展了块状经济，工业产值在 5 亿元以上的块状经济达 500 多个，年产值 10 亿元以上的达 312 个，年销售收入 100 亿元以上块状经济有 72 个，占据浙江省经济总量的半壁江山。块状经济与县域经济、特色经济、民营经济，表述和内涵或有不同，但一并成为高速发展的“浙江模式”的主要特征。

块状经济为浙江富民强省作出巨大贡献的同时，面临着层次低、结构散、创新弱、品牌小的先天不足，总体上处于产业集群的初级形态，相当数量还不是现代意义上的产业集群。与世界上成熟的产业集群相比，浙江的块状经济存在着一系列结构性问题，其中最突出的是处于价值链低端，偏重制造，是“浙江制造”乃至“中国制造”面临一个共性问题。长期依赖资源要素投入，浙江经济的质量与速度早已受限，“卖出 8 亿件衬衫，换回 1 架空客 A380”的尴尬现实，把浙江逼到转型升级的关口。要素枯竭、环境制约、国际金融危机的多重倒逼，把浙江推到经济转型升级的唯一路径上。浙江块状经济急需变叠加为嵌入、变重量到重质、变模仿为创新的产业升级和突破。

浙江省审时度势地提出，推动块状经济向现代产业集群转型。加快发展具有国际竞争力的产业集群，是浙江工业经济转型升级的战略重点。2008 年，浙江下决心打造作为块状经济升级版的现代产业集群，开展 21 个块状经济向现代产业集群提升试点，提升块状经济的层次和竞争力。2010 年，《浙江省人民政府关于进一步加快块状经济向现代产业集群转型升级示范区建设的若干意见》指出，要推进市场营销合作体系建设、生产配套协作体系建设、金融服务体系建设、行业协会管理体系建设、产业集群中介服务体系建设，并强化规划指导、智力支持、项目带动作用、技术创新、品牌培育力度和提供组织保障，通过一系列的政策保障推动浙江省现代产业集群转型升级示范区建设。2011 年，在建设现代产业集群基础上，浙江全面启动产业集聚区建设。

顺应产业结构演化和生产力布局优化趋势，依托城市高端资源带动产业升级的特色小镇应运而生。2014 年 10 月 30 日，浙江省省长李强在首届世界互联网大会新闻发布会上说，浙江将通过系列小镇建设，赋予特色小镇以新理念、新机制推进产业集聚、产业创新和产业升级的新功能，致力于打造更有激情的创业生态系统。特色小镇是承载浙江省产业转型升级示范区建设的绝佳载体，与传统块状产业的精准对接成为特色小镇的一大特色，是化解“块状经济”的新招，各地纷纷谋划、争相创建。2015 年 1 月 21 日，浙江省十二届人大三次会议开幕会上指出，要加快规划建设一批特色小镇，在全省建设一批聚焦七大产业、兼顾丝绸黄酒等历史经典产业、有独特文化内涵和旅游功能的特色小镇。

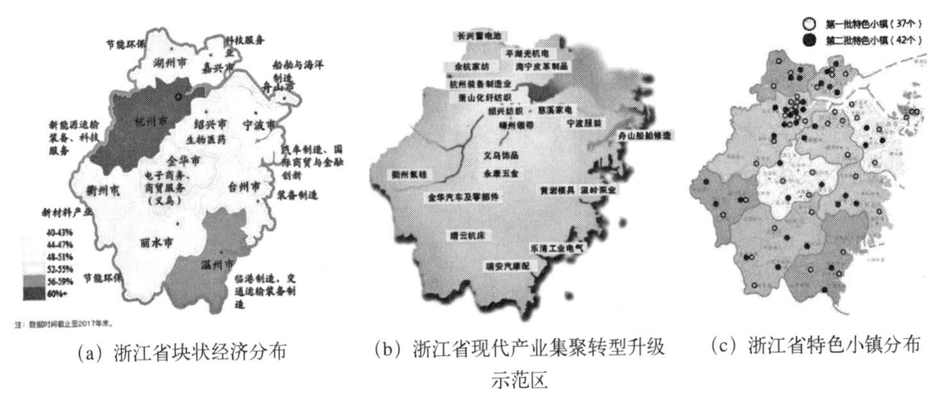

(a) 浙江省块状经济分布　(b) 浙江省现代产业集聚转型升级示范区　(c) 浙江省特色小镇分布

图 1.1.1-1　浙江省产业分布

2. 人口背景

浙江省以中小企业为主的块状经济多是劳动密集型产业，人口是影响其发展壮大的重要因素。人口密度和人口规模在工业化、城镇化中有着重要的作用，较高的人口密度和较大的人口规模是城镇化水平的重要表征指标之一。一定人口基础构成了城镇化的内在需求与动力，促使就地城镇化地区原有的乡村聚落和人口无需通过类似西方国家经历大规模人口转移和原有乡村聚落的大量消亡，就可以在原乡村及邻近区域实现城镇或准城镇类型的转变（朱宇等，2012）[1]。近年来，浙江省人口数量平稳增长，城镇人口快速增加与城市化率持续增长，为浙江省就地城镇化提供了坚实的基础。

1　朱宇，祁新华，王国栋等 . 中国的就地城镇化：理论与实证 [M]. 北京：科学出版社，2012.

1）人口总量从快速增长逐步转为平稳增长，并向大都市集中[1]

改革开放以来，伴随着经济发展方式的转变以及人口数量的控制，浙江人口由快速增长逐步转为平稳增长。常住人口由1990年的4238万人增至2017年的5657万人（图1-2），年均增长1.1%。人口再生产由“高出生、低死亡、高增长”转为“低出生、低死亡、低增长”，人口出生率由1978年的18.17‰降至2011年的最低点（9.47‰）后升至2017年的11.92‰，人口死亡率稳定在5.4‰至6.9‰的低水平，人口自然增长率从12.34‰降至2003年的最低点（3.28‰），再波动升至2017年的6.36%。

据2017年全省5‰人口变动抽样调查（表1.1.1-1），年末全省常住人口5657万人，比上年末增加67万人。其中，男性人口2897万人，女性人口2760万人，分别占总人口的51.2%和48.8%。全年出生人口67万人，出生率为11.92‰；死亡人口31.3万人，死亡率为5.56‰；自然增长率为6.36‰。城镇化率为68.0%。

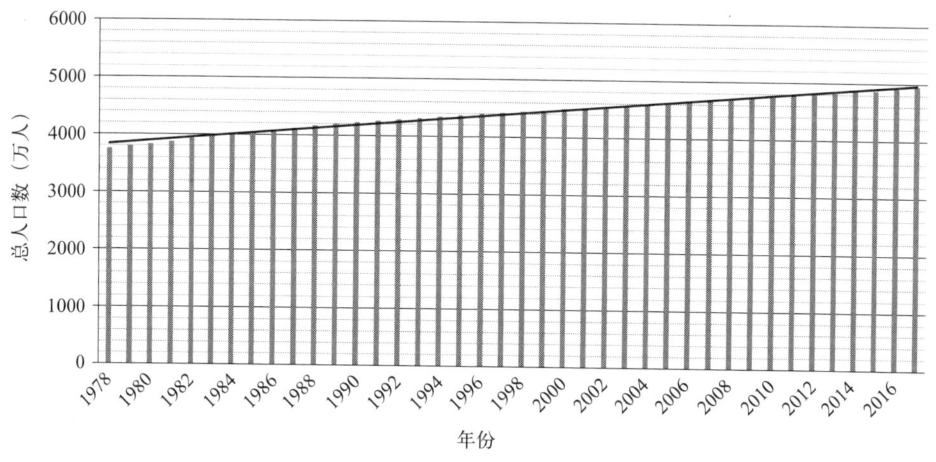

资料来源：2018年浙江省统计年鉴。本表资料为公安年报数。

图1.1.1-2　1978～2017年浙江省总人口数和就业人口总数

随着产业结构调整步伐加快，城市基础设施建设和管理逐步完善，中心城镇积聚和辐射效应日益增强，城市对人口的承载力和吸纳能力不断提高。

1　资料来源：浙江省统计局。

2017 年末，浙江常住人口城镇化率达 68.0%，比 2000 年提高 19.3 个百分点，比 1990 年提高 36.8 个百分点，比 1978 年提高 53.5 个百分点。杭州、宁波、温州和金华—义乌等四大都市区成为高端要素、高端产业集聚地。人口集聚为产业集聚夯实了基础，产业集聚强化了人口集聚的趋势。2017 年末，四大都市区常住人口 3225 万人，占全省的 57.0%，分别比 2015 年和 2010 年提高 0.3、0.4 个百分点。其中，杭州常住人口从 2010 年末的 870.0 万人上升至 2017 年的 946.8 万人，占全省人口比重由 16.0% 提升至 16.7%，人口集聚效应最为明显。从表 1.1.1-1 可以看出，2017 年在浙江省 5657 万户籍人口中，人口最多的是杭州市，其次是温州市，相对比例分别为 16.7%，16.3%；人口最少的是舟山市，只占全省人口比例的 2.1%，前者约为后者的 8 倍。浙江省 11 个地级市中，户籍人口的分布是相对比较不均衡的。

2017 年浙江省全省及 11 个地级市主要人口数据　　表 1.1.1-1

地区	年末常住人口（万人）	占全省人口比例（%）	出生率（‰）	死亡率（‰）	城镇化率（‰）
全省	5657	—	11.92	5.56	68.0
杭州市	946.8	16.7	12.5	5.1	76.8
宁波市	800.5	14.2	10.0	4.8	72.4
温州市	921.5	16.3	13.7	5.0	69.7
嘉兴市	465.6	8.2	11.7	5.8	64.5
湖州市	299.5	5.3	10.4	6.7	62.0
绍兴市	501.0	8.9	9.2	6.4	65.5
金华市	556.4	9.8	13.3	5.7	66.7
衢州市	218.5	3.9	12.6	6.5	55.7
舟山市	116.8	2.1	9.7	6.2	67.9
台州市	611.8	10.8	12.6	5.8	62.2
丽水市	218.6	3.9	12.8	6.1	59.7

注：2017 年全省 5‰人口变动抽样调查以全省为总体，以 11 市为子总体，采取分层、整群、概率比例的抽样方法，共抽取 1300 个村级单位为调查小区，调查人口 30 余万人。

资料来源：浙江省统计信息网整理。

杭州、宁波、温州、金华一直是全省流动人口大市，2017 年有 65.0% 的流动人口选择四大都市区，比 2010 年提高 2.0 个百分点，人口集聚效应进一步增强。其中，省内人口更倾向于向杭宁温流动，超过一半的省内流动人口集聚在杭州、宁波和温州这三个经济最为发达的地区。2017 年，宁波省内流动人口占全省省内流动人口的 17.0%，比 2010 年提高 3.2 个百分点，增幅为全省第一；温州省外流动人口占比一直最高，但集聚趋势已开始减弱，逐步向杭州、金华、嘉兴等地分流；杭州、金华的省外流入人口占全部省外流动人口的比例为 18.1%、12.7%，分别比 2010 年提高 3.4 和 2.3 个百分点。

2010 年、2017 年浙江省流动人口的流入地分布（%）　　表 1.1.1-2

流入地	合计		省内流动人口		省外流动人口	
	2010	2017	2010	2017	2010	2017
全省	100	100	100	100	100	100
杭州	16.1	18.0	18.4	18.0	14.7	18.1
宁波	15.7	16.4	13.8	17.0	16.8	16.2
温州	21.2	19.0	17.9	17.1	23.0	19.8
嘉兴	8.0	9.9	5.5	6.5	9.5	11.4
湖州	3.7	2.4	3.4	2.6	3.8	2.3
绍兴	8.1	6.8	8.8	5.8	7.7	7.3
金华	10.1	11.6	9.7	9.3	10.4	12.7
衢州	2.0	1.7	4.3	4.3	0.7	0.5
舟山	2.0	1.1	2.4	1.6	1.8	1.0
台州	9.9	9.8	9.0	9.6	10.3	9.9
丽水	3.3	3.2	6.8	8.2	1.3	0.8

资料来源：浙江省统计信息网。

在总体人口平稳增长的态势下，人口向大都市不断集聚造成了城市的不断扩张。城市摊大饼式的人口集聚过程，又间接推动了城市人口呈现爆炸性增长，大城市病日渐突出。一方面，城市户籍人口面临的人口膨胀、交通拥堵、住房困难、资源紧张、物价过高等“症状”。另一方面，外来人口的看病难、上学难、买房难的窘境也日渐凸显。所以在人口不断向大都市集聚的过程中，浙江省走传统的快速城镇化的路子已经逐渐走到了尽头，实现就地城镇化，发展建设小城镇是实现城乡统筹发展，带动落后区域发展，缓解大城市病的重要突破点。因此，浙江省继续突破人口集聚模式，摆脱人口极化的城镇化方式。

2）人口文化素质明显改善，劳动力素质不断提高

改革开放40年，浙江教育的整体水平和综合实力不断提升，实现并巩固了两大历史性跨越。一是全面实施免费九年义务教育，基础教育实现了从普及九年义务教育向普及学前3年到高中段15年教育的跨越。2017年，学前3年到高中段的15年教育普及率为98.77%，其中高中段教育毛入学率为96.5%；二是高等教育从精英化迈向普及化，高等教育毛入学率为58.2%，保持较高水平。教育事业的全面发展，促进了人口素质的稳步提升。2017年，浙江6岁以上人口的平均受教育年限为9.0年，比2010年的8.6年提高0.4年，比1982年的5.2年提高3.8年，其主要由大学及以上文化程度人口大幅增加拉动，大专及以上教育程度人口占6岁及以上人口的15.3%，比2010年提高5.4个百分点。

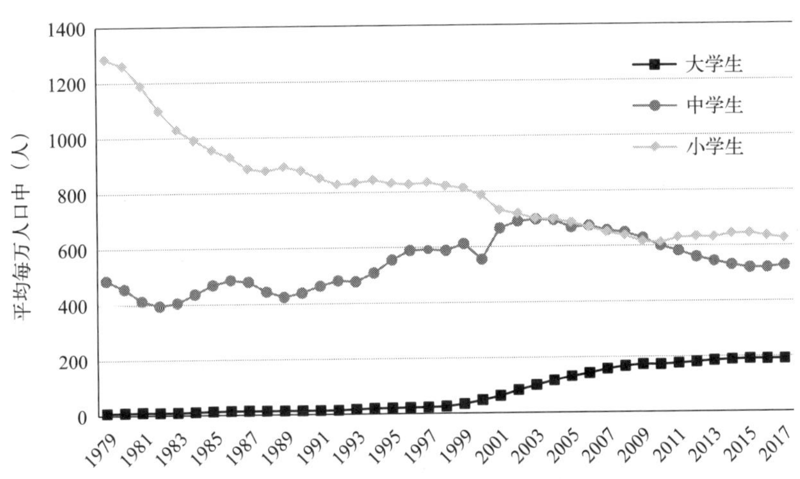

图1.1.1-3　每万人口中在校学生数和构成（1979～2017年）

劳动力素质提高是推动产业转型升级的可靠保证。但高素质劳动力需要一定程度的集聚，才能发挥人才集聚的优势，以高素质人力资源推动高端要素的集聚效应，进而推动产业发展。而特色小镇的设立就是在一定空间内集聚高端要素，其中包括高素质劳动力的集聚。而且特色小镇“三生融合”的建设要求对人才的吸引作用也是非常强烈的。加之许多特色小镇都制定了高端人才引进政策和创新集聚机制，更有利于浙江高端人才的集聚，为浙江人才质量的提升找到了空间承载平台。

3）人口老龄化进程加快，外来人口补充劳动力

改革开放以来，0 ~ 14 岁人口占常住人口的比重总体呈下降态势，由 1982 年的 29.3% 降至 2017 年的 13.5%。15 ~ 59 岁人口比重由 1982 年的 62.0% 升至 2017 年的 67.6%。劳动年龄人口比重先上升后下降，于 2011 年达到峰值，之后开始逐年下降。60 岁及以上人口比重由 1982 年的 8.7% 升至 2017 年的 18.9%。2010 年以来，随着两次人口生育高峰出生人口步入老年，浙江人口开始加速进入老龄化阶段。2017 年 60 岁及以上老年人口比重比 2010 年提高 5.0 个百分点，年均提高 0.71 个百分点，年均提高幅度是 2000 ~ 2010 年的 4.5 倍。

浙江省人口结构主要指标变化情况（%）　表 1.1.1-3

主要指标	1982 年	1990 年	2000 年	2010 年	2017 年
0 ~ 14 岁人口比重	29.3	23.3	18.1	13.2	13.5
15 ~ 59 岁人口比重	62.0	66.3	69.6	72.9	67.6
60 岁及以上人口比重	8.7	10.4	12.3	13.9	18.9
65 岁以上人口比重	5.8	6.8	8.9	9.3	13.0
老年负担系数（65 岁及以上人口 / 15 ~ 64 岁人口 ×100%）	8.9	9.7	12.2	12.0	17.7

资料来源：浙江省统计信息网。

外来劳动力人口集聚，一定程度上延缓了老龄化进程。各市人口老龄化程度差异明显。经济实力较强的杭州、宁波、温州、金华等市，由于外来劳动力人口多，其老年人口占比明显低于全省平均水平。其中，温州市老龄化程度最低，2017 年，60 岁及以上常住人口占全市总人口的 16.2%，低于全省平均 2.7 个百分点；温州老龄化程度低的另一个原因是出生率较高，为 13.7‰，高出全省平均 1.8 个千分点。外来人口相对较少的舟山、衢州、湖州等市老龄化程度均高于全省平均水平，其中，舟山老龄化程度最高，60 岁及以上人口占本市常住人口的 26.0%，高出全省平均 7.1 个百分点。

外来人口的流入在一定意义上强化了就地城镇化的区域发展格局，为就地城镇化地区提供了非农业发展所需要的劳动力（朱宇等,2012）[1]。超过 2000

1　朱宇，祁新华，王国栋，等 . 中国的就地城镇化：理论与实证 [M]. 北京：科学出版社，2012.

万来自全国各地的外来务工人员集聚浙江，为浙江经济发展提供充沛人力资源的同时，也为输出地解决了大量就业增收问题。尤其是一些来自经济欠发达地区的外来务工人员，加入到浙江转移就业创业的队伍后，成为“新浙江人”中的建设生力军，在浙江共建共享，安居乐业，成为城市文明与和谐社会的建设者。浙江不仅成为全国第一个完成脱贫攻坚任务的省份，也为全国贫困人口脱贫攻坚作出了巨大贡献。

近几年的城市“抢人大战”说明我们的城市越来越清醒地认识到未来城市的竞争是人的竞争，尤其是年轻人的竞争。尤其是在户籍人口已经呈现老龄化发展趋势的情况下，浙江各城市更应该创造条件，打造平台，不断吸引外来人口。而特色小镇可以作为外来人口的重要抓手。一方面特色小镇以产业为核心，提供大量就业机会。另一方面，特色小镇多位于城郊地区，小镇内尤其是小镇周边的房价等生活成本相对较低，对外来人口尤其是欠发达地区的务工人口来说，是向大城市转移的理想地区。

另外，特色小镇对老年人也是潜在的养老选择，在一定程度上对老龄化城市完善养老设施也是重要的支撑。特色小镇在城市周边，远离大城市的喧嚣，但城市设施和配套比较完善，还有人本化的空间尺度，而且许多小镇都规划有康养功能或相关配套产业，更为老年人提供了多样的养老居所选择。因此特色小镇也顺应了浙江城市老龄化的需求。

3. 生态背景

1）地理概况

浙江省地处中国东南沿海长江三角洲南翼，东临东海，南接福建，西与江西、安徽相连，北与上海、江苏接壤。境内最大的河流钱塘江，因江流曲折，称之江，又称浙江，省以江名，简称“浙”。

浙江东西和南北的直线距离均为 450 公里左右，陆域面积 10.55 万平方公里，是中国面积较小的省份之一。全省陆域面积中，山地占 74.6%，水面占 5.1%，平坦地占 20.3%，故有“七山一水两分田”。浙江海域面积 26 万平方公里，面积大于 500 平方米的海岛有 2878 个，大于 10 平方公里的海岛有 26 个，是全国岛屿最多的省份。

浙江地势由西南向东北倾斜，地形复杂。山脉自西南向东北呈大致平行的三支。西北支从浙赣交界的怀玉山伸展成天目山、千里岗山等；中支从浙闽交界的仙霞岭延伸成四明山、会稽山、天台山，入海成舟山群岛；东南支从浙闽交界的洞宫山延伸成大洋山、括苍山、雁荡山。水系主要有钱塘江、瓯江、灵江、苕溪、甬江、飞云江、鳌江、曹娥江八大水系和京杭大运河浙江段。钱塘江为浙江第一大江。湖泊主要有杭州西湖、绍兴东湖、嘉兴南湖、宁波东钱湖四大名湖，以及人工湖泊千岛湖等。地形大致可分为浙北平原、浙西中山丘陵、浙东丘陵、中部金衢盆地、浙南山地、东南沿海平原及滨海岛屿等六个地形区。

2）资源禀赋

浙江海洋资源十分丰富。海岸线总长 6715 公里，居全国首位，其中大陆海岸线 2218 公里，前沿水深大于 10 米的海岸线 482 公里，约占全国 30%。海洋渔业资源蕴藏量丰富，渔业生产能力较高。全省有渔场 22.3 万平方公里，资源蕴藏量 205 万吨，其中舟山渔场是我们最大的渔场，也是全球四大渔场之一。海洋能资源类型丰富，蕴藏量巨大。东海大陆架盆地具有开发前景良好的石油和天然气资源，是中国海上油气勘探的主要地区。可开发潮汐能的装机容量占全国的 40%，潮流能占全国一半以上，波浪能、风能、温差能、盐差能等开发条件优越。

浙江森林面积 9075 万亩，其中省级以上生态公益林面积 4536 万亩，森林覆盖率达 60.9%，活立木总蓄积量 3.14 亿立方米，居全国前列。野生动植物资源丰富，素有“东南动植物宝库”之称。有高等野生植物 5500 多种，其中 52 种野生植物被列入国家重点保护野生植物名录。已发现陆生野生动物 689 中，其中有 123 种动物被列入国家重点保护野生动物名录。

3）综合评价[1]

从生态背景分析来看，浙江省生态资源良好，但另一方面，山地、水系、林地占据大部分用地，使得可建设的土地资源十分有限，素有“七山二水一分田”来形容浙江土地资源短缺。随着大规模工业化城市化对建设用地的需求不断增加，可利用土地资源相对短缺。理论上测算全省适宜建设用地不足

1　资料来源：浙江省主体功能区规划。

2 万平方公里，可利用土地资源不足 1 万平方公里，主要集中在环杭州湾区域、浙东沿海和金衢盆地。

水资源相对紧缺且分布不均。全省多年平均水资源总量为 955 亿立方米，可利用水资源量为 350 亿立方米，人均可利用水资源量为 643 立方米。总体上呈西南丰富、东北缺乏的格局，水资源富裕地区主要分布于杭州的西部、浙西南的衢州和丽水、浙南的温州等山区。生态环境整体较好但局部脆弱。全省整体生态环境良好，但存在局部生态脆弱地区，主要为水土流失，面积约为 101 万平方公里，分布在浙南、浙西北和浙东等地区。

局部地区自然灾害多发。浙江自然灾害频发，危害最大的为台风，以及由此引发的海洋灾害和地质灾害，地震、洪水、赤潮、地面塌陷和地面沉降等自然灾害也有发生。部分区域存在遭受破坏性地震、水库地震和地质灾害隐患。

资源短缺且空间分布不均衡。浙江是资源小省，陆域面积小，人均耕地面积、人均水资源、人均森林蓄积量均低于全国平均水平。同时，全省的水土资源空间分布不均衡，适宜建设用地主要分布在环杭州湾、温台沿海平原和金衢盆地一带，而水资源储量相对丰富的地方却在浙西南地区，水土资源空间不匹配的格局对浙江经济发展的制约已日益凸显。

经济发展与环境保护的矛盾突出。浙江生态保护和节能减排任务十分艰巨。部分流域特别是平原河网和城市内河污染比较突出，近岸海域水质状况较差，大气环境状况不容乐观，农村生态保护和环境整治相对滞后。经济总量不断增加与环境容量相对不足的矛盾将会更加突出，环境质量现状与人民群众的期望仍然存在较大的差距。此外，浙江省粗放经营的农村工业，受发展条件的限制主要集中在造纸、食品、纺织、印染、化工、建材及采矿等行业，不仅加剧了资源浪费和污染蔓延，也严重影响生态投资效益，使污染物集中处理难度加大，污染面扩大（黄勇，宋炳坚，2000）[1]。

浙江省人多地少的矛盾日渐突出，加之经济快速增长对环境的破坏日益严峻。长期以来一直致力于在非常有限的空间里优化生产力布局。浙江省破

1　黄勇，宋炳坚. 推进浙江农村工业化与城镇化互动发展的思考 [J]. 中国农村观察，2000（5）：43-48.

解空间资源的瓶颈迫在眉睫，急需寻找和创造新的空间载体，这一需求也为浙江省创建特色小镇发展之路提供现实动力。特色小镇是浙江特色产业、新型城市化与“两美浙江”建设碰撞在一起的产物，之所以在城乡接合部建“小而精”的特色小镇，就是要在有限的空间里充分融合特色小镇的产业功能、旅游功能、文化功能、社区功能，进一步提高生产力布局综合效益。

4. 旅游市场背景

1）休闲时代全面袭来

随着经济的发展，生活水平的不断提高，人们日益注重生活方式的改善与生活品质的提高，一个大众化的休闲时代正在到来，基于休闲目的在异地寻找精神的愉悦和内心满足的休闲旅游是人们较为接受的休闲方式，休闲已成为全国广大人民群众生活的重要内容。我国旅游需求正经历着从浅层的传统景点观光旅游到体验自然、放松身心、休闲度假和参加各种娱乐活动式的休闲性旅游转变。浙江旅游资源非常丰富，自然风光与人文景观交相辉映，不断满足游客需求。全省有重要地貌景观 800 多处、水域景观 200 多处、生物景观 100 多处、人文景观 100 多处，还有可供旅游开发的主要海岛景区（点）450 余处。现有国家级风景名胜区 19 个、国家级旅游度假区 4 个、国家级自然保护区 10 个、国家森林公园 39 个、国家级湿地公园 10 个、国家级城市湿地公园 5 个、国家园林城市 30 个、国家 AAAAA 级旅游景区 14 家。尽管浙江省旅游资源丰富，但浙江人均收入较高，百姓旅游需求强烈，已有的旅游资源和传统景区无法满足日益旺盛的旅游需求，而特色小镇正是对城市休闲游和短途游的重要补充。

2）差异化特色化需求

旅游市场出现去同质化趋势，互换差异化、特色化的旅游模式，昔日成群团游改变为自由行，自驾行。旅游需求的不断变化，也催生了旅游型特色小镇的建设。旅游型特色小镇拥有当地较为丰富的自然和人文景观，具备完善的基础设施和公共服务设施为游客提供玩、吃、住、行等服务。在国家首批 127 个特色小镇中，以旅游为主导产业的占总比例的 57%，其实历史文化旅游占 36%，生态休闲类旅游占 21%；以农业为主导的特色产业占比为 13%，居之后的为历史经典及其他主导产业。旅游型特色小镇作为连接都市和乡村的纽带，在就地城镇化中，实现城乡一体化发展，促进乡镇地区的一二三产业融合发展，对新型城镇化建设有重要意义（关粤等，2018）[1]。

3）全域旅游环境优化

旅游业已经成为浙江省服务业的龙头产业，并逐步发展成为国民经济的支柱产业。2018 年，《浙江省旅游业发展“十三五”规划》中指出，旅游业坚持创新驱动、以人为本、全面统筹、融合发展和绿色发展的原则，坚持把全省作为一个大景区来谋划布局，以旅游的理念规划全省，用景区的标准建设城乡，推动旅游业发展与新型工业化、信息化、城镇化和农业现代化相结合，努力把浙江省打造成为宜居宜游、主客共享的全域化旅游目的地。

浙江省委、省政府高起点谋划浙江大旅游，召开全省旅游发展大会，出台加快培育旅游业成为万亿产业的实施意见等系列政策，大力发展旅游产业。浙江省委、省政府大力推进“五水共治”“三改一拆”“四边三化”等转型升级系列组合拳，为浙江省旅游业发展创造了更优环境。浙江省人大常委会审议通过《浙江省旅游条例》，推动浙江省旅游法制建设迈上新台阶。省政府主要领导亲自担任省旅游发展领导小组组长，旅游业发展纳入各级政府和部门的年度目标考核体系，统筹推进力度进一步加大。

为顺应旅游市场的发展，并支撑省委省政府关于建设旅游强省的决定，浙江省规划建设 100 个兼具旅游功能的特色小镇和 100 个富有浙江特色的旅游风情小镇。在特色小镇的打造中，明确提出所有特色小镇要建设成为 3A 级以上景区，旅游产业类特色小镇要按照 5A 级景区标准建设。这一要求不仅是建立全域旅游，沟通城乡旅游资源的重要一环，而且是顺应旅游市场发展趋势，提供居民更多出行选择，提供差异化旅游产品，满足日常休闲旅游需求的重要抓手。

1.1.2　新时代新要求

1. 新型城镇化的时代背景

对于城镇化建设，党的十六大提出了“走中国特色的城镇化道路”，党的

1　关粤，黎紫晴，梁清园，等. 广西旅游型特色小镇实现差异化发展策略研究——以广西贺街镇为例 [J]. 城市建设理论研究（电子版），2018，266（20）：197-204.

十七大的进一步补充，“按照统筹城乡、布局合理、节约土地、功能完善、以大带小的原则，促进大中小城市和小城镇协调发展”。党的十八大报告对其内涵做了高度概括，指出新型城镇化是以城乡统筹、城乡一体、产城互动、节约集约、生态宜居、和谐发展为基本特征的城镇化，是大中小城市、小城镇、新型农村社区协调发展、互促共进的城镇化。2014 年 3 月，中共中央、国务院印发了《国家新型城镇化规划（2014-2020 年）》，深入详细地阐述了我国新型城镇化建设的着力点。指出我国城镇化是在人口多、资源相对短缺、生态环境比较脆弱、城乡区域发展不平衡的背景下推进的，这决定了我国必须从社会主义初级阶段这个最大实际出发，遵循城镇化发展规律，走中国特色新型城镇化道路。要优化城镇规模结构，增强中心城市辐射带动功能，加快发展中小城市，有重点地发展小城镇，促进大中小城市和小城镇协调发展。在“重点发展小城镇”一节中提出要通过规划引导、市场运作，将具有特色资源、区位优势的小城镇，培育成为文化旅游、商贸物流、资源加工、交通枢纽等专业特色镇。

2014 年 12 月，国家发展和改革委员会等 11 个部委联合下发了《关于印发国家新型城镇化综合试点方案的通知》，将江苏、安徽两省和宁波等 62 个城市（镇）列为国家新型城镇化综合试点地区，并对乡镇发展做了特别说明，其中第十三条“加快特色镇发展”一节中提出要着力发展具有特色优势的休闲旅游、商贸物流、信息产业、先进制造、民俗文化、科技创新、教育孵化等魅力小镇，吸纳小镇周边人口和劳动力，带动农业现代化和农民就近城镇化。

可见新型城镇化作为重要的国家战略，已然是当前最大的结构调整和内需源泉，而小城镇的发展格外受到关注。但传统小城镇的发展面临众多发展瓶颈，如产业升级、科技创新、人才引入、生态环境等。在这样的背景下，为了健康、绿色、可持续地推进新型城镇化建设，“特色小镇”应运而生，担起了有序推进新型城镇化的大旗。新城城镇化的核心是人的城镇化，而人口的集聚离不开谋生的工作和宜居的环境，特色小镇在创建要求上就将产业作为核心，宜居宜业宜游作为重要标准，顺应了新型城镇化的客观要求，较好的将新型城镇化的核心要素落实在小尺度空间上，是我国新型城镇化建设的一种创新。特色小镇的建设推进也逐渐在各个层面和新型城镇化的推进相结合。2019 年 4 月，国家发展改革委印发了《2019 年新型城镇化建设重点任务》，其中第七条专门针对特色小镇工作推进做了要求，不仅涉及重量级的国家 8 部委，还要求和特色小镇建设工作相关的各领域为打造特色小镇提供制度土壤、资金支持及各方面保障。

2. 新经济新常态的时代要求

经济新常态就是在经济结构对称态基础上的经济可持续发展，包括经济可持续稳增长。经济新常态是强调“调结构稳增长”的经济，而不是总量经济；着眼于经济结构的对称态及在对称态基础上的可持续发展，而不仅仅是 GDP、人均 GDP 增长与经济规模最大化。中国经济的新常态主要具备三个特点：①发展速度从高速增长转为中高速增长；②经济结构不断优化升级；③经济发展动力从要素驱动、投资驱动转向创新驱动。新常态将给中国带来新的发展机遇：经济增速虽然放缓，实际增量依然可观；经济增长更趋平稳，增长动力更为多元；经济结构优化升级，发展前景更加稳定；政府大力简政放权，市场活力进一步释放。浙江为适应和引领经济新常态，在深刻把握浙江发展阶段性特征和浙江省情的基础上，把特色小镇作为学习贯彻新时代国家发展重大战略，作为践行新发展理念、深化供给侧结构性改革的示范地，助推转型升级、加快“两个高水平”建设的生力军，承接全球新一轮科技和产业革命的先行者。

特色小镇作为适应经济新常态打造浙江经济新模式的重要尝试，坚持产业立镇、科技强镇、旅游兴镇、文化传镇，高标准高要求规划建设特色小镇，特色小镇成为浙江着力打造改革强省、创新强省、开放强省和人才强省的重要阵地。特色小镇产业发展模式通过高端要素集聚推动经济结构优化升级，强化产业链和价值链向上下游延伸，并通过强化创新功能调整经济发展动力向创新驱动进行转换，推动科技成果转化，孵化新兴产业。此外，旅游功能作为特色小镇的重要功能也是拉动城乡居民消费的重要手段。可以说，浙江特色小镇具有适应经济新常态的基因。

特色小镇建设是新常态下浙江经济发展的新引擎，将是新一轮产、城、人三者融合的重要平台。是破解浙江空间资源瓶颈、有效供给不足、高端要素聚合度不够、城乡二元结构及改善人居环境，推进产业集聚、创新和升级的重要抓手。特色小镇主导产业重点发展信息、环保、健康、旅游、时尚、金融、高端装备制造等七大产业，兼顾茶叶、丝绸、黄酒等历史经典产业。特色小镇的建设不仅符合经济社会发展规律，创新新型城镇化发展模式，而且有利于破解经济结构转化和动力转换的现实难题，是浙江适应和引领经济新常态的重大战略选择。

3. 城乡融合发展的时代要求

城乡融合发展是党的十九大报告提出的新理念，也是城乡发展的总趋势。以浙江为代表的经济发达省份，已经率先由城乡统筹跨入城乡融合发展阶段。2003 年 7 月，浙江提出面向未来发展的八项举措，发挥八个方面的优势，即“八八战略”，其中明确提出进一步发挥浙江的城乡协调发展优势，统筹城乡经济社会发展，加快推进城乡一体化。在“八八战略”的引领下，浙江走在城乡统筹发展前列，制定了一系列推动城乡要素流动的政策，并形成了以美丽乡村、“千万工程”为代表的典型案例和经验。

进入新时代，城乡统筹发展向城乡深度融合发展方面持续推进，党的十九大报告明确提出“建立健全城乡融合发展体制机制和政策体系”，这是新时代实施乡村振兴战略、加快推进农业农村现代化的根本保障，也是城乡协调发展的新要求、新任务。

城乡融合发展符合国家乡村振兴战略的总体要求。乡村振兴需要破除一系列体制机制的制约，推动城市设施和公共服务向乡村延伸，促进城市资金、人才向乡村流动，支持乡村生产资源和土地资源和城市发展相融合，只有城乡真正深度融合，才能从根本上为乡村振兴提供人、地、产。城乡融合发展要求城乡要素可以自由流动、平等交换，构建城乡全面融合、共同繁荣的新城乡关系。

小城镇作为连接城市与农村的纽带，不仅起到了统筹城乡发展作用，而且在城镇化过程中对于大量农村富余人口涌入大城市起到“蓄水池”分流作用，也降低了城镇化社会成本。特色小镇既是城镇化过程中小城镇发展的一种类型，又属于城市群的一个重要组成部分。特色小镇只有纳入整个以城市群为主的城镇化体系，才能精准定位，找到差异化发展道路。城镇化体系也只有纳入特色小镇才能充分激发城乡融合的动力。因此，中央在 2019 年 5 月首次全面阐述城乡融合的文件《中共中央国务院关于建立健全城乡融合发展体制机制和政策体系的意见》中，明确提出“把特色小镇作为城乡要素融合重要载体，打造集聚特色产业的创新创业生态圈。”

1.1.3　国外经验启发

特色小镇在构想之初，时任浙江省省长李强就要求省政府政策研究室通过走出去的方式，到发达国家取经，研究创新性空间载体，以破除浙江省在上文所述的产业、人口、资源等方面的发展瓶颈。他山之石，可以攻玉。特色小镇的基因中有欧美发达国家的发展经验，参照相关发展经验来看，产业特色是小镇成功的最强基因，自然与人文环境的传承是发展之本，区位是先发要素，运营与管理为后发要素，旅游则为未来发展提供无限机遇。

欧美地区著名小镇　　表 1.1.3-1

所在国家	名称	主要特色
美国	格林威治小镇	对冲基金之都
	硅谷科技小镇	全球高科技人才聚集地
	好时小镇	甜蜜巧克力文化
英国	剑桥小镇	教育王国
	温莎小镇	温莎古堡
	海伊小镇	天下旧书之都
瑞士	达沃斯小镇	会议之都
	朗根塔尔小镇	全球纺织企业中心
德国	赫若拉赫小镇	全球体育用品公司总部
法国	格拉斯小镇	香水之都
意大利	丽晖谷小镇	体育文化
西班牙	胡斯卡小镇	梦幻“蓝精灵村”
澳大利亚	谢菲尔德小镇	主题壁画

1. 发展特色

西方发达国家的小城镇建设是与工业化、城镇化相伴随发展的，大体经历了快速发展、缓慢发展、复兴发展及功能提升四个阶段。目前，西方国家的小城镇基本处于功能提升阶段，并形成了众多独具特色的小镇，其主要特征存在以下特色。

1）区位特色：空间选址以产业需求为首要因素

好时小镇：

世界上最大的巧克力产地。好时小镇的创始人米尔顿好时先生，先后在兰开斯特、费城从事过焦糖生意，1900 年决定在家乡德利郡买下一个农场，创办巧克力工厂，并于 1906 年将其命名为好时镇。好时公司选择横贯东西海岸、纵贯南北的重要交通要塞和贸易口岸哈里斯堡市郊的好时镇建造巧克力制造工厂，方便原料运输和产品配送，并具有优美的环境，逐步发展成北美地区最大巧克力及巧克力糖果制造商。同时，好时持续建造商业和服务机构、学校和医院等基础设施，并通过打造巧克力主题乐园发展旅游业。

图 1.1.3-1　美国好时小镇

2）产业特色：产业体系具有明显的独特性

特色小镇的“特”主要体现在产业特色上，一个小镇必然有一项与众不同的产业，产业链的主题性强，体现了小镇的“小而精”。小镇从业者大部分与主题产业相关，逐步从传统制造业向旅游业延伸，实现“产业 + 旅游”的联动发展。

格拉斯小镇：

傍山而建，面朝大海。夏季地中海吹来的季风湿润宜人，阿尔卑斯山下的地下水加上充足的阳光，山坡又使各种花卉均找到了适宜生长的海拔高度，使格拉斯成为花草优生地带，每年在这个地区采集的花朵有 700 万公斤之多。这个小镇从 16 世纪起就从事花卉种植业及香水制造，有大量世代从事此产业的技师以及相关产业基础。

图 1.1.3-2　格拉斯香水小镇

3）功能特色：功能构成具有一定的综合性

特色小镇不同于传统小镇较为单一的生产功能，不仅有企业生产办公功能，也有社区生活、旅游休憩等功能。不同产业类型的小镇，其主导功能会有所侧重，如生产制造类小镇通常以生产功能为主，文化创意类、康体旅游类小镇则旅游休憩功能比重较高。

达沃斯小镇：

位于瑞士东南部格里松斯地区，坐落在一条 17 公里长的山谷里，靠近奥地利边境，它是阿尔卑斯山系最高的小镇。当地自然环境优美，高山积雪、茂盛山林以及山谷湖水造就了一个风景秀美的小镇。气候宜人，为疗养和旅游胜地。因日内瓦商学院克劳斯·施瓦布教授创建的“世界经济论坛”每年初在这里召开，而蜚声世界。小镇除了拥有当地居民生活的设施外，配套有旅游服务中心、呼吸系统疾病的治疗所、天然溜冰场、国会中心、冰雪体育馆等设施，已发展成为以温泉度假、国际会议、运动度假产业为特色，融生活、旅游等于一体的小镇。

图 1.1.3-3　达沃斯小镇

4）空间特色：景观风貌具有强烈的可识别性

小镇风貌往往是小镇产业特色的空间映射，因此，具有产业特色的国外特色小镇，其空间风貌必然具有强烈的可识别性。

海伊小镇：

被誉为“天下旧书之都”，遍布小镇的各种类型的书店、图书馆、图书集市及随处可见的读书场景是小镇给人的空间意象。尤其是小镇的书店，以各种形式遍布于各处，有镶嵌于墙壁之上的、依山而建的、露天的……让人仿佛进入书的海洋。

图 1.1.3-4　旧书小镇

谢菲尔德小镇：

一批艺术家为重塑当地不景气的经济、改变小镇沉闷的人文环境，开始以小镇历史、英雄事迹、自然环境等为主体描绘壁画，小镇的所有建筑都被壁画装扮的浪漫又梦幻，整个小镇就像是一本立体的风景画一样。

图 1.1.3-5　壁画小镇

5）经营特色：经营运作以国际市场为目标

国外著名特色小镇多具有国家乃至全球性的影响力，其产业地位往往是以国家、全球为参照系的，通常是某一行业内的质量标准，这也正是其独特性的有力体现与保证。

赫若拉赫小镇：

巴伐利亚州埃尔朗根—赫西施塔特县的一座古老城市，距离纽伦堡23km。中心历史城区、手工业发展传统以及就业市场的吸引力，让这座小镇有着高品质的生活，也是三家全球企业阿迪达斯、彪马、舍弗勒的总部，为当地经济带来了上万个就业岗位。

图 1.1.3-6　体育小镇

2. 主要路径

特色小镇的建设机制总体上遵循小城镇的两大动力机制，即外推型和内生型。外推型指依靠某种外部力量推动建设而成的小镇，包括城市辐射、外资注入及引进科技推动。内生型则指依靠自身发展成长起来的小城镇。每个小镇具体的形成契机与发展路径又极具个性，存在一定的不确定性。

国外特色小镇发展的主要路径 表 1.1.3-2

编号	主要路径	经典案例
1	能人的返乡创业	好时小镇、海伊旧书小镇
2	家族 / 传统的延续	格拉斯香水小镇、薇姿疗养小镇
3	名人 / 文化的催生	普罗旺斯地区的小镇
4	大事件的把握	达沃斯小镇
5	企业总部的引领	赫若拉赫小镇、朗根塔尔小镇
6	新兴产业契机的把握	格林威治小镇

3. 经验总结

1）特色与路径：培育“区位 + 产业 + 文旅”特色与因地制宜的发展选择

国外特色小镇的建设往往以良好的区位条件为基础，结合当地自然与历史文化环境因地制宜的发展特色产业，推动形成各种产业主导的特色小镇，维持小镇原有质感，围绕自身产业特色打造具有标识性的品牌，将产业与文化高度结合，向世界展示一种独特的生活和休闲方式。

2）个性与普适：特色小镇资源各异，极具个性，可复制性小

对国外特色小镇的建设路径分析发现，小镇资源禀赋各异，形成路径也不尽相同。特色小镇的形成可以说是各种特定资源在时间与空间上耦合的结果，一些决定性要素有时是可遇不可求的，存在一定的偶然性。因此，特色小镇具有生成发育的特殊性，可能具有的非普适和非复制性，避免生搬硬套大规模复制已有模式，处理好小镇的个性与普适性。

3）机遇与竞争：把握机会的能力和应对竞争的智慧

在国外特色小镇的建设过程中，产业的建设及发展是影响小镇经济发展水平的重要因素，但很多小镇的发展存在偶然性，其成功源于小镇对于大事

件的把握，最为典型的是因达沃斯论坛而著名的瑞士达沃斯小镇。此外，借助名人效应，大力发展衍生文化产业也是把握机会的重要表现。法国普罗旺斯地区的小镇闻名遐迩除薰衣草和葡萄酒之外，历史上很多名人在此聚集也是当地小镇蓬勃发展的重要原因。同时，在特色小镇如雨后春笋集中萌发的时候，如何积极正视竞争环境，合理调整发展方向实现错位发展，也需要管理者的格局和智慧。

4）动力与平台：特色小镇应注意聚集人才，促进企业创新

国外特色小镇不仅空间特色明显、文化浓郁，更关键在于构建了具有强主题性的产业体系。经济转型与产业升级的根本动力来自于企业、行业内生的创新驱动，得益于前期积累的产业人才，如格拉斯香水小镇的形成在于对传统手工业的改良，薇姿小镇的发展在于薇姿品牌的不断创新。

5）服务与管理：完备的基础设施与精准的管理体制

国外特色小镇的形成一方面是市场自由选择的结果，另一方面也离不开政府的扶持推动。市场经济的基本原则是利益最大化，政府通过税收、配套等相关政策的扶持，共同建立良好的基础设施及发展平台，使特色小镇不仅具有休闲、娱乐、旅游等方面的功能，而且形成了比较完善的服务体系，具有较强的综合性服务功能。总而言之，特色小镇应以市场经济自由发展为主，辅以政府推动和管理，处理好二者之间的关系有利于推动特色小镇可持续发展。

1.1.4　特色小镇发展战略选择

从前文梳理可以看出特色小镇是根植于浙江省的经济、生态、人口等特点，在新时代发展中借鉴发达国家的成功经验做出的战略选择。

首先，特色小镇是破解浙江有效供给不足的重要抓手，符合产业结构演化规律。特色小镇定位最有基础、最有特色、最具潜力的主导产业，也就是聚焦支撑浙江长远发展的信息经济、环保、健康、旅游、时尚、金融、高端装备等七大产业，以及茶叶、丝绸、黄酒、中药、木雕、根雕、石刻、文房、青瓷、宝剑等历史经典产业，通过产业结构的高端化推动浙江制造供给能力的提升，通过发展载体的升级推动历史经典产业焕发青春、再创优势。特色

小镇是破解浙江高端要素聚合度不够的重要抓手，符合创业生态进化规律。浙江建设特色小镇，聚焦七大产业和历史经典产业打造产业生态，瞄准建成3A级以上景区打造自然生态，通过“创建制”“期权激励制”以及“追惩制”打造政务生态，强化社区功能打造社会生态，集聚创业者、风投资本、孵化器等高端要素，促进产业链、创新链、人才链等耦合，为特色小镇注入无穷生机。特色小镇是破解浙江城乡二元结构、改善人居环境的重要抓手，符合人的城市化规律。在城市与乡村之间建设特色小镇，实现生产、生活、生态融合，既云集市场主体，又强化生活功能配套与自然环境美化，符合现代都市人的生产生活追求。

其次，特色小镇要成为创新、协调、绿色、开放、共享发展的重要功能平台。产业定位不能“大而全”，力求“特而强”。产业选择决定小镇未来，必须紧扣产业升级趋势，锁定产业主攻方向，构筑产业创新高地。功能叠加不能“散而弱”，力求“聚而合”。功能叠加不是机械的“功能相加”，关键是功能融合。建设形态不能“大而广”，力求“精而美”。美就是竞争力。无论硬件设施，还是软件建设，要“一镇一风格”，多维展示地貌特色、建筑特色和生态特色。求精，不贪大。小，就是集约集成；小，就是精益求精。制度供给不能“老而僵”，力求“活而新”。特色小镇的建设，不能沿用老思路、老办法，必须在探索中实践、在创新中完善。改革突出“试验”。特色小镇的定位是综合改革试验区。凡是国家的改革试点，特色小镇优先上报；凡是国家和省里先行先试的改革试点，特色小镇优先实施；凡是符合法律要求的改革，允许特色小镇先行突破。

最后，改革创新是特色小镇高质量、内涵式建设的根本动力。特色小镇是经济新常态下的一次改革探索，着力处理好政府与市场、社会的关系，既尊重市场规律又发挥政府作用。特色小镇是浙江的积极探索，始于改革创新，也只能成于改革创新。其一，新在规划理念，实行“多规合一”。特色小镇规划不是单一的城镇规划或园区规划，而是各种元素高度关联的综合性规划。规划编制要精细，不仅要编制概念性规划，还要编制控制性详规、核心区设计规划等，画出空间布局图、功能布局图、项目示意图，确保小镇规划可落地。其二，新在运营机制，实行“企业主体”。特色小镇的成败不在于政府是否给帽子、给政策，关键在于企业是否有动力，市场是否有热情。因此，特色小镇不由政府大包大揽，必须坚持企业为主体、市场化运作。政府要有所为、有所不为，做好编制规划、保护生态、优化服务，不干预企业运营。其三，新在制度供给，实行“优胜劣汰”。坚持质量导向，把实绩作为唯一标准，重点考量城乡规划符合度、环境功能符合度、产业定位清晰度、文化功能挖掘度等内涵建设情况。

特色小镇虽然有强烈的浙江烙印，但特色小镇能从浙江走向全国，也体现出国家在新型城镇化发展中的战略选择。至 2011 年中国城市化率首次过半，中国从此告别千年农业社会开启城市社会之时，大城市的过重超载，城市建设的千篇一律，城市病的日渐加重及城市治理的不可持续等问题已非常凸显。而富有特色的中小城镇或城市特色切割区域成为城市发展的新方向，是极具有前瞻的中国特色城市发展之路。特色小镇建设的思路与中国新一轮城市经济的供给侧改革应迎面相遇，着重打造创新、协调、绿色、开放和共享发展的中国要功能平台，并为新型城镇化建设提供高质量、内涵式的建设。因此，特色小镇从提出伊始，迅速在全国进行推广。

1.2 特色小镇政策解读及其发展历程

根据 2014 年至 2017 年提出的一系列政策及相关文件的梳理，可以总结为三个阶段：发起阶段、快速推进阶段、考核纠偏阶段。

1.2.1 发起阶段

2014 年 10 月，时任浙江省省长李强首提“特色小镇”。李强在浙江省委机关刊物《今日浙江》上发表题为《特色小镇是浙江创新发展的战略选择》的署名文章，对特色小镇建设的战略选择进行了详细的解释。首先，特色小镇是浙江适应和引领经济新常态的新探索新实践。特色小镇是破解浙江空间资源瓶颈的重要抓手，符合生产力布局优化规律。浙江只有 10 万平方公里陆域面积，而且是“七山一水两分田”，长期以来一直致力于在非常有限的空间里优化生产力的布局。从块状经济、县域经济，到工业区、开发区、高新区，再到集聚区、科技城，无不是试图用最小的空间资源达到生产力的最优化布局。特色小镇是浙江特色产业、新型城市化与“两美浙江”建设碰撞在一起的产物，既非简单地以业兴城，也非以城兴业；既非行政概念，也非工业园区概念。从生产力布局优化规律看，生产力配置一定要在功能的集聚与扩散之间找到最佳平衡点，在城市化与逆城市化之间找到最佳平衡点，在生产、生活、生态之间找到最佳平衡点。浙江之所以在城乡接合部建“小而精”的特色小镇，就是要在有限的空间里充分融合特色小镇的产业功能、旅游功能、文化功能、社区功能，在构筑产业生态圈的同时，形成令人向往的优美风景、宜居环境和创业氛围。

2015 年 1 月，浙江省两会提出“特色小镇”概念作为重点工作。4 月，浙江省出台《关于加快特色小镇规划建设的指导意见》，提出 3 年重点培育和规划建设 1000 个左右特色小镇。12 月，中央经济工作会议，习近平主席讲述特色小镇，其中梦想小镇、云栖小镇等被提及，并在《浙江特色小镇调研报告》上作重要批示。2015 年 6 月和 2016 年 1 月，分别公布了第一批浙江省级 37 个、42 个“特色小镇”名单。

2015 年 10 月，中共中央在《关于制定国民经济和社会发展第十三个五年规划的建议》提出，发展特色县域经济，加快培育中小城市和特色小镇，促进农产品精深加工和农村服务业发展，拓展农民增收渠道，完善农民收入增长支持政策体系，增强农村发展内生动力。

2015 年 11 月，国务院印发《关于积极发挥新消费引领作用加快培育形成新供给新动力的指导意见》指出，要拓展农村消费市场，优化农村消费环境，完善农村消费基础设施，大幅降低农村流通成本，充分释放农村消费潜力。发挥小城镇连接城乡、辐射农村的作用，提升产业、文化、旅游和社区服务功能，增强商品和要素集散能力。鼓励有条件的地区规划建设特色小镇。

2016 年 1 月，国务院印发《中共中央 国务院关于落实发展新理念加快农业现代化 实现全面小康目标的若干意见》指出，大力发展休闲农业和乡村旅游。依托农村绿水青山、田园风光、乡土文化等资源，大力发展休闲度假、旅游观光、养生养老、创意农业、农耕体验、乡村手工艺等，使之成为繁荣农村、富裕农民的新兴支柱产业。强化规划引导，采取以奖代补、先建后补、财政贴息、设立产业投资基金等方式扶持休闲农业与乡村旅游业发展，着力改善休闲旅游重点村进村道路、宽带、停车场、厕所、垃圾污水处理等基础服务设施。积极扶持农民发展休闲旅游业合作社。引导和支持社会资本开发农民参与度高、受益面广的休闲旅游项目。加强乡村生态环境和文化遗存保护，发展具有历史记忆、地域特点、民族风情的特色小镇，建设一村一品、一村一景、一村一韵的魅力村庄和宜游宜养的森林景区。

2016 年 2 月，国务院印发《关于深入推进新型城镇化建设的若干意见》指出，加快特色镇发展。因地制宜、突出特色、创新机制，充分发挥市场主体作用，推动小城镇发展与疏解大城市中心城区功能相结合、与特色产业发展相结合、与服务“三农”相结合。发展具有特色优势的休闲旅游、商贸物流、信息产业、先进制造、民俗文化传承、科技教育等魅力小镇，带动农业现代化和农民就近城镇化。加快培育中小城市和特色小城镇，提升县城和重点镇基础设施水平，加快拓展特大镇功能，加快特色镇发展，培育发展一批中小城市，加快城市群建设。辐射带动新农村建设，推动基础设施和公共服务向农村延伸，带动农村一二三产业融合发展，带动农村电子商务发展，推进易地扶贫搬迁与新型城镇化结合。

2016 年 3 月，《中华人民共和国国民经济和社会发展第十三个五年规划纲要》指出，加快发展中小城市和特色镇建设，以提升质量、增加数量为方向，加快发展中小城市。引导产业项目在中小城市和县城布局，完善市政基础设施和公共服务设施，推动优质教育、医疗等公共服务资源向中小城市和小城镇配置。加快拓展特大镇功能，赋予镇区人口 10 万以上的特大镇部分县级管理权限，完善设市设区标准，符合条件的县和特大镇可有序改市。因地制宜发展特色鲜明、产城融合、充满魅力的小城镇。提升边境口岸城镇功能。

1.2.2　快速推进阶段

2016 年 7 月，住房城乡建设部、国家发展改革委、财政部联合下发了《关于开展特色小镇培育工作的通知》，这是支持“特色小镇建设”的首个国家层面政策。《通知》指出，落实加快发展特色镇，目标是到 2020 年，培育 1000 个左右各具特色、富有活力的休闲旅游、商贸物流、现代制造、教育科技、传统文化、美丽宜居等特色小镇，引领带动全国小城镇建设，不断提高建设水平和发展质量。此后，中央从2016年开始将特色小镇创建列为农村重点工作之一，各部委、地方政策密集出台相应政策，支持特色小镇创建工作，至此，特色小镇进入了国家层面全面推广的新阶段。

2016年8月，住房城乡建设部发布了《关于做好2016年特色小镇推荐工作的通知》，确定了2016年全国32个省市自治区特色小镇的推荐数量，合计总共159个名额。同年10月，国家发展改革委发布《关于加快美丽特色小（城）镇建设的指导意见》指出，提出要统筹地域、功能、特色三大重点，以镇区常住人口5万以上的特大镇、镇区常住人口3万以上的专业特色镇为重点，兼顾多类型多形态的特色小镇，因地制宜建设美丽特色小（城）镇。建设特色小镇应建立在以产业为依托的基础上，要把加快建设美丽特色小（城）镇作为落实新型城镇化战略部署和推进供给侧结构性改革的重要抓手，旨在促进大中小城市和小城镇协调发展，充分发挥城镇化对新农村建设的辐射带动作用。

2016年10月，召开《特色小（城）镇经验交流会主要意见》后指出，各地区在培育发展特色小镇和小城镇过程中，必须坚持因地制宜，提倡形态多样性，鼓励各地发展符合实际、特色鲜明、宜居宜业的新型小城镇，防止一哄而上；坚持产业建镇，加快发展特色优势产业，促进城镇经济转型升级，防止千镇一面。同年10月，住房城乡建设部、国家开发银行发布《关于推进政策性金融支持小城镇建设的通知》指出，提出要充分发挥政策性金融的作用，明确支持范围，建立贷款项目库，加强项目管理。指出中国农业发展银行各分行要积极配合各级住房城乡建设部门工作，普及政策性贷款知识，加大宣传力度。要充分认识开发性金融支持小城镇建设的重要意义，加强部行协作，强化资金保障，全面提升小城镇的建设水平和发展质量。探索创新小城镇建设运营及投融资模式，充分发挥市场主体作用，打造一批具有示范意义的小城镇建设项目。支持促进小城镇产业发展的配套设施建设。主要包括：标准厂房、众创空间、产品交易等生产平台建设；展示馆、科技馆、文化交流中心、民俗传承基地等展示平台建设；旅游休闲、商贸物流、人才公寓等服务平台建设，以及促进特色产业发展的配套设施建设。

2016年10月，住房城乡建设部发布《关于公布第一批特色小镇名单的通知》，全国第一批特色小镇培育名单公布。在各地推荐基础上，经专家复核，会签国家发展改革委、财政部，认定北京市房山区长沟镇等 127 个镇为第一批中国特色小镇。

2016 年 12 月，国家发展改革委印发《关于实施“千企千镇工程”推进美丽特色小（城）镇建设的通知》指出，“千企千镇工程”，是指根据“政府引导、企业主体、市场化运作”的新型小（城）镇创建模式，搭建小（城）镇与企业主体有效对接平台，引导社会资本参与美丽特色小（城）镇建设，促进镇企融合发展、共同成长。牢固树立和贯彻落实创新、协调、绿色、开放、共享的发展理念，深入推进供给侧结构性改革，以建设特色鲜明、产城融合、充满魅力的美丽特色小（城）镇为目标，以探索形成政府引导、市场主导、多元主体参与的特色小（城）镇建设运营模式为方向，加强政企银合作，拓宽城镇建设投融资渠道，加快城镇功能提升。坚持自主自愿、互利互惠，不搞“拉郎配”，不搞目标责任制，通过搭建平台更多依靠市场力量引导企业等市场主体参与特色小（城）镇建设。实施“千企千镇工程”，有利于充分发挥优质企业与特色小（城）镇的双重资源优势，开拓企业成长空间，树立城镇特色品牌，实现镇企互利共赢。

2017 年 1 月，住房城乡建设部与国家开发银行共同签订《共同推进小城镇建设战略合作框架协议》指出，国开行与住房城乡建设部在新型城镇化诸多领域开展了密切合作，积极支持城市地下综合管廊、海绵城市、城市修补生态修复和特色小镇建设。同年 1 月，国家发展改革委、国家开发银行印发《关于开发性金融支持特色小（城）镇建设促进脱贫攻坚的建议》，将发挥资本市场在脱贫攻坚中的积极作用，盘活贫困地区特色资产资源，为特色小（城）镇建设提供多元化金融支持。特别是通过多种类型的 PPP 模式，引入大型企业参与投资，引导社会资本广泛参与。按照扶贫开发与经济社会发展相结合的要求，充分发挥开发性金融作用，推动金融扶贫与产业扶贫紧密衔接，夯实城镇产业基础，完善城镇服务功能，推动城乡一体化发展，通过特色小（城）镇建设带动区域性脱贫，实现特色小（城）镇持续健康发展和农村贫困人口脱贫双重目标，坚决打赢脱贫攻坚战。

2017 年 3 月，《2017 年全国两会政府工作报告》，李克强在报告中指出，要扎实推进新型城镇化，支持中小城市和特色小城镇发展，推动一批具备条件的县和特大镇有序设市，发挥城市群辐射带动作用。同年 4 月，住房城乡建设部与中国建设银行签订《共同推进小城镇建设战略合作框架协议》，指出要充分发挥中国建设银行集团全牌照优势，帮助小城镇所在县（市）人民政府、参与建设的企业做好融资规划，提供小城镇专项贷款产品。同年 5 月体育总局印发《关于推动运动休闲特色小镇建设工作的通知》指出，运动休闲特色小镇是在全面建成小康社会进程中，助力新型城镇化和健康中国建设，促进脱贫攻坚工作，以运动休闲为主题打造的具有独特体育文化内涵、良好体育产业基础，运动休闲、文化、健康、旅游、养老、教育培训等多种功能于一体的空间区域、全民健身发展平台和体育产业基地。到 2020 年，在全国扶持建设一批体育特征鲜明、文化气息浓厚、产业集聚融合、生态环境良好、惠及人民健康的运动休闲特色小镇；带动小镇所在区域体育、健康及相关产业发展，打造各具特色的运动休闲产业集聚区，形成与当地经济社会相适应、良性互动的运动休闲产业和全民健身发展格局。

2017 年 5 月，住房城乡建设部发布《关于做好第二批全国特色小镇推荐工作的通知》，公布了全国 31 省市自治区的特色小镇分配数量，共计 300 个小镇。第二批特色小镇全国名单数量远远多于第一批，将基本奠定特色小镇的全国省域分布格局。

全国 31 个省市自治区中，有 23 个地方政府启动了特色小镇培育创建工作，其中发展改革委牵头的有 19 家，住建厅牵头的有 4 家（四川、湖北、吉林、内蒙古），仅北京、新疆、上海、河南、山西、贵州、青海、西藏 8 个省市尚未启动。从数量上来看，目前全国一、二批特色小镇共有 403 个，加上地方政府正在培育中的 2000 多个特色小镇，到 2020 年规划中的特色小镇达到 2500 个。

1.2.3 考核纠偏阶段

随着一系列特色小镇政策的出台，全国掀起特色小镇建设的浪潮。然而，在特色小镇推进的过程中，出现了概念不清、定位不准、急于求成、盲目发展等问题，因此 2017 年 7 月，住房城乡建设部发布《关于保持和彰显特色小镇特色若干问题的通知》，提出特色小镇培育尚处于起步阶段，部分地方存在不注重特色的问题。要求各地保持和彰显特色小镇特色，尊重小镇现有格局、不盲目拆老街区，保持小镇宜居尺度、不盲目盖高楼，传承小镇传统文化、不盲目搬袭外来文化。

针对特色小镇发展中出现的一系列问题，早在 2016 年 6 月，在全国特色小镇一哄而上的时候，浙江省在全国范围内率先出台了特色小镇考核评价体系。浙江省特色小镇规划建设工作联席会议办公室组织了对第一批特色小镇的考核。在考核中，根据规划空间、功能内涵、投资建设、扶持政策四大类 25 个指标对首批特色小镇进行分类，分为优秀、良好、合格和警告四类，并对 5 个小镇进行了降格处理。其后，浙江省连续对分批进去名单的特色小镇进行考核，考核评价体系也在不断调整，体现了对特色小镇发展方向的总体把控。比如在 2019 年的考核指标中，加重了对特色小镇创新能力的考核，就体现了对特色小镇支撑创新驱动功能的总体要求。

在国家层面，也在对过热的特色小镇大潮进行降温和纠偏。2017 年 12 月，国家发展改革委、国土资源部、环境保护部、住房城乡建设部发布《关于规范推进特色小镇和特色小城镇建设的若干意见》（以下简称《意见》），规范推进各地区特色小镇和小城镇建设。《意见》指出，深入学习贯彻党的十九大精神，以习近平新时代中国特色社会主义思想为指导，坚持以人民为中心，坚持贯彻新发展理念，把特色小镇和小城镇建设作为供给侧结构性改革的重要平台，因地制宜、改革创新，发展产业特色鲜明、服务便捷高效、文化浓郁深厚、环境美丽宜人、体制机制灵活的特色小镇和小城镇，促进新型城镇化建设和经济转型升级。坚持创新探索、因地制宜、产业建镇、以人为本和市场主导的基本原则。意见中提出了 10 项具体举措，涵盖准确把握特色小镇内涵、合理借鉴浙江经验、注重打造鲜明特色、有效推进三生融合、厘清政府与市场边界、实行创建达标制度、严控政府债务风险、严控房地产倾向、严格节约集约用地、严保生态红线等 10 个方面。

2018 年 8 月，为进一步对标对表党的十九大精神，巩固纠偏成果、有力有序有效推动特色小城镇高质量发展，国家发展改革委办公厅下发了《关于建立特色小镇和特色小城镇高质量发展机制的通知》。要求，以引导特色产业发展为核心，以严格遵循发展规律、严控房地产化倾向、严防政府债务风险为底线，以建立规范纠偏机制、典型引路机制、服务支撑机制为重点，加快建立特色小镇和特色小城镇高质量发展机制，释放城乡融合发展和内需增长新空间，促进经济高质量发展。

2018年，浙江省特色小镇规划建设工作联席会议办公室印发《浙江省特色小镇创建规划指南（试行）》（浙特镇办〔2018〕7号）（以下简称《指南》），这是全国首个针对特色小镇创建规划出台的专项指导文件。《指南》分总则、主要内容、组织与编制、附则等4章，既要求遵循共性目标，又强调突出特色发展，既提出了刚性要求，又留有弹性空间，指导性和实用性比较强。《指南》的出炉，为高质量建设特色小镇提供了规划依据，形成了“规划有指南、创建有导则、考核有办法、验收有标准”的浙江特色小镇工作体系。

2019年4月19日，国家发展改革委在浙江省湖州市德清地理小镇召开2019年全国特色小镇现场经验交流会。会议的主体是“坚持规范纠偏、典型引路两手抓，推动特色小镇有序发展”。会议明确提出特色小镇不同于建制镇和产业全区，是创新平台，尤其是在新时代新城城镇化和乡村振兴战略的大背景下，特色小镇因“非镇非区”特征而担负着特殊角色，可以作为推动城乡融合发展的重要载体。但特色小镇也出现了滥用概念等问题，需要继续深化规范纠偏机制，强化部门协调，引导各地区加强监测评估和淘汰整改，推动特色小镇实现高质量发展。

1.3　特色小镇在新型城镇化中的作用

前文已经初步论述特色小镇产生的背景之一是有条件成为推动新型城镇化的重要抓手。在此基础上，本小结进一步详述特色小镇和新型城镇化的关系问题。新城城镇化无疑是具有中国特色的城市化道路，也是国家发展战略的重点。因此，理清特色小镇在新型城镇化中的作用有助于读者更准确抓住特色小镇的内涵核心，也有助于读者创造性的在充分理解新城城镇化要义的基础上，自行凝练特色小镇发展的途径和抓手。

1.3.1　新型城镇化

城镇化是伴随工业化发展，非农产业在城镇集聚、农村人口向城镇集中的自然历史过程，是人类社会发展的客观趋势，是国家现代化的重要标志。我国城镇化自改革开放后进入快速发展期，呈现三个主要特点（李小建，2014）[1]：第一，政府主导的城镇化推动了城镇化快速发展，但也带来诸如资源配置低效、土地资源浪费、地方债务负担沉重等问题。第二，大批农村富余劳动力到城镇寻找新的就业机会，但由于我国长期实行城乡分割的户籍制度，这些人中的大部分并没有真正成为市民，致使土地城镇化快于人口城镇化。第三，小城镇的发展对带动地方经济、吸纳就业、增加当地居民收入起到一定作用，但也存在资源浪费、基础设施薄弱、环境污染等问题。城市发展规模不大，难以提高土地利用效率、实现规模经济，难以形成强大的经济增长中心、辐射带动较大区域的发展。我国城镇化是在人口多、资源相对短缺、生态环境比较脆弱、城乡区域发展不平衡的背景下推进的，这决定了我国必须从社会主义初级阶段这个最大实际出发，遵循城镇化发展规律，走中国特色新型城镇化道路。

新型城镇化是以促进农村转移人口的全面发展为根本目的，与工业化、现代化协调发展，不以牺牲农村发展利益为代价，以城市群为推进新型城镇化的主体形态，形成合理的城镇规模等级体系，并走集约、高效的可持续发展道路的过程。新型城镇化的基本内涵可以概括为：一是以人为本，公平共享。以人的城镇化为核心，合理引导人口流动，有序推进农业转移人口市民化，稳步推进城镇基本公共服务常住人口全覆盖，不断提高人口素质，促进人的全面发展和社会公平正义，使全体居民共享现代化建设成果。二是四化同步，统筹城乡。推动信息化和工业化深度融合、工业化和城镇化良性互动、城镇化和农业现代化相互协调，促进城镇发展与产业支撑、就业转移和人口集聚相统一，促进城乡要素平等交换和公共资源均衡配置，形成以工促农、以城带乡、工农互惠、城乡一体的新型工农、城乡关系。三是优化布局，集约高效。根据资源环境承载能力构建科学合理的城镇化宏观布局，以综合交通网络和信息网络为依托，科学规划建设城市群，严格控制城镇建设用地规模，严格划定永久基本农田，合理控制城镇开发边界，优化城市内部空间结

1　李小建：全面理解新型城镇化内涵．2014年12月18日08：18人民网－人民日报．http://theory.people.com.cn/n/2014/1218/c40531-26230279.html.

构，促进城市紧凑发展，提高国土空间利用效率。四是生态文明，绿色低碳。把生态文明理念全面融入城镇化进程，着力推进绿色发展、循环发展、低碳发展，节约集约利用土地、水、能源等资源，强化环境保护和生态修复，减少对自然的干扰和损害，推动形成绿色低碳的生产生活方式和城市建设运营模式。五是文化传承，彰显特色。根据不同地区的自然历史文化禀赋，体现区域差异性，提倡形态多样性，防止千城一面，发展有历史记忆、文化脉络、地域风貌、民族特点的美丽城镇，形成符合实际、各具特色的城镇化发展模式。六是市场主导，政府引导。正确处理政府和市场关系，更加尊重市场规律，坚持使市场在资源配置中起决定性作用，更好发挥政府作用，切实履行政府制定规划政策、提供公共服务和营造制度环境的重要职责，使城镇化成为市场主导、自然发展的过程，成为政府引导、科学发展的过程。七是统筹规划，分类指导。中央政府统筹总体规划、战略布局和制度安排，加强分类指导；地方政府因地制宜、循序渐进抓好贯彻落实；尊重基层首创精神，鼓励探索创新和试点先行，凝聚各方共识，实现重点突破，总结推广经验，积极稳妥扎实有序推进新型城镇化。

综上，城镇化是现代化的必由之路。工业革命以来的经济社会发展史表明，一国要成功实现现代化，在工业化发展的同时，必须注重城镇化发展。当今中国，城镇化与工业化、信息化和农业现代化同步发展，是现代化建设的核心内容，彼此相辅相成。工业化处于主导地位，是发展的动力；农业现代化是重要基础，是发展的根基；信息化具有后发优势，为发展注入新的活力；城镇化是载体和平台，承载工业化和信息化发展空间，带动农业现代化加快发展，发挥着不可替代的融合作用。新型城镇化是工业化、农业现代化协调发展的城镇化，是人口、经济、资源和环境相协调的城镇化，是大中小城市与小城镇协调发展的城镇化。

1.3.2 特色小镇在新型城镇化建设中的作用

新型城镇化的终极目标是让老百姓有安居乐业的生活环境和未来发展的前景。作为新型城镇化重要抓手，特色小镇正是实现这一目标的一剂良方。以下将从产业支撑、功能支撑、土地保障、人口支撑和投资支撑五个方面阐述特色小镇在新型城镇化建设中的作用。

1. 产业支撑

培育发展中国特色小镇，既是新型城镇化的有益探索，特色小镇建设为新型城镇化提供根本的动力，是推动产业结构转型升级的重要创新模式。产业结构转型升级是转变经济发展方式的战略任务，加快发展服务业是产业结构优化升级的主攻方向。当前产业转型升级面临中低端产品过剩、高端产品不足、传统产业产能过剩、结构性的有效供给不足的困境。培育发展特色小镇，有利于推进供给侧结构性改革，有利于推动经济转型升级和发展动能转换。

特色小镇所承载的产业，如云计算、基金、互联网创业等，更具创新性，而且需要新理念、新机制和新技术、新模式来推进产业集聚、产业创新和产业升级，体现出更强的集聚效应和产业叠加效应。以浙江省特色小镇为例，特色小镇聚焦支撑浙江长远发展的信息经济、环保、健康、旅游、时尚、金融、高端装备等七大产业，以及茶叶、丝绸、黄酒、中药、木雕、根雕、石刻、文房、青瓷、宝剑等历史经典产业，通过产业结构的高端化推动浙江制造供给能力的提升，通过发展载体的升级推动历史经典产业焕发青春、再创优势。特别是在“大众创业、万众创新”到来的时代，竞争的关键是生态竞争。浙江建设特色小镇，瞄准建成 3A 级以上景区打造自然生态，并着力于优化政务生态和社会生态，集聚创业者、风投资本、孵化器等高端要素，促进产业链、创新链、人才链等耦合，形成良好的创新创业平台。特色小镇一方面延续历史文脉，发展传统经典产业，既传承了保护了历史文化遗产，又为传统产业注入了新的活力和创新力；另一方面依托前沿科技，发展新兴产业，能将科技与社会实体有机结合起来（曾江，慈锋）[1]，为新型城镇化提供了根本推动力。

2. 功能支撑

特色小镇在新型城镇化中的作用主要表现为以产业定位为核心，融合文化、旅游和社区功能，满足对于公共服务的需求，对于高品质宜居宜业环境的追求。其中产业核心主要为提供创业服务、商务商贸、文化展示、接待咨询等综合服务功能的小镇客厅和各种形式的网上公共服务平台。文化特色方

1　曾江，慈锋 . 新型城镇化背景下特色小镇建设 [J]. 宏观经济管理，2016（12）：53-58.

面，特色小镇注重产业文化、创新文化、历史经典、其他地方文化的融合。各地区在推进特色小镇和小城镇建设过程中，立足区位条件、资源禀赋、产业积淀和地域特征，以特色产业为核心，兼顾特色文化、特色功能和特色建筑，找准特色、凸显特色、放大特色，防止内容重复、形态雷同、特色不鲜明和同质化竞争。聚焦高端产业和产业高端方向，着力发展优势主导特色产业，延伸产业链、提升价值链、创新供应链，吸引人才、技术、资金等高端要素集聚，打造特色产业集群。旅游功能方面，《关于规范推进特色小镇和特色小城镇建设的若干意见》规定，所有特色小镇要建设成为3A级以上景区，其中旅游产业特色小镇要按5A级景区标准建设。在休闲时代和全域旅游的背景下，特色小镇的旅游功能将发挥巨大的作用。

社区功能方面，是实现“三生融合”的重要载体，也是实现“职住平衡”和“人气聚集”的必然选择。特色小镇通过科学的规划其生产、生活、生态空间，促进产城人文融合发展，营造宜居宜业环境。同时具有增强生活服务功能，构建便捷“生活圈”、完善“服务圈”和繁荣“商业圈”；通过提炼文化经典元素和标志性符号，合理应用于建设运营及公共空间；保护特色景观资源，将美丽资源转化为“美丽经济”。特色小镇坚持绿色发展理念，保护特色小（城）镇特色景观资源，加强环境综合整治，统筹规划生产、生活、生态空间，建立多层次生态系统，彰显传统文化和地域特色，打造宜居宜业宜游的优美环境。强化大气污染、水污染、土壤污染及海洋污染防治，促进小（城）镇生态环境质量全面改善。加强历史文化名城名镇名村、历史文化街区、民族风情小镇等的保护，推进历史文化资源的活化利用，建设有历史记忆、文化脉络、地域风貌、民族特点的美丽小（城）镇。

此外，在城乡建设方面，特色小镇也将发挥重要作用。以浙江省特色小镇建设为例。浙江政府明确表示，特色小镇原则上布局在城乡接合部，每个特色小镇要根据当地的地形地貌和生态环境，确定好小镇风格，展现“小而美”，要求“颜值高”，避免“百镇一面”。在这一要求下，浙江的特色小镇形态各异，不拘一格：有历史古镇，也有现代产业园区；有灵秀水乡，也有奇峻山区；有的在古旧粮仓基础上改建，有的在大运河旁整饬翻修；有的厂房规整，有的稻田金黄；有的山水相连，有的人文荟萃；有的花团锦簇，有的绿树成林……通过高标准推进特色小镇规划建设，一些原本是城乡接合部的“破补丁”，摇身一变成了创新创业的新空间、人才集聚的新家园、美丽风景的新亮点、统筹城乡的新节点，浙江特色小镇已经成为城乡建设的新名片（袁卫，2017）[1]。

特色小镇的建设极具有创新性，促进“产、城、人、文”有机结合，推动新型工业化、城镇化、信息化和农业现代化融合发展，走出一条特色鲜明、产城融合、惠及群众的新型小（城）镇之路。

3. 土地支撑

特色小镇为新型城镇化建设提供土地支撑，一是表现为严格节约用地。特色小镇的建设落实最严格的耕地保护制度和最严格的节约用地制度，在符合土地利用总体规划和城乡规划的前提下，划定特色小镇和小城镇发展边界，避免另起炉灶、大拆大建。国家鼓励盘活存量和低效建设用地，严控新增建设用地规模，全面实行建设用地增减挂钩政策，不得占用永久基本农田。特色小镇的规划用地面积控制在3平方公里左右，其中建设用地面积控制在1平方公里左右，旅游、体育和农业类特色小镇可适当放宽。具体到空间布局上，特色小镇关注产业用地配比的变化、创新型空间的场所特征和布局模式、产业服务功能平台的培育，以及以“产、城、人、文”融合为导向的空间布局优化。二是严守生态保护红线。各地区建设特色小镇必须按照《关于划定并严守生态保护红线的若干意见》要求，依据应划尽划、应保尽保原则完成生态保护红线划定工作。严禁以特色小镇和小城镇建设名义破坏生态，严格保护自然保护区、文化自然遗产、风景名胜区、森林公园和地质公园等区域，严禁挖山填湖、破坏山水田园。严把特色小镇和小城镇产业准入关，防止引入高污染高耗能产业，加强环境治理设施建设。三是针对特色小镇开发建设中的土地开发盲目跟风扩张现象，国家发展和改革委员会印发了《关于建立特色小镇和特色小城镇高质量发展机制的通知》，要求各地以引导特色产业发展为核心，以严格遵循发展规律、严控房地产化倾向、严防政府债务风险为底线，以建立规范纠偏机制、典型引路机制、服务支撑机制为重点，坚决淘汰一批缺乏产业前景、变形走样异化的小镇和小城镇，加快建立特色小镇和

1 袁卫. 以小赢大谱写特色小镇大未来——浙江推进特色小镇规划建设工作综述 [J]. 今日浙江，2017（16）.

特色小城镇高质量发展机制，释放城乡融合发展和内需增长新空间。推进特色小镇高质量发展，最基础的是要管好用好土地资源。强调特色小镇的建设过程中要加强关于自然资源“保护优先，节约优先，自然修复为主”方针的宣传，引导地方真正认识“绿水青山”和“金山银山”的关系，始终将生态环境保护放在优先位置；坚持节约集约用地原则，加强产业与用地的空间协同，明确土地使用强度管制和相应的管制指标，避免功能分区机械化，实事求是，因地制宜。

以浙江省为例，《浙江省人民政府关于加快特色小镇建设的指导意见》及相应配套政策规定，对建设的特色小镇如期完成年度规划目标的，给予土地指标鼓励相对应，对未达成年度建设目标的小镇加倍倒扣土地指标。这一系列政策在集约开发土地资源的同时，也为有效、按需供地提供了保障（宋为，陈安华）[1]，极有利于促进新型城镇化建设。

4. 人口支撑

特色小镇的建设有利于加快新型城镇化的进程。人口城镇化是城镇化最为显著的过程，我国新型城镇化建设是以人为本的城镇化。根据《国家新型城镇化规划（2014—2020 年）》，到 2020 年，全国将培育 1000 个左右各具特色，按每个特色小镇聚集人口 2 万～ 3 万人计，1000 个特色小镇将吸纳农村人口 2000 万～ 3000 万。特色小镇建设将通过产业聚集，以生态文明理念推动农村户籍人口城镇化、非户籍常住人口市民化，科学、合理地引导有能力在城镇稳定就业和生活的农村人口向城镇转移，有序推动人口流动、增强城镇人口吸纳能力，形成常住居民。同时留存原住居民生活空间，防止将原住居民整体迁出。这一目标的实现，将有力地缓解大城市的就业、人口、环境等方面压力，同时带动外来人口的城镇化进程（孙志江，刘慧云等，2017）[2]。此外，特色小镇建设围绕人的城镇化，统筹生产生活生态空间布局，提升城镇功能、服务功能、环境质量、文化内涵和发展品质，补齐城镇基础设施、公共服务、生态环境、文化传承和保护短板，打造宜居宜业环境，提高集聚人口能力和人民群众获得感。

---

1 宋为，陈安华 . 浅析浙江省特色小镇支撑体系 [J]. 小城镇建设，2016（3）：38-41.

2 孙志江，刘慧云，高秉剑 . 特色小镇在新型城镇化中的功能与作用研究 [J]. 公关世界，2017（17）：22-29.

特色小镇的建设有利于为新型城镇化建设吸引人才。特色小镇作为新型的产业发展平台，正在规避城市新区建设中“空城”“睡城”等现象有着先天优势。特色小镇致力于发展新兴产业和历史经典产业，更加重视吸引具有现代创新与专业知识以及具有传统工艺文化传承的人才。特色小镇通过建设“三生融合”的空间，新颖的生活生产理念有利于吸引来自周边地区的人口定居、创业，实现就地城镇化，为新型城镇化发展注入新的活力。形成宜居、宜业的氛围，推动从土地型城市化向人口型城市化转变、从粗放型城市化向质量型城市化转变、从物态的城镇化向以人为核心的城镇化转变（苏斯彬，张旭亮，2016）[1]。

5. 投资支撑

特色小镇的建设有利于为新型城镇化建设吸引投资，满足投资驱动的需求，迅速带动经济发展。《关于规范推进特色小镇和特色小城镇建设的若干意见》（以下简称《意见》）规定，完成固定资产投资 50 亿元以上（商品住宅项目和商业综合体除外），信息经济、金融、旅游和历史经典产业特色小镇的总投资额可放宽到不低于 30 亿元，特色产业投资占比不低于 70%。特色小镇 1 平方公里建设面积，在 3 年 50 亿投资覆盖下，其亩均投资强度约为 330 万元，与《意见》明确引导的七大主导产业亩均投资强度基本吻合。因此主导产业的投资强度门槛设定是特色小镇可持续发展的数据支撑，为小镇持续发展提供资金支撑（宋为，陈安华，2016）。

另外，建立多元完善的投融资渠道尤为重要，特色小镇建设的投融资政策环境如下，一是国务院《关于深入推进新型城镇化建设的若干意见》中，提出强化金融支持。专项建设基金要扩大支持新型城镇化建设的覆盖面，安排专门资金定向支持城市基础设施和公共服务设施建设、特色小城镇功能提升等。鼓励政策性银行创新信贷模式和产品，针对新型城镇化项目设计差别化融资模式与偿债机制；鼓励商业银行开发面向新型城镇化的金融服务和产品；鼓励公共基金、保险资金等参与具有稳定收益的城市基础设施项目建设和运营；鼓励地方利用财政资金和社会资金设立城镇化发展基金；鼓励地方整合

1　苏斯彬，张旭亮 . 浙江特色小镇在新型城镇化中的实践模式探析 [J]. 宏观经济管理，2016（10）：73-75.

政府投资平台设立城镇化投资平台；支持城市政府推行基础设施和租赁房资产证券化，提高城市基础设施项目直接融资比重。二是国家发展改革委《关于加快美丽特色小（城）镇建设的指导意见》中提出创新特色小（城）镇建设投融资机制。鼓励政府利用财政资金撬动社会资金，共同发起设立特色小镇建设基金；鼓励开发银行、农业发展银行、农业银行和其他金融机构加大金融支持力度；鼓励有条件的小城镇通过发行债券等多种方式拓宽融资渠道。多个投资平台的参与，在缓解政府财政压力的同时，将为特色小镇发展提供强有力的资金支持，从而盘活小镇特色产业的发展。

1.4 特色小镇在支撑新时代社会经济发展中的重要作用

前文已经充分论述特色小镇的产生和发展符合经济社会需求，其更深层次的动力在于特色小镇有力支撑了新时代的发展要求。特色小镇始终贯彻创新、协调、绿色、开放、共享的发展理念，以解决新时代背景下，人民对美好生活的需求与不平衡不充分发展之间的矛盾为出发点，推动新型工业化、城镇化、信息化、农业现代化“新四化”同步发展的有效模式，同时符合最新提出的绿色发展要求。此外，特色小镇对供给侧改革、创新驱动、乡村振兴、区域协调发展和完善市场经济制度具有重要的推动作用。

1.4.1 深化供给侧结构性改革

供给侧结构性改革，是以习近平为总书记的党中央，在综合分析世界经济长周期和我国发展阶段性特征及其相互作用的基础上作出的重大理论创新，是对新常态下“怎么干”的具体要求和精准施策。对于供给侧结构性改革，习近平总书记阐述了一系列重要思想，我们要深刻理解、全面把握。一是要准确把握供给侧的含义，供给侧既包括企业以及其产品和服务供给，也包括政府以及其制度供给、要素供给、公共产品和服务供给；二是要准确把握供给侧存在的问题，这些问题既包括产业层面的结构性问题、企业层面的效益问题，也包括政府层面的政策问题、体制层面的要素配置问题；三是要准确把握推进供给侧结构性改革的基本要求，就是用改革的办法推进结构调整，减少无效和低端供给，扩大有效和中高端供给，增强供给结构对需求变化的适应性和灵活性，提高全要素生产率；四是准确把握推进供给侧结构性改革的重点，就是推进产能过剩有效化解，促进产业优化重组，降低企业成本，发展战略性新兴产业和现代服务业，增加公共产品和服务供给；五是准确把握推进供给侧结构性改革的主要任务，切实抓好“三去一降一补”，加快培育新的发展动能、改造提升传统动能，进一步加大全面深化改革力度。

中央确定了以供给侧结构性改革为主线应对经济新形势的发展思想。坚持新发展理念就是坚持发展是解决我国一切问题的基础和关键，发展必须是科学发展，必须坚定不移贯彻创新、协调、绿色、开放、共享的发展理念。深化供给侧结构性改革的目标，是建设现代化经济体系，必须把发展经济的着力点放在实体经济上，把提高供给体系质量作为主攻方向，显著增强我国经济质量优势。特色小镇的提出是深入贯彻习近平新时代中国特色社会主义思想、坚持以人民为中心、坚持新发展理念的产物，是推进供给侧结构性改革的重要平台，是新时代经济转型升级的重要抓手，对实现 2020 年全面建成小康社会的战略目标具有重要意义。

特色小镇产业建设，是一种商机，是供给侧结构性改革的一个有效途径，主要作用体现在四个方面（罗翔，沈洁，2017）[1]：一是突显自身特色，夯实供给基础。它通过创意、创新、创业、创造活动，使存量资源大幅增值，甚至变废为宝，形成新产业、新业态，实现产业转型升级，并且创造出新的市场需求，特别是能与旅游产业结合，有利于解决产能过剩问题。二是聚焦产业发展，提高供给质量。供给侧结构性改革的首要之义就是提高供给质量，强有力的产业基础支撑是重要保证。特色小镇的产业定位要精准、个性要鲜明，并向做精做强发展，充分利用“互联网 +”等新兴手段推动产业链升级延展。三是以人为核心推进特色小镇城镇化。以供给侧结构性改革适应和引领经济发展新常态，一个重点领域和抓手就是积极推进新型城镇化。在特色小镇尺度上，更加注重以人为核心，整体格局和风貌具有标识性，空间布局与周边自然环境协调融合，建筑密度与高度适宜人居。四是补短板的重点在于完善

1　罗翔，沈洁 . 供给侧结构性改革视角下特色小镇规划建设思路与对策 [J]. 规划师，2017（6）：38-43.

公共服务。公共服务均等化及其空间布局均衡化，是集中体现我国新型城镇化道路的特征之一，也是供给侧结构性改革的主要着力点。在特色小镇的空间尺度，补短板工作包括完善基础设施，配套齐备的公共服务，实现道路、交通、停车便捷化，教育、医疗、卫生、商业覆盖城乡区域等。以浦东新区为例，其以镇区高品质建设和人们生活需求为导向，通过整治拆违、更新改造和提升功能等完善公共服务。

以浙江省为例，站在供给侧改革的开局，特色小镇的推出正契合了供给侧改革所要求的"抓好宏观布局，放活微观创新"。从块状经济、县域经济，到工业区、开发区、高新区，再到集聚区、科技城，在很长的一段时间里，浙江人都在不懈地探索如何利用最少的空间资源达到生产力的最优化布局，但是直到特色小镇的出现，产业集聚、专业化和差异化这几个最重要的产业架构要素才第一次被有机地统一起来。在吸取其他国家和地区有参照价值的专业化小镇发展经验的基础上，结合浙江省各地区的资源禀赋特征，进行了必要的本土化改造，使得浙江地区的特色小镇成为以产业转型升级为目标，以推动供给侧改革中浙江省各级政府职能转型和重定位为导向的区域发展规划创新。在明确了特色小镇规划的政经逻辑——从地区资源禀赋出发，立足其区位和既有产业优势，通过各经济部门模块化，来推动产业集聚和升级，进而在提高各种资源利用率的同时，便利对各项经济生产外部效应的消化和治理，既提高各经济部门和区块的综合性专业化水平，又促进各经济区块间的合作，从而达到提高整体经济效率（陈宇峰，黄冠。2016）[1]。

1.4.2 加快建设创新型国家

建设创新型国家这一战略部署，是党中央在2006年提出的，党的十七大提出到2020年进入创新型国家行列；党的十八大进一步提出实施创新驱动发展战略，2016年颁布的《国家创新驱动发展战略纲要》明确提出，到2020年进入创新型国家行列，到2030年跻身创新型国家前列，到2050年建成世界科技创新强国。党的十九大报告把加快建设创新型国家作为贯彻新

1　陈宇峰，黄冠．以特色小镇布局供给侧结构性改革的浙江实践 [J]. 中共浙江省委党校学报，2016（5）：28-32.

发展理念、建设现代化经济体系的一项重大战略任务。因此，加快创新型国家建设，既是推动经济发展在新常态下顺利跨越转变发展方式、优化经济结构、转换增长动力关口的战略举措，也是决胜全面建成小康社会和全面建设社会主义现代化国家的重要内容、战略支撑，对实现“两个一百年”奋斗目标具有十分重大的意义。特色小镇建设是推动产业就够转型升级的重要创新模式，对重构区域经济架构、推动产业特色发展、加快创新型国家建设具有重要意义。

科技创新引领是特色小镇加快建设创新型国家的基础。特色小镇坚持产业建镇，聚焦高端产业和产业高端方向，着力发展优势主导特色产业，延伸产业链、提升价值链、创新供应链，吸引人才、技术、资金等高端要素集聚，打造特色产业集群。以浙江省为例，特色小镇集聚支撑浙江长远发展的信息经济、环保、健康、旅游、时尚、金融、高端装备等七大新型产业，尤其是“互联网 +”的快速发展，为特色小镇燃起了新引擎和源源动力。如“梦想小镇”“云栖小镇”“基金小镇”等。科技创新的关键是人才，随着资本、人才等高端要素的迅速集聚，浙江特色小镇成为科技创新大平台。目前，78 个创建小镇已与 235 个高校、省级以上研究单位开展了技术合作。仅 2017 年上半年，就完成科技投入 32.1 亿元，已占 2016 年全年科技投入的 80.3%，规模以上工业新产品产值已达 1913 亿元，授权发明 2321 件，分别是 2016 年的 2.86 倍和 1.52 倍。

良好的创新环境是特色小镇加快建设创新型国家的重点。《关于规范推进特色小镇和特色小城镇建设的若干意见》强调，要准确把握特色小镇内涵，建设是要有效推进“三生融合”，即科学规划特色小镇的生产、生活、生态空间，促进产城人文融合发展，营造宜居宜业环境，提高集聚人口能力和人民群众获得感。同时注重保护特色景观资源，将美丽资源转化为“美丽经济”。在建设强调严格节约集约用地和严守生态红线。良好的生态环境是特色小镇建设创新驱动发展的必要物质条件，而充满人文关怀，赋有深厚文化历史底蕴的人文环境是特色小镇创新发展的重要精神支柱。四部委的政策制定为特色小镇创新良好的创新环境提供了保障，是建设创新型国家的发育土壤。

创新保护和鼓励机制是特色小镇加快建设创新型国家的关键。以浙江省为例，通过独特的制度设计和政策供给，形成了特色小镇队伍大家选、政策大家给、难题大家解、质量大家抓的浓郁氛围。在制度供给上，浙江明确将特色小镇定位为“综合改革试验区”，提出，凡是国家的改革试点，特色小镇优先上报；凡是国家和省里先行先试的改革试点，特色小镇优先实施；凡是符合法律要求的改革，允许特色小镇先行突破。目前，“区域能评、环评＋区块能耗、环境标准”取代项目能评、环评，开展50天高效审批试点等一大批改革试点已在特色小镇全面铺开。在竞争机制上，浙江设计了“比学赶超”现场会、年度考核、约谈落后等抓手，并搭建了数字擂台，定期统计、分析、公布主要发展数据，将“实绩”作为对特色小镇建设的唯一考核标准。各特色小镇所在市、县（市）财政局于每年3月底前向省财政厅提出申请，经省财政厅审核，对符合条件的，按政策兑现，通过省对市县年终结算予以奖励性补助。

1.4.3 实施乡村振兴战略

实施乡村振兴战略，是党中央从新时代全面建成小康社会和建设社会主义现代化国家作出的重大战略部署，是加快推进农业农村现代化的行动纲领，是巩固党在农村执政基础和实现中华民族伟大复兴的必然要求。推动乡村产业振兴、人才振兴、文化振兴、生态振兴、组织振兴，实现农业全面升级、农村全面进步、农民全面发展，是实施乡村振兴战略的主要内容。特色小镇是实施乡村振兴战略的重要平台和有效载体。建设特色小镇，对于加速乡村振兴、促进城乡融合发展、推进农业农村现代化都具有不可忽视的作用。

2017年12月7日，由国家发展改革委城市和小城镇改革发展中心主办的“乡村振兴与城乡融合发展研讨会”在湖南浏阳市召开。国家发展改革委规划司副司长周南在致辞中表示，制定乡村振兴战略规划和建立健全城乡融合发展的体制机制，是国家发展改革委2018年的两项重要工作。特色小镇的建设做到以下两点更有利于实施乡村振兴战略：

1）依靠“内生性”特色小城镇牵引乡村振兴

在乡村振兴过程中要发挥特色小城镇的辐射带动作用。特色小镇的产业培育、人力资源的来源、产生财富的分配都是内生的。内生性小镇的一个重要作用是当地农民都能参加到它的特色产业中来，当地乡村都能被辐射、被带动。可以通过以下三个方面推进特色小镇建设来牵引乡村振兴：一是要积极探索发展特色农业产业。以市场为导向，充分发挥资源优势，大力发展“一村一品”“一乡一业”式的特色农业产业，积极培育一批特色专业村、专业镇，重点发展一批宜居宜业特色村、特色镇，形成特色产业与小城镇建设的有机融合。二是要注重抓好特色小镇建设示范。注重结合深入实施农业产业融合发展试点示范工程，有计划有重点地选择一批特色村、特色镇进行试点建设。三是要注重创新发展模式。要注重围绕乡村建设，重点支持农民专业合作社、农业企业、家庭农场等新型农业经营主体，积极探索发展集生态农业、循环农业、创意农业、农事体验与乡村休闲农业于一体的田园综合体建设。

2）发挥财政资金引导和杠杆作用

一是激活资源。找到乡村与城市发展的比较优势，结合各个地区的不同产业优势、资源优势、区位优势和人力资源优势，打造可以为农村生产力提供就业机会的产业群和产业力，依靠市场力量构造产业特色，依据区域经济社会的特征和优势打造产业链，形成可持续发展的支柱和保障。二是要盘活资产。围绕农村土地制度深化改革，将农业农村的资金、资产和资源这“三资”，以及农民的土地承包经营权、宅基地使用权和集体收益分配权这“三权”进行资本化，将固化无收益的或者低收益的“三资”“三权”以股份化的形式转变为农民的资本。通过资源变资产、资金变股金、农民变股东，实现可持续增收。三是要用活资金。充分发挥政府在资源配置中的作用，整合和运用好财政资金，通过设立乡村振兴发展基金、城乡融合发展基金，以及建立风险补偿金等方式，发挥财政资金的引导和杠杆作用，吸引更多的金融资本和社会资本参与乡村振兴战略。

实施乡村振兴战略的过程中，特色小镇的作用体现在以下四个方面[1]：一是特色小镇是在乡村植入现代要素的复合平台，能够发挥功能叠加优势。二是特色小镇是挖掘乡村资源价值的孵化平台，能够提升存量资源的市场价值。三是特色小镇是城乡融合发展的承载平台，能够促进城乡发展一体化。

1　人民日报。特色小镇是实施乡村振兴战略的重要平台和有效载体。2018-06-13

四是特色小镇是农业农村体制变革的试验平台，能够激发制度供给活力。特色小镇按照“城乡居民基本权益平等化、公共服务均等化、居民收入均等化、要素配置合理化、产业发展融合化”的思路，高起点、高标准统筹规划城乡布局、交通路网、产业板块，以农业现代化为引领，以城乡融合发展为动力，以壮大集体经济为基础，以完善治理体系为保障，将有力地推进乡村振兴战略。

1.4.4 实施区域协调发展战略

区域协调发展是中国长期以来指导地区经济发展的基本方针。当前中国正处在转型升级的关键节点，只有在区域发展中补短板、强弱项，才能从中拓宽发展空间、增强发展后劲，实现全面协调可持续发展。中央经济工作会议对实施区域协调发展战略进行了全面部署，并要求“引导特色小镇健康发展”。以浙江省为例，特色小镇是浙江省深入贯彻“八八战略”、审时度势做出的重大决策，是新常态下浙江创新发展的战略选择，是推动长三角区域合作的重要载体。

特色小镇建设有利于推动长三角产业发展协作，人才培养协助。特色小镇通过发展七大新型产业和典型传统产业，有利于促进长三角地区区域产业的发展和合作，同时有利于促进不同地区和城镇人才的交流和培养，并提供功能性、专业化的合作服务平台。特色小镇建设有利于促进长三角经济高质量发展。目前，长三角各城市间分工协作不够，低水平同质化竞争严重。推动特色小镇协同发展，既可以促进各类资源配置的优化，实现共赢发展；又可以促进产业结构的优化，为改变产业同质化竞争、打造世界级城市群的产业分工和合作生态圈方面做出贡献。特色小镇建设有利于突破长三角空间发展的瓶颈。统计数据显示，2013 年长三角城市群开发强度已达 17.1%，高于日本太平洋沿岸城市群的 15%。目前，上海的开发强度已超 40%，远高于一些国际大都市，纽约、伦敦、东京仅为 20% 左右，香港仅为 24%。江苏的开发强度也已超过 20%，其中苏南部分地区已超过国际警戒线（30%）。“小空间大集聚”的特色小镇，完全契合解决长三角普遍面临的空间利用效率不高和后续建设空间潜力不足需要，是破解城市空间制约的重要解决方案（郑齐明，唐煜茹，等，2018）[1]。

促进区域协调发展，推进新型城镇化建设是个绕不开的话题，特色小镇的建设是新型城镇化的重要创新模式。特色小镇建设是推进二元化社会健康发展，减少城乡差别，提升我国城镇化发展水平，全面实现小康社会的重要手段。特色小镇建设通过产业升级和聚集，促进农村人口向城市转移，促进大城市人口向郊区甚至乡镇转移；通过新城镇建设，使数亿农民住房更加安全、节能、舒适，是推动和传承历史和乡愁的重要纽带（刘敬疆，2018）[2]。特色小镇建设按照控制数量、提高质量，节约用地、体现特色的要求，推动小（城）镇发展与疏解大城市中心城区功能相结合、与特色产业发展相结合、与服务“三农”相结合。大城市周边的重点镇，加强与城市发展的统筹规划与功能配套，逐步发展成为卫星城。具有特色资源、区位优势的小城镇，通过规划引导、市场运作，培育成为休闲旅游、商贸物流、智能制造、科技教育、民俗文化传承的专业特色镇。远离中心城市的小城镇，完善基础设施和公共服务，发展成为服务农村、带动周边的综合性小城镇。

特色小镇建设有利于实现区域城市与乡村的共赢互补。文化是城镇之间彼此区别的关键和灵魂，引入地方文化传统样式，让乡土文化在特色小镇中找到新的生存发展土壤，在统筹城乡发展进程中发挥城市和乡村的各自优势，实现城市和乡村的共赢互补。

1.4.5　加快完善社会主义市场经济体制

公有制为主体、多种所有制经济共同发展的基本经济制度，是中国特色社会主义制度的重要支柱，是社会主义市场经济体制的根基。习近平同志在党的十九大报告中强调“坚持社会主义市场经济改革方向”“加快完善社会主义市场经济体制”，并指出“经济体制改革必须以完善产权制度和要素市场化配置为重点，实现产权有效激励、要素自由流动、价格反应灵活、竞争公平有序、企业优胜劣汰”。这些重要论述，在党的十八届三中全会提出“使市场在资源配置中起决定性作用和更好发挥政府作用”的基础上，进一步深化了

1　郑齐明，唐煜茹，易明波 . 以特色小镇为重要载体推进长三角区域合作 [J]. 浙江经济，2018（5）：50-51.

2　刘敬疆 . 特色小镇建设思考 [J]. 建设科技，2018（2）：11-15.

对社会主义市场经济规律的认识，进一步坚定了社会主义市场经济改革方向，明确了加快完善社会主义市场经济体制的重点任务，是习近平新时代中国特色社会主义思想在经济体制改革领域的具体体现（穆虹，2017）[1]。

经济体制改革的核心问题是处理好政府和市场关系。加快完善社会主义市场经济体制，必须通过科学、适度、有效的宏观调控，更好发挥政府作用。一方面，遵循经济社会发展规律，创新和完善宏观调控。贯彻新发展理念，创新监管和服务方式，发挥国家发展规划的战略导向作用，健全财政、货币、产业、区域等经济政策协调机制。建立健全重大问题研究、民主决策和政策评估调整机制，善于利用互联网、大数据等手段促进治理能力现代化。另一方面，尊重市场作用和企业主体地位，全面正确履行政府职能。进一步简政放权，凡是市场机制可以有效调节的事项以及社会组织可以替代的事项，凡是公民法人在法律范围内能够自主决定的事项，原则上都不应设立行政许可。

特色小镇建设坚持市场主导，有利于处理好政府和市场的关系，加快完善社会主义市场经济体制建设。政府主要负责提供美丽特色小（城）镇制度供给、设施配套、要素保障、生态环境保护、安全生产监管等管理和服务，营造更加公平、开放的市场环境，深化“放管服”改革，简化审批环节，减少行政干预。运营方面，按照政府引导、企业主体、市场化运作的要求，创新建设模式、管理方式和服务手段，提高多元化主体共同推动美丽特色小（城）镇发展的积极性。发挥好政府制定规划政策、提供公共服务等作用，防止大包大揽。融资方面，浙江省鼓励小镇建设投融资方式创新，积极探索产业专项基金、股权众筹、PPP 等融资路径，加大引入社会资本、金融机构及风险投资机构等的力度。此外，浙江省通过创新政策，如用地复合开发、用地性质转变、创新扶持政策、完善人才保障、提升金融服务、创新政府审批服务方式等，大力推进特色小镇的建设。

特色小镇建设主体多元，打造共建共享新模式，有利于加快完善社会主义市场经济体制建设。要统筹政府、社会、市民三大主体积极性，推动政府、社会、市民同心同向行动。充分发挥社会力量作用，最大限度激发市场主体

1　穆虹．加快完善社会主义市场经济体制 [J]. 智慧中国，2017（12）：22-24.

活力和企业家创造力，鼓励企业、其他社会组织和市民积极参与城镇投资、建设、运营和管理，成为美丽特色小（城）镇建设的主力军。积极调动市民参与美丽特色小（城）镇建设热情，促进其致富增收，让发展成果惠及广大群众。逐步形成多方主体参与、良性互动的现代城镇治理模式。

第 2 章　特色小镇存在的弊病

从特色推出特色小镇的系列政策和浙江版本特色小镇范本在全国推广，可以说特色小镇建设逐渐形成了一种风潮。在国家各部委的大力鼓励下，在种种利好政策的支撑下，成了风靡一时的热词。尤其是随着社会资本的介入，在操作过程中忽然发现种种利好政策可以作为资本市场的好包装和强杠杆。另一方面，各地方政府也乐得推进特色小镇工作，顺利申报成功不仅是重要的政绩，也是在政府财政日益紧缩的情况下，引入社会资本，推动当地经济发展。可以说，创建并建设特色小镇是政府挣面子、资本挣票子、产业得里子的各方共赢之事。

所以从 2015 年初开始，国内各省份一时间各类特色小镇破土而出。当一项工作在短时间内一哄而上，尤其是各项监管来不及完备的情况下，必然会被别有用心之人钻了空子。比如政府急于求成，将条件并不成熟的小镇包装推出，社会资本的逐利本性趁机将这些特色小镇视为金融产品进行短期套利，这其中出现了各种问题。比较有代表性的是浙江金诚集团以特色小镇为核心产品在金融市场上的昙花一现，并最终覆灭。金诚集团起家于一家卖理财产品的金融公司，由于其有资金端，在 2015 年全国推行特色小镇的机遇下，金诚通过包装特色小镇 PPP 项目迅速崛起，短短几年时间就签约特色小镇项目 59 个，号称政府项目签约总量超过 5700 亿元。但金诚的特色小镇只是其金融工具，并无心真的投入特色小镇建设。所以坊间对金诚的质疑和传言早已有之。截至笔者在本书定稿时，2019 年 4 月 28 日，随着集团法人，富有传奇色彩的韦杰及 30 余名高管采取刑事强制措施，一度夺目的金诚财富大厦轰然倒塌，除了留下一地鸡毛，还有无数血本无归的投资人，更有翘首企盼金诚输血的特色小镇们。

其实，特色小镇能够得到中央的点赞并在全国大力推广，本身作为新型城镇化的抓手是一个有力的工具，特色小镇的理念本身更没有问题，主要问题是政策向下逐层传导的过程中出现了偏差，主要体现在以下七个方面。

2.1　认识偏差，定位不准

特色小镇，是指相对独立于市区，具有明确产业定位、文化内涵、旅游和一定社区功能等功能的发展空间平台。特色小镇的概念提出时间不长，各级政府、相关部门对此存有较大的认识偏差。特色小镇不代表发展机遇和 GDP 的必然增长，一些地方把特色小镇作为要“帽子”（等同于产业园区平台）、要“票子”（争取上级项目、政策、资金扶持）的途径，这是他们想建设特色小镇最大的推动力（沈琪芳,2016）[1]。一些地方将特色小镇视为政策“洼地”，即使不具备产业基础也强行“跟风”，导致非理性建设、非产业化用地。如我国东南区域是特色小镇的实验基地，由于该地区产业资源比较丰富，并不断创新特色小镇发展模式，因此具有明显的典型性。而西部地区在实际建设中没有量力而行，出现一哄而上，照抄照搬东部地区模式，以及盲目拆旧城盖高楼的现象（林凌，2018）[2]。

2.2　贪大求洋，人气不足

国外特色小镇的建设开始的较早，并取得了丰富的经验和借鉴。如瑞士的达沃斯小镇、美国的格林威治对冲基金小镇、法国的普罗旺斯小镇、希腊的圣多里尼小镇等，虽然体量都不太大，但十分精致独特，建筑密度低，产业富有特色，文化独具韵味，生态充满魅力。不可否认，这些优质小镇的成功建设经验确实值得我国借鉴。但有些地方对国外特色小镇的建设进行了直接复制和重建，普遍重视形态建设而轻视功能建设。有的小城镇把模仿国外

1　沈琪芳 . 特色小镇培育与建设的问题及对策——以湖州为例 [J]. 浙江树人大学学报（人文社会科学），2016，16（3）：27-28.

2　林凌 . 新型城镇化背景下特色小镇建设 [J]. 城市建设理论研究（电子版），2018，No.254（08）：27+34.

特色小镇的盖楼修路当成小城镇发展建设的唯一工作，有的不顾需要和现实条件，急功近利地搞一些华而不实的表面文章，而在促进产业形成，特别是在培育本地特色的“支柱产业”方面重视不够（孙裕增，徐少君，2004）[1]。一味地模仿和照搬国外特色小镇建设，而忽略本国或本区域的要素禀赋和比较优势，挖掘最有基础、最具潜力、最能成长的特色产业，往往导致特色小镇产业发展势头微弱，人气不足，不仅劳民伤财而且恢复代价极高。

2.3 缺乏规划，特色平庸

目前特色小镇建设由于缺乏长远规划、建设规划空间分离、功能拼凑，存在“新瓶装旧酒”和“大拼盘大杂烩”现象。即使部分职能工作者进行完善的建设规划，但由于缺乏应有的维护监督工作，导致其建设效果差强人意，没有发挥应有的作用（林凌，2018）。有的地方将城市建设思维强加到特色小镇上，盲目将产业园区、旅游景区、体育基地、美丽乡村、田园综合体及行政建制镇戴上特色小镇的“帽子”，重“形”轻“魂”，特色不足。有的小城镇盲目模仿大城市的产业布局，在技术条件、人才素质、交通条件等方面却没有相应的配套支持，导致产业结构雷同、产业特色不明显、主导产业不突出，不具备长远发展的基础（曾江，慈锋，2016）[2]。有的地方缺乏对当地传统文化的深度挖掘，特色小镇建设缺少地域特色和文化传承，出现“千城一面”的景象，同质化现象严重。以西部地区存在的大量古镇为例，许多街道都开设千篇一律的铺面，商店小铺中经营商品种类、经营方式雷同。同时，一些地区将城镇化简单理解为“让农民上楼”，在建设中大量拆除民族村落和古建筑，大建楼房，导致很多传承了千百年的地方特色景观和民俗文化风貌荡然无存（罗强，2016）[3]。

1 孙裕增，徐少君．浙江城市化进程中小城镇发展机制研究 [J]. 商业经济与管理，2004（11）.

2 曾江，慈锋．新型城镇化背景下特色小镇建设 [J]. 宏观经济管理，2016（12）：53-58.

3 罗强．新型城镇化背景下特色小镇建设 [J]. 环球市场，2016（34）：293-293.

2.4 项目分散，功能单一

特色小镇建设的核心是发展特色产业，突出“一镇一品”，避免再次出现产业同质化、千镇一面的现象。在特色小镇规划建设中，目前还有一种倾向，是希望政府退出或减少干预。这表面上是落实国家的“简政放权”，但实际上也存在着误读；现在的特色小镇，一般的产业功能都比较简单和分散，主要是由于完全靠企业和市场投资，缺乏政府的宏观统筹和规范的结果。有一些小镇传统特色工业强化不足，新型项目推进困难，各类产业布局分散，而且面临着分区整治困难。有一些小镇只能发挥产业功能、文化功能、旅游功能和社区功能的其中一种功能，不仅具有“散而弱”的特性，还往往出现生搬硬套、牵强附会，难以真正产生叠加效应、推进融合发展。一般有三种类型，一是产业与旅游功能融合不足。小镇未能开发与特色产业相关的旅游项目和产品，对游客的吸引力弱。二是产业与文化功能融合不足。部分小镇对自身的历史文化内核的挖掘与开发重视度不够，反而大力发展新兴产业，使得传统文化与现代产业难以融合。三是产业与社区功能融合不足。特色小镇的建设需要引进人才，然而却不能同步做到强化社区的管理、服务、保障、教育、安全稳定等五大基本功能，小镇还停留在工作赚钱的功能，没能形成良好的社区生态，人们对小镇的归属感不是很高（占献骁，2017）[1]。不可忽视的一点是，特色小镇建设过程中，房地产业过于集中，部分特色小镇正成为一些房地产企业新的“掘金点”，大搞房地产甚至超越了特色产业（林凌，2018），让原本就较为单薄的传统产业更加难以发挥其本该具有的特色小镇功能。

2.5 创新困难，层次不高

特色小镇建设的主流方向应该以高端产业小镇为落脚点，占领产业链的高端环节。特色小镇的“特”，必须从创新中寻求、从资源优化重组中寻求，

1　占献骁 . 浙江省特色小镇建设存在的问题及对策研究 [J]. 现代商业，2017（33）：192-193.

强化产业支撑，最终形成自身的竞争优势。然而目前的特色小镇面临着创新集聚转化困难，产业层次不高的问题。一方面，一些特色小镇的产业发展一是舍近求远、崇洋媚外和生搬硬套，没有产业基础，硬招商引资；二是选择性“失明”，以为当地无特色可寻、可挖掘。另一方面，我国的产业集群绝大多数是由农村发展而成的，且主要集中在与居民的日常生活用品有关的产业，如纺织、服装、鞋业、标牌、玩具、家具、燃气灶具、不锈钢器具等。由于这些产业对企业的规模、技术、劳动力的素质要求都不高，产业的进入壁垒低，往往只能生产一些低档产品（钱平凡，2003）[1]，造成产业层次不准、不高，创新困难。虽然一些小城镇提出建设创业创新小镇，也受到一些专家的力挺，但对这种战略定位不宜过分鼓励和拔高，毕竟一些小镇的人才集聚水平和程度较低，具有的科技和文化以及基础设施不足以支撑创新发展。另外，一些特色小镇建设忽略了产业升级、文化培育、旅游发展、人才需求等引发的长期性要求，未将政策规划、建设内容、实施效果与城市长远发展、城市治理相结合，出现追求短期效应、急功近利的现象，也为特色小镇创新增加了阻碍。

2.6 企业主体弱，集聚能力差

在经济新常态的大背景下，中国已经进入到一个“缺钱的时代”，不仅政府缺，企业也一样，这也是特色小镇规划建设必须面临的问题，特色小镇目前的状况是“政府热，企业冷”，企业日子并不是那么好过，金融机构也不会乱撒钱。特色小镇的内涵特质决定其建设需要一批产业创新、文化创意方面的高层次人才和领军企业，而特色小镇特别是在县区乡镇的特色小镇，人才匮乏问题尤为凸显，人文环境及人才集聚的弱势也致使招商引资进展缓慢（沈琪芳，2016）。另一个问题是区域空间集聚能力差。在小城镇的布局上，呈现出全局散、局部乱的现象，“马路经济”还在一定范围内存在。一方面，小城镇发展与乡镇工业功能区的建设结合还不够紧密，不同程度地存在乡镇工业“村村点火、户户冒烟”的现象。另一方面，小城镇沿路建设、追路发展现象

1　钱平凡．我国产业集群的发展状况、特点与问题 [J]. 经济理论与经济管理，2003，V（12）：27-31.

比较严重，许多地方把沿路、追路发展作为小城镇发展的指导思想，过分屈从于现实和眼前利益，搞所谓的“马路经济”，沿路发展，降低了城镇经济发展的集聚效应（孙裕增，徐少君，2004）。

2.7　保障制约大，创建进度慢

目前特色小镇建设还面临着保障制约大，创建进度慢的问题。

一是特色小镇建设的体制机制不健全，可持续发展能力较差。综合表现为投融资体系不健全，当前特色小镇基础设施建设主要依靠政府投资为主，尤其是在打造初期，金融和社会资本投资意愿不高，单纯依靠政府投资势单力薄；规划用地机制有待优化，农村存量闲置土地资源利用率不够，尤其是在特色小镇建设中进一步盘活农村土地资源探索力度有待进一步提高（罗强，2016）。

二是要素保障制约较大，导致创建进度参差不齐。首先是建设资金民资滞后，后续发展动力不足，第二个重要的要素是土地，目前由于小城镇的建设用地多采用租赁集体用地的方法，如果没有一套管理规范程序，也很容易把很多村镇最好的土地挪用为建设用地。

三是制度保障较为滞后。以浙江省为例，纳入特色小镇创建名单只是规划建设的开始。特色小镇入围后，并不能直接享受到省里的有关支持政策，只有在年度考核合格或验收命名后，才能获得土地和财政方面支持。

四是部门协作不力。大部分特色小镇是住建、发改等部门主导，前期自然资源等其他部门参与程度不深，不仅造成与土地利用总体规划的冲突，也造成生产、生活、生态空间未能明确，农村一二三产业融合缺乏保障，农村建设用地中的经营性用地、公益性用地和农民宅基地没有得到统筹安排。

五是政策支持针对性不强。国家政策对特色小镇建设发挥了积极作用，但也存在普适性较强而针对性不足的问题，地方推动政策落地的办法不多。特别是在产业发展的各个阶段，土地、财政、人才等方面有不同需求，各地对特色小镇的重视与可操作性政策还存在不小差距，导致申报热、建设慢，发展后劲不足。

第 3 章　浙江特色小镇内涵解读

特色小镇的出现，打破了规划界关于规划对象的常规界定。按李强省长在《特色小镇是浙江创新发展的战略选择》一文中的诠释，特色小镇不是行政区划单元上的“镇”，也不同于产业园区、风景区的“区”，而是按照创新、协调、绿色、开放、共享发展理念，结合自身特质，找准产业定位，科学进行规划，挖掘产业特色、人文底蕴和生态禀赋，形成“产、城、人、文”四位一体有机结合的重要功能平台。

这一描述性的界定使特色小镇显得更加不同寻常。严格意义上讲，这是一种关于目标的描述而不是对象的定义。对于习惯于面对具象实体的规划师而言，厘清特色小镇的内涵与需求是进行有效规划设计的重要前提。回顾浙江省一年多来的实践，笔者对特色小镇的内涵与特征勾勒如下。

3.1　浙江视角下特色小镇“定义”

“特色小镇”与“特色镇”，虽均有一个“镇”字，但指向却不尽相同。“特色镇”更注重行政地域概念，乡镇一级的意味更加浓厚；“特色小镇”则是相对独立于市区，具有明确产业定位、文化内涵、旅游和一定社区功能的发展空间平台，具有社区特征，传承和展示独特地方文化的载体。“特色小镇”区块概念更强，它既不是行政区划单元的“镇”，也不是产业园区的“区”，而是产业发展载体，是同业企业协同创新、合作共赢的企业社区，是企业为主体、市场化运作、空间边界明确的创新创业空间。一个乡村、一个园区、一个区域，均有可能成为特色小镇的建设对象。从特征内涵上看，特色小镇具备四个特征：产业上“特而强”、功能上“聚而合”、形态上“小而美”、机制上“新而活”。

小镇分为三类：第一大类以提供技术与金融服务产品为主。例如：时尚小镇 A、信息经济小镇、金融小镇。第二大类以提供食物产品为主。例如环保小镇、健康小镇 A、时尚小镇 B、高端装备制造小镇。第三大类以提供体验服务产品为主。例如旅游小镇、健康小镇 B、历史景点小镇。通过培育特色小镇，集聚人才、技术、资本等资源要素，推进产业集聚、产业创新和产业升级，实现“小空间大集聚、小平台大产业、小载体大创新”，从而形成新的经济增长点。

图 3.1-1 浙江特色小镇示意图

3.2 新的发展主体

特色小镇“既非简单地以业兴城，也非以城兴业；既非行政概念，也非工业园区概念”，也不是传统的“镇”“区”“园”相加的“大拼盘”。它与原有行政边界没有对应的关系，而是一种发展的新的主体形式。从创建条件看，特色小镇有明确的空间规模界定和投资规模要求。空间规模上，规划面积一般控制在 3 平方公里左右，建设面积控制在 1 平方公里左右；经济规模上，原则上环保、健康、时尚、高端装备制造等 4 大行业的特色小镇 3 年内要完成 50 亿元的有效投资，信息经济、旅游、金融、历史经典产业等特色小镇 3 年内要完成 30 亿元的有效投资（均不含住宅和商业综合体项目）。此外，建设标准方面，所有特色小镇要建设成为 3A 级以上景区，旅游产业类特色小镇要按照 5A 级景区标准建设。由此可见，特色小镇是不同于“镇”或“区”的新的发展主体。

图 3.2-1　浙江航空小镇

图 3.2-2　浙江宠物小镇

3.3　新的产业平台

浙江特色小镇建设“特而强”的产业。浙江省提出特色小镇定位聚焦于信息经济、环保、健康、旅游、时尚、金融、高端装备制造七大万亿产业，以及茶叶、丝绸、黄酒、中药、青瓷、木雕、根雕、石雕、文房等历史经典产业。特色小镇创建将围绕单个产业来打造完整的产业生态圈，突出产业特色，专业化发展，以此培育具有行业竞争力的“单打冠军”，具有特色性和领先性。浙江特色小镇通过技术要素、人才要素和资金要素的高端要素的集聚，目标定位为合理的产业发展目标，形成产业领导力，产业协同发展，提升产业影响力，并同时追求经济效益、社会效益和旅游效益目标的统一。在产业功能

图 3.3-1　浙江巧克力小镇

图 3.3-2　浙江基金小镇

布局上，主张通过主导产业用地比例的控制与引导，实现产业功能与空间规划的融合，体现小镇的产业特色。我国产业平台从最初功能单一的工业区到功能复合的开发区，再到功能综合的产业新城，大致经历了三个阶段。而瞄准精细化的万亿产业、提出有效投资指标、重视完整的产业生态、目标行业龙头，同时又强调生产、生活、生态融合的特色小镇，无疑将成为超越产业新城的更高阶段的产业平台。

3.4　新的和谐家园

浙江省的特色小镇具有“聚而合”的功能，产业、文化、旅游和社区四中功能融合发展，与产业特色、社会经济协调展，注重空间整合和文化传承。通过合理的居住用地规模，完善的基本公共服务设施，适宜的人口规模发挥特色小镇的社区功能；通过发展小镇客厅、景区创建和旅游产品发挥旅游功能；特色小镇在建设时要彰显产业文化，传承传统文化，同时重视重要文物保护性开发，推动文化对外交流，并吸收优秀国际文化等方面来发挥文化功能；通过一系列的生态产品开发实现提升其生态价值，如推广绿色建筑技术、公园绿地建设采用分散式网络化布局、按照海绵城市建设要求、低影响开发等。“产、城、人、文”和谐一体，这也是浙江省在经济新常态下，对于破解浙江空间资源瓶颈、有效供给不足、高端要素聚合度不够、城乡二元结构，改善人居环境的重要抓手。特色小镇应当是有山有水、有产业、有人文、有品位，是一个让人愿意留下来创业和生活的和谐家园。

图 3.4–1　浙江梦想小镇

图 3.4–2　浙江海洋小镇

3.5 新的制度探索

浙江特色小镇打造“新而活”的体制。政策创新上，通过用地复合开发，用地性质转变，创新扶持政策，完善人才保障，提升金融服务，创新政府审批服务方式这一系列的方式来保障特色小镇的建设。其中，不同于传统的审批制,特色小镇采用“创建制”,这是对地方管理制度创新的重要探索(图3.5-1)。特色小镇创建对象名单的产生经过严格的标准筛选，确保入围的特色小镇要符合“7+1”产业定位范围、四至及规划面积清晰、产业文化旅游社区功能叠加、投资主体明确、项目具体可行、有效投资额达到规定目标以上。对如期完成年度规划目标任务的,省里按实际土地使用指标的50%或60%给予配套奖励,对3年内未达到规划目标任务的，加倍倒扣省奖励的用地指标；创建期间及验收命名后，其规划空间范围内的新增财政收入上交省财政部分，前3年全额返还、后2年返还一半给当地财政。《浙江省特色小镇创建规划指南(试行)》(浙特镇办〔2018〕7号）统筹发展改革委、住建厅等部门需求，保证特色小镇从规划到验收命名的一致性；从产业定位、功能布局、建设用地等内容指导实践的弹性和拓展性，强调创建规划方案的可持续性；重点突出产业定位及产业发展路径，保证产业规划与空间规划的衔接性。

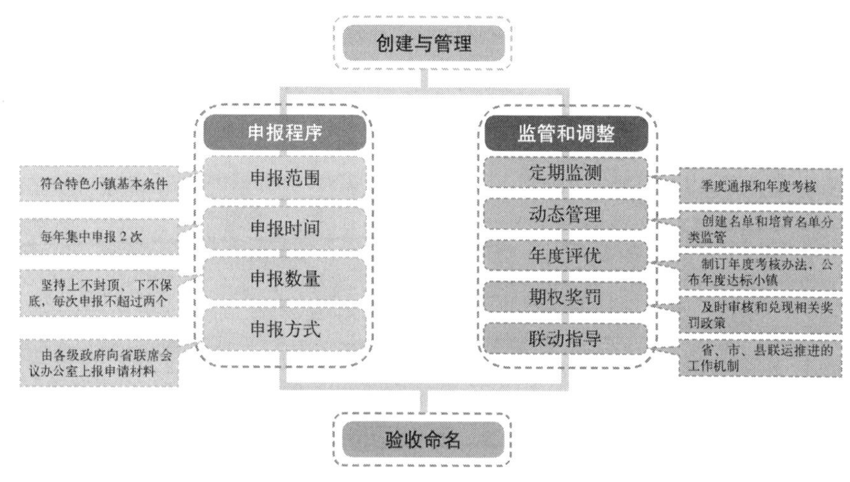

图3.5-1 浙江特色小镇创建程序及要求

3.6　新的理念引领

虽然从现有实践看，特色小镇是基于浙江的经济特点与社会背景应运而生的地方探索，但其发展理念不仅迎合当前我国社会经济转型的宏观需要，而且契合国家新型城镇化的发展方向。特色小镇强调产业“特而强”，制度“活而新”，是全新的产业平台和经济体，体现创新与活力；特色小镇强调功能“聚而合”，形态“精而美”，将成为城乡空间转型与形象提升的示范区。同时，特色小镇创建也符合政府理念转型的需要。在前阶段经济发展和城市化“双快”的驱动下，政府部门普遍浮躁，某种程度上务虚多于务实。特色小镇体块小、周期短，为政府转变理念、真抓实干提供了理想的平台。而对于规划行业来说，特色小镇的创建为规划创新提供了契机，为城乡规划提供了理念转型的试验地。特色小镇的短周期、高标准设置既为规划设计师出了一道难题，同时也为规划设计师实现理想、实践落地规划提供了很好的舞台。但是，作为规划的创新必然要面对一系列的挑战。《浙江省特色小镇创建规划指南（试行）》（浙特镇办〔2018〕7 号）植入了面向未来建设的智慧、生态、海绵、慢生活等规划理念落实的指引，可有效指导浙江省特色小镇建设在全国建设起示范作用。

3.7　新的运作模式

浙江省特色小镇建设上采用政府引导、企业主体、市场化运作，既凸显企业主体地位，充分发挥市场在资源配置中的决定性作用，又加强政府引导和服务保障，在规划编制、基础设施配套、资源要素保障、文化内涵挖掘传承、生态环境保护等方面更好发挥作用。每个特色小镇明确投资建设主体，由企业为主推进项目建设，建立了特色小镇全面市场化运作模式，扶持政策灵活有力，避免以往经济开发区“一哄而上”的发展模式。浙江省建设特色小镇坚决摒弃“先拿牌子、政府投资、招商引资”的传统做法，敞开大门欢迎各类建设主体参与特色小镇建设。在这一理念引导下，国企、民企、外企、高校，行业领军人物纷至沓来，特色小镇的建设主体群英荟萃；产业基金、股权众筹、

PPP 等融资路径屡见不鲜，特色小镇成了各类社会资本争相进入的投资“洼地”。

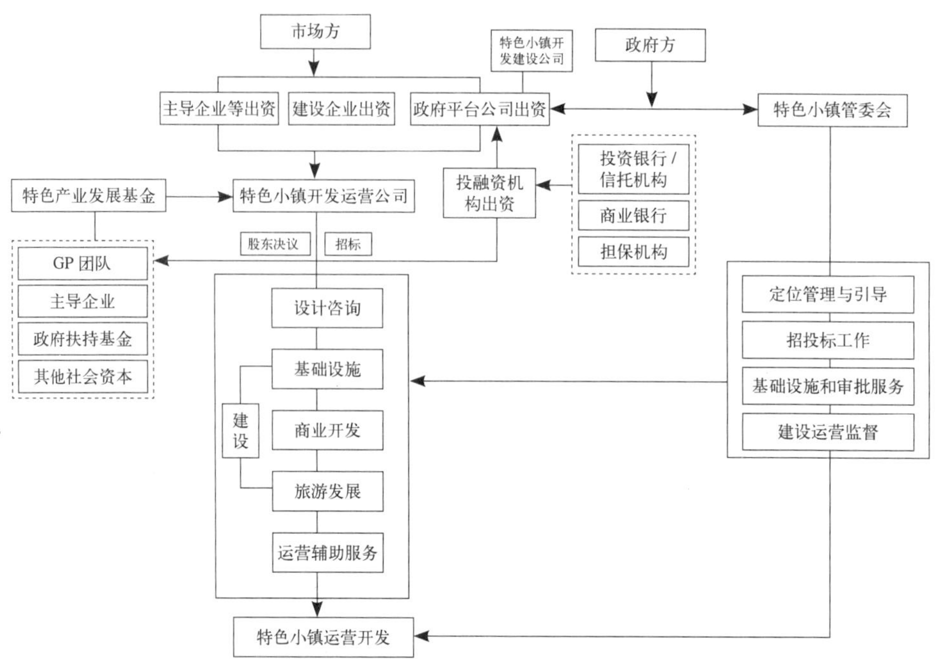

图 3.7-1 浙江特色小镇建设的运作模式

3.8 浙江经验的可复制性

笔者在外讲课交流过程中经常会遇到对一个问题的讨论，比较有代表性的一次是参加 2016 年在浙江德清举行的全国小城镇论坛，作为主题演讲嘉宾，在随后的答问环节，坐在台下时任中国城市规划学会秘书长的石楠老师提问：“浙江特色小镇是否具有可复制性”。笔者在回答中简要表达了三层观点：浙江特色小镇是可复制的也是不可复制的。可复制是在小镇的内涵引领下进行高端要素的集聚，推动产业的提质升级，促进现有产业从供给侧进行改革；但浙江特色小镇也是不可复制的，这是由于浙江独有的块状经济基础，以及富足的地方经济，可以支撑起高端要素的集聚，但国内绝大部分地区不具备这样的产业基础和支撑能力。第三层意思是在什么尺度进行复制也是有讲究的。浙江特色小镇在理念核心上强调单一产业为引领，强调主导产业做成“单打冠军”，但单一产业的发展最高对应镇一级发展模式。一方面镇一级经济体的体量相对较小，“船小好调头”的优势下，产业的变化或变革还是可能的。另一方面，再高一层级的经济体，如县级甚至地市级经济体，体量已经上规模，押宝在单一产业上风险很大。因为任何产业都是有一定生命周期的，大体量经济体在发展惯性的作用下难以对市场的变化做出所需要的快速反应，一旦出现较大的波动势必会造成整个经济和产业的崩塌。处于美国“锈带”上的诸多城市，尤其以老牌汽车城底特律为代表，在 20 世纪中后期的衰败，是这一风险的代表。

所以本书的读者要对浙江特色小镇的可复制性有清醒的认识，切不可依葫芦画瓢，甚至东施效颦，盲目照搬浙江经验造成资源浪费的结果。那么浙江特色小镇经验在哪些方面具有可复制性呢？通过笔者这几年的实践和观察，浙江省特色小镇建设的经验的可复制性主要体现在四个方面：产业为核、功能复合、创建方式和营造手法。

1. 产业为核

浙江特色小镇从诞生之初就打上了深深的产业烙印，而且从其中比较成功的特色小镇经验来看，产业发展作为小镇的核心特色是成功的决定因素。如杭州梦想小镇的互联网产业、云栖小镇的云计算产业具有鲜明而强力的主导产业，更不消说及巧克力小镇、袜艺小镇、黄酒小镇这些从名称上就直观表达着小镇的基因。在浙江特色小镇之前，也有一些地区有类似“特色小镇”的提法，但所谓的特色更多是在形象上或历史文化上的特质。但浙江特色小镇强调产业立镇，强调主导产业的策划。在后续浙江特色小镇向全国推广的过程中，其实并没有真正领会产业作为核心地位的重要作用。更重要的是，浙江特色小镇中的产业并不突出旅游产业，旅游更多是主导产业支撑和延伸的板块。浙江特色小镇的产业包括信息、环保、健康、时尚、金融和高端装备制造等新兴产业，以及黄酒、丝绸等传统手工业和制造业。在已经公布的四批特色小镇创建名单中，非旅游类的特色小镇占了绝大多数。

而放眼国内特色小镇，不论是住房城乡建设部公布的国家级特色小镇还是各省特色小镇，文旅类的小镇超过六成。其中大部分都是依托于 A 级景区或者古城等旅游景点，简单包装文旅项目，其实是换汤不换药的旅游景区而已。

并不是说特色小镇不能建在景区中，相反景区现有配套设施完善、环境优美，具有先天的空间特色，比如杭州的云栖小镇就与西湖新十景“云栖竹径”相结合，而基金小镇更是选址在玉皇山核心景区之中，是西湖新十景“玉皇飞云”所在地。优美的环境和完备的设施对云计算产业和基金产业的从业者具有很强的吸引力，助力了小镇人才的集聚。但假设类似云计算和基金产业没有作为主导产业发展的话，纵然这两个小镇是西湖新十景之一，但也不免落俗，更不要说发展成年盈利能力上百亿的经济引擎。

所以我们学习浙江特色小镇经验首先要牢牢把握产业作为小镇从创建到策划规划到落地建设再到投入运营的内核。

2. 功能复合

浙江特色小镇强调功能的复合，通过产业 + 社区 + 旅游 + 服务 + 创新，打造宜居宜业宜游的活力功能体。特色小镇功能复合的概念符合时代发展的需求。改革开放之初，城市开始起步发展工业，但最初工业基础薄弱，产业规模较小，以低端加工为全部功能。进入 20 世纪 80 年代中期，在广东等沿海城市诞生了我国第一批工业园区，产业规模开始扩大，但还是单一的生产功能，更多体现为生产企业的集聚区。随后的 90 年代，单一生产功能无法满足产业发展的需求，产业园区开始向经济开发区转型，与之前产业园区不同的是，经济开发区除了生产功能，还融入了科技研发、商务办公等部分生产性服务功能，有效促进了低端制造业向技术和资本密集型产业进行升级。集聚方式也从生产企业的聚拢转向地域性工业集聚，有代表性的是当时全国涌现出的大批高新技术产业园区。

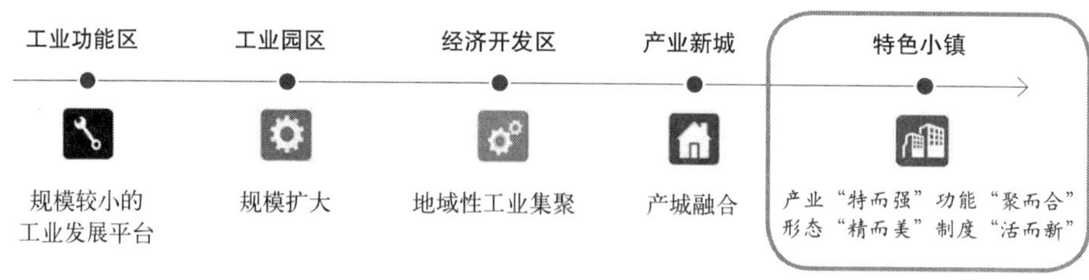

图 3.8-1　特色小镇演变过程

进入 21 世纪，随着我国经济进一步繁荣，产业发展更加强劲，产业平台的需求也更加强烈。由于产业园区的规模不断扩大，简单的生产功能及围绕生产的服务功能无法满足从业者需要，尤其是生活功能的欠缺，以及生活完整配套功能的缺乏，催生了产业新城这样“城”的概念，产业集聚区也正式转变为功能复合产城融合的产品平台。传统的产业发展也在人口不断积聚的基础上，走向产业链集聚，产业发展向产业链上游和下游进行拓展。随着中国经济发展进入后工业化时代，需要通过供给侧结构性改革推动产业进一步升级，客观上需要研发与创新功能的提升，实现这一目标核心是集聚创新型人才，而传统的产业新城无法满足高端创新型人才对空间品质的关注，所以在这一时代需求下，特色小镇应运而生，需要满足全方位的产业需求，还要满足人才对环境的需求，这就产生了特色小镇不仅功能聚而合，形态上也突破了传统的居住模式。

浙江特色小镇对功能聚合的要求还直观体现在考核标准的制定中。浙江不仅是特色小镇的诞生地，还是第一个提出特色小镇地方评价标准体系的省份。在评价标准中，有 6 个方面共 43 项指标，其中“功能融合”，是作为重要的评价方面之一，强调特色小镇的高度复合功能，包括三生融合、四位一体、小镇客厅建设等三个定性指标，以及媒体关注、游客接待、公共设施三个定量指标，作为功能融合度的重要评判标准。

所以学习浙江特色小镇经验要注重小镇的功能融合度，将小镇打造成宜居宜业宜游的新型复合空间。

3. 创建方式

浙江特色小镇的创建制也具有很强的可借鉴性。这是对地方管理制度创新的重要探索。进入创建名单的特色小镇，只有在年度考核合格或验收命名后，才能获得土地和财政方面的优惠政策支持。对如期完成年度规划目标任务的，省里按实际土地使用指标的 50% 或 60% 给予配套奖励，对 3 年内未达到规划目标任务的，加倍倒扣省奖励的用地指标；创建期间及验收命名后，其规划空间范围内的新增财政收入上交省财政部分，前 3 年全额返还、后 2 年返还一半给当地财政。浙江通过特色小镇的推行而逐渐成熟的创建方式是政府转变工作职能，科学有效管理的重要体现。传统的产业平台发展，政府通过优惠政策招商引资，但止于企业入驻，上级政府并没有对当地政府产业平台的明确考核，或者有考核也难落实。传统园区政策更准确的形容是“终身制”，对激励地方发展效用有限。

而浙江特色小镇的创建制，打破了考核评价执行缺乏核心抓手的问题，将政策前置可以先享受，但建设达不到要求，优惠政策取消，小镇警告甚至摘牌。这无疑给地方政府上了一道紧箍咒，甚至将这一系列政策形容为选在地方政府头上的“达摩克利斯之剑”毫不为过。2018 年浙江省通过第三方组织了对 108 个省级特色小镇的考核是创建制的体现。同年 9 月，浙江省公布了考核结果，其中 24 个小镇考核优秀，32 个小镇考核良好的同时，还有 14 个小镇考核警告，7 个小镇考核降格。这样的考核机制，给全省的特色小镇建设打入了强心针。在其他省市推广创建特色小镇时的一些政策性文件，都无例外的将浙江特色小镇的创建制，从申报的流程，到考核的机制等等都纳入到自身政策体系中，也是对浙江经验的高度认可。

所以浙江特色小镇的创建制经验具有很好的可借鉴性，不仅是在特色小镇的创建方面，其实在类似政策性工具上都可借鉴，比如近来随着乡村振兴而涌现的农业园区、农业综合体等等，都可将创建考核和政策利好挂钩，监督并激励落地实施。

4. 营造手法

浙江特色小镇的打造手法是属于深层次的可复制性，也是本书希望能够通过在各地的实践阐释的重点之一。浙江特色小镇花团锦簇，基础不同，方向不同，但在打造手法上有规可循，包括对特色小镇中“特色”的理解和把握，包括挖掘、策划和包装的系统性理念，都有很强的可借鉴性。

中央在 2019 年 5 月 5 日发布了《中共中央国务院关于建立健全城乡融合发展体制机制和政策体系的意见》，提出城乡融合发展将是国家重大决策部署。作为支撑，村镇发展是最核心的载体。由于村镇经济体量小，所以经济发展肯定是通过点状突破，将会有多种多样的类似特色小镇的经济平台应运而生。浙江特色小镇对小体量经济体的打造手法将会对未来的村镇发展提供重要的工具参考。

所以浙江特色小镇的打造具有可复制性，也是本书的重点之一，将在后续篇幅中做详细的解说。

第 4 章　特色小镇多“版本”分析

对比浙江特色小镇版本和各省及各部委政策、要求对比，总结特色小镇发展核心要求，以及在对比分析中论述浙江经验的可推广复制性。

4.1　各省特色小镇政策分析

特色小镇是浙江省政府在全国率先提出的重大发展战略，其他各省的特色小镇建设如雨后春笋般出现，特色小镇取得不凡的成就。浙江小镇率先开展并正在成为一个标杆，山东、广东紧随其后，这些成就的背后离不开国家的政策支持和鼓励。同时，各省级政府积极响应中央号召，高度重视和大力发展特色小镇，对各自省内特色小镇的创建和发展因地制宜地制定了政策扶持。通过对比浙江省、山东省和广东省的政策对比分析，有利于为其他地区特色小镇的建设和发展提供借鉴和参考（表 4.1-1）。

4.2　省级特色小镇变化趋势

浙江省第十四次党代会提出，要高水平建设特色小镇。坚持产业立镇、科技强镇、旅游兴镇、文化传镇，以更高标准、更高质量推进规划建设，做到五个“更加突出”。

4.2.1　更加突出产业特色

特色小镇核心竞争力在产业，根本也在产业，必须把产业特色的文章做透。要坚持高端引领，站在国际视野，紧扣产业升级趋势，主攻最有基础、最有

浙江省、山东省和广东省特色小镇政策对比分析　　表 4.1-1

支持政策＼省份	浙江省	山东省	广东省
土地政策	各地要结合土地利用总体规划调整完善工作，将特色小镇建设用地纳入城镇建设用地扩展边界内。特色小镇建设要按照节约集约用地的要求，充分利用低丘缓坡、滩涂资源和存量建设用地。确需新增建设用地的，由各地先行办理农用地转用及供地手续，对如期完成年度规划目标任务的，省里按实际使用指标的 50% 给予配套奖励，其中信息经济、环保、高端装备制造等产业类特色小镇按 60% 给予配套奖励；对 3 年内未达到规划目标任务的，加倍倒扣省奖励的用地指标	各地要结合土地利用总体规划调整完善工作，将特色小镇建设用地纳入城镇建设用地扩展边界内。特色小镇建设要按照节约集约用地的要求，充分利用低丘缓坡、滩涂资源和存量建设用地，对如期完成年度规划目标任务的，省里按实际使用指标一定比例给予奖励；对连续 2 年内未达到规划目标任务的，加倍倒扣省奖励的用地指标。各地在分配新增建设用地指标时要积极支持特色小镇创建	充分利用国家赋予我省的“三旧”改造和城乡建设用地增减挂钩等土地政策，保障特色小（城）镇建设用地。对符合条件的特色小(城)镇内重点项目，优先保障其用地指标。对现有规划建设用地总规模不足的特色小镇，可结合土地利用总体规划的调整工作予以重点保障。对集约节约用地工作成绩较为突出的特色小（城）镇，由市、县在统筹安排建设用地指标时予以倾斜支持。支持特色小（城）镇使用符合规划的农村建设用地，需要转为国有建设用地的，优先办理相关手续，并适当减免省级税费。鼓励特色小镇统筹工业用地和商业、住宅用地规模，实行合理的用地价费政策
产业政策	特色小镇要聚焦信息经济、环保、健康、旅游、时尚、金融、高端装备制造等支撑我省未来发展的七大产业，兼顾茶叶、丝绸、黄酒、中药、青瓷、木雕、根雕、石雕、文房等历史经典产业，坚持产业、文化、旅游“三位一体”和生产、生活、生态融合发展。每个历史经典产业原则上只规划建设一个特色小镇。根据每个特色小镇功能定位实行分类指导	尊重经济规律，按照一镇一业、一镇一品要求，因势利导，突出主导产业，拉长产业链条，壮大产业集群，提升产业层次，做大做强特色经济。聚集人才，培育海洋开发、信息技术、高端装备、电子商务、节能环保、金融等新兴产业；挖掘资源禀赋，发展旅游观光、文化创意、现代农业、环保家具等绿色产业；依托原有基础，优化造纸、酿造、纺织等传统产业	积极引导一批有重大示范带动效应的项目落户特色小（城）镇。支持特色小（城）镇建设公共服务平台，带动特色产业转型升级。优先支持特色小(城)镇按规定申报建设省战略性新兴产业基地，支持符合条件的镇内企业申报国家和省工程技术中心、重点实验室。优先支持符合条件的特色小（城）镇申报国家特色小（城）镇以及历史文化名镇（街区）、旅游特色名镇、AAA 级或以上旅游景区。定期举办特色小镇发展论坛，召开形式多样的特色小（城）镇建设交流研讨会、项目推介会等，加强政、企、银、社的沟通合作与互动交流

续表

省份 支持政策	浙江省	山东省	广东省
创建原则	**一、建设“特而强”的产业。** 突出产业特色，专业化发展，小镇主导特色产业应在行业中具有特色性和领先性。 目标定位：合理的产业发展目标，形成产业领导力，产业协同发展，提升产业影响力。高端要素聚集：技术要素、人才要素和资金要素。效益目标：经济效益目标、社会效益目标和旅游效益目标。产业功能布局：通过主导产业用地比例的控制与引导，实现产业功能与空间规划的融合，体现小镇的产业特色。 **二、实现“聚而合”的功能** 产业、文化、旅游和社区四中功能融合发展，与产业特色、社会经济协调展，注重空间整合和文化传承。 社区功能：合理的居住用地规模，完善的基本公共服务设施，适宜的人口规模。 旅游功能：小镇客厅，景区创建，旅游产品。 文化功能：彰显产业文化，传承传统文化，重要文物保护性开发，推动文化对外交流，吸收优秀国际文化。 生态功能：开发生态产品，实现价值提升。推广绿色建筑技术。公园绿地建设宜采用分散式网络化布局。按照海绵城市建设要求，低影响开发。 **三、展现“小而美”的形态** 充分尊重和利用原有的山水格局、自然生态和特色风貌，创建和谐宜居的美丽环境。 基础设施：规划完善的路网交通、停车设施、游憩步道系统、给水系统、排水系统、电力系统、电信系统、环卫设施、消防设施等。	（一）定位明确，特色突出。以产业为基础，一业为主，多元发展，特色突出。 （二）以产兴城，以城兴业。围绕打造创新创业载体，做大做强主导产业，就业岗位和税收有较大增长，主导产业税收占特色小镇税收总量的70%以上。 （三）产城融合，功能配套。优化功能布局，集聚大批工商户、中小企业、中高级人才，实现产业、文化、旅游和社区有机结合，实现生产、生态、生活融合发展。 （四）规模集聚，品牌示范。主导产业在行业内有较大影响力，特色产业和品牌具有核心竞争力，在全省或全国有较大知名度。 （五）宜居宜游，生态优美。人文气息浓厚，旅游特色鲜明，每年接待一定数量游客，达到省级特色景观旅游名镇标准，其中旅游类小镇达到国家级特色景观旅游名镇标准	——坚持创新探索、融合发展。创新特色小（城）镇规划建设的理念、方法和机制，促进“产、城、人、文”有机结合，推动新型工业化、城镇化、信息化和农业现代化融合发展，努力走出一条特色鲜明、产城融合、惠及群众的新型小（城）镇之路。 ——坚持产业兴镇、特色发展。从实际出发，发挥特色优势，体现区域差异性，提倡形态多样性。挖掘本地最具发展基础、发展潜力和成长性的特色产业，做精做强主导特色产业，打造具有持续竞争力和可持续发展特征的独特产业生态，防止千镇一面。 ——坚持以人为本、科学发展。围绕人的城镇化，统筹生产、生活、生态空间布局，完善城镇功能，补齐城镇基础设施、公共服务、生态环境、文化传承和保护短板，打造宜居宜业环境，提高人民群众获得感和幸福感。 ——坚持市场主导、政府引导。创新建设模式、管理方式和服务手段，提高多元化市场主体的积极性，共同推动美丽特色小（城）镇发展。发挥好政府制定规划政策、提供公共服务等方面的支持作用，为特色小（城）镇提供良好发展环境

续表

支持政策＼省份	浙江省	山东省	广东省
创建原则	形象建设：保持与自然的和谐关系，保留历史成长的印记，注重新旧建成环境协调，体现地域和产业特色，强化人性化空间尺度。 智慧植入：特色小镇，小镇智慧管控平台、信息化服务平台，智慧化应用。 **四、打造“新而活”的体制** 将创新体制融入小镇规划建设与实施的过程中，保障规划长期性和有效性。 运作主题：鼓励企业为主体参与，强化政府引导作用。 运作机制：特色小镇规划建设工作联席会议制度或领导小组，公共服务市场化，创新投融资方式，全生命周期化的制度设计。 政策创新：用地复合开发，用地性质转变，创新扶持政策，完善人才保障，提升金融服务，创新政府审批服务方式		
人才政策	以集聚特色产业高端要素为核心，着力打造创新创业平台，吸引“国千、省千”人才，以及大学生、大企业高管、科技人员创业者、留学归国人员，运用现代新技术，开发新产品，加快特色产业转型发展、领先发展	牢固树立人才是第一资源的理念，落实扶持创新创业政策，吸引、支持泰山学者、泰山产业领军人才、科技人员创业者、留学归国人员，积极投入特色小镇创建，运用现代新技术，开发新产品，加快特色产业转型发展、领先发展	加强特色小（城）镇专业技术人才队伍建设，重点在岗位设置、工资待遇、专项培养等方面给予特殊政策。鼓励和支持特色小（城）镇与高等学校、中等职业学校（含技工院校）、科研院所深入合作，探索建立产学研紧密结合的人才培养、培训体系。加大相关职业工种标准和职业鉴定管理，并按规定将符合条件的职业工种纳入省级劳动力培训转移就业补助目录。完善政府奖励、用人单位奖励和社会奖励互为补充的多层次奖励体系，对具有较大潜力的人才的学习深造、国际交流等给予奖励或资助。健全人才引进制度，将特色小（城）镇专业技术拔尖人才纳入有关人才引进计划或项目。对引进特色小（城）镇急需的高端人才、特殊人才，实行“一人一议”

续表

支持政策 \ 省份	浙江省	山东省	广东省
创建重点	科技创新。以科技创新推动产业创新，使特色小镇更加聚焦高新技术产业和七大产业。主要工作有三项：一是加快引进和培育科技型企业，围绕各自产业定位，大力发展高新技术企业、科技型中小企业、科技企业孵化器等，建立企业目录，加大扶持，优化服务，激发市场主体创新活力。二是加强对科技创新活动的统计监测，扩充完善“科技创新”类指标，提高调查频率。三是鼓励各特色小镇创建对象因地制宜开展科技创新活动。主要围绕“研发机构、科研人才、创新技术、成果转换”创新机制、搭建平台、开展活动	科学规划布局。特色小镇规划符合城镇总体规划，并与经济社会发展、土地利用、生态环境保护、历史文化保护、旅游发展等相关专业规划有效衔接。规划面积一般控制在3平方公里左右，起步阶段建设面积一般控制在1平方公里左右。将城市设计贯穿特色小镇规划建设全过程，塑造特色风貌	立足资源禀赋、区位环境、历史文化、产业集聚等特色，做精做强特色小（城）镇主导产业，促进产业跨界融合发展，推动互联网、物联网技术与特色产业深度融合发展，构建小镇大产业，扩大就业和集聚人口，促进特色产业提质增效和转型升级，实现特色产业立镇、强镇、富镇。支持有条件的小城镇特别是中心城市和都市圈周边的小城镇，发展先进制造业和现代服务业，积极发展物联网、大数据、云计算、电子商务等产业。推进专业镇协同创新，通过区域分工合作，推进形成一批产业专业合作区。着力构建特色小镇高端要素集聚平台，支持特色小镇建设孵化器、加速器、工业设计中心、专门化总部基地等新型载体，促进产业发展向微笑曲线两端延伸。建立知识产权、质量检测、工艺设计、品牌策划、市场营销、金融服务、文化创意、文化体验等综合服务平台，促进纺织、服装、珠宝、陶瓷、家居、灯饰、红木、玩具等传统产业转型升级。深化产教融合、校企合作，积极依托高等学校、中等职业学校（含技工院校）建设就业技能培训基地，培养特色产业发展所需各类人才
财政政策	特色小镇在创建期间及验收命名后，其规划空间范围内符合规定条件的新投资企业（包括省外引进的和省内企业在特色小镇内的新办企业），按规定程序审核认定后，缴纳税收形成的地方财政收入，其当年增收上交省部分，前3年全额返还、后2年返还一半给当地财政。对省内企业（本市、县（市）范围内的企业除外）迁入特色小镇内的，第一年兑现的须是经审核认定的其缴纳税收所形成的地方财政收入，扣除迁入前一年相应的收入基数和一定增幅后的当年增收上交省部分	2012年山东省出台了《山东省人民政府关于开展“百镇建设示范行动”加快推进小城镇建设和发展的意见》，发展目标是在3—5年时间内打造100个左右的特色小镇，每年安排10亿元的示范镇建设专项资金，且每年为100个示范镇安排不少于5000亩的新增建设用地计划指标。2016年，山东省统筹城镇化建设等资金，用以支持特色小镇的创建，年初财政厅拨付了首批特色小镇创建的启动资金1.1亿元，支持各市先行开展特色小镇创建基础性工作。在此基础上2017年再拨资金1.1亿元，按照每个小镇200万元的标准，支持相关地区进行规划编制、基础设施、产业园区、公共服务平台建设以及特色产业发展等，用新发展理念统筹指导小城镇建设，积极打造区域经济新的增长极	特色小镇在创建期间及验收命名后，其发展建设规划空间范围内的新增财税收入，由各级财政通过适当增加转移支付予以支持，专项用于特色小镇的基础设施和公共服务建设。各类财政专项资金和政府性基金在符合投向的情况下，向特色小（城）镇的产业发展及基础设施建设等项目倾斜。大力支持符合条件的特色小（城）镇建设项目申请中央预算内投资、专项建设基金、产业投资基金、创业投资基金等

续表

支持政策＼省份	浙江省	山东省	广东省
金融政策	一是拓宽融资渠道，支持特色小镇项目建设。二是创新金融产品，助推特色小镇产业发展。三是完善支付体系，提升特色小镇金融服务便利化程度。四是优化网点布局，完善特色小镇金融服务体系。五是加强多方合作，支持金融特色小镇做优做强。六是加大政策扶持，优化特色小镇金融生态环境	引导金融机构加大对特色小镇的信贷支持力度。创新融资方式，探索产业基金、股权众筹、PPP等融资路径，加大引入社会资本的力度，用于特色小镇公共配套基础设施、公共服务平台以及创新孵化平台等项目的建设	鼓励社会资本根据市场需要、按照市场化方式发起设立特色小（城）镇建设基金。支持金融机构创新特色小（城）镇金融产品和服务。支持有条件的小（城）镇投资运营主体通过发行企业债券等多种方式拓宽融资渠道。对特色小（城）镇范围内符合条件的政府和社会资本合作项目，优先纳入政府投资计划和贴息贷款计划。鼓励金融机构与风险投资、天使投资机构开展合作，支持特色小（城）镇的企业创新创业。支持特色小（城）镇相关企业通过改制上市、到新三板和区域性股权交易中心挂牌等方式融资。特色小（城）镇的企业参与“一带一路”建设的，优先纳入省丝路基金扶持范围
审批改革	（一）自愿申报。由县（市、区）政府向省特色小镇规划建设工作联席会议办公室报送创建特色小镇书面材料，制订创建方案，明确特色小镇的四至范围、产业定位、投资主体、投资规模、建设计划，并附概念性规划。 （二）分批审核。根据申报创建特色小镇的具体产业定位，坚持统分结合、分批审核，先分别由省级相关职能部门牵头进行初审，再由省特色小镇规划建设工作联席会议办公室组织联审、报省特色小镇规划建设工作联席会议审定后由省政府分批公布创建名单。对各地申报创建特色小镇不平均分配名额，凡符合特色小镇内涵和质量要求的，纳入省重点培育特色小镇创建名单。 （三）年度考核。对申报审定后纳入创建名单的省重点培育特色小镇，建立年度考核制度，考核合格的兑现扶持政策。考核结果纳入各市、县（市、区）政府和牵头部门目标考核体系，并在省级主流媒体公布。	（一）自愿申报。特色小镇申报每年组织1次，按照创建内容，凡具备创建条件的均可申报。凡列入新生小城市和重点示范镇的不再列为特色小镇。设区市政府向省城镇化工作领导小组办公室报送书面申报材料（包括创建方案，特色小镇的建设范围、产业定位、投资主体、投资规模、建设计划、营商环境改善措施，并附概念性规划）。 （二）审核公布。省城镇化工作领导小组办公室将申报材料送省有关部门初审，并在初审基础上组织联审，根据联审结果提出建议名单分批报省政府审定后公布。 （三）年度评估。对列入创建名单的小镇，省城镇化工作领导小组办公室委托第三方评价机构进行年度评估，达到发展目标要求的兑现扶持政策。 （四）验收命名。对经过创建，达到创建内容标准要求，通过省城镇化工作领导小组办公室评价验收的，省政府命名为山东省特色小镇	按照自愿申报、宽进严定的创建方式，经过创建主体自愿申报、地方审核上报、省直部门审查、联席会议审核、审定公布等程序确定特色小镇创建名单。 （一）地方申报。所有符合创建条件的特色小镇均可以申报成为创建对象。其中，优先考虑省级特色小镇创建工作示范点，省级新区起步区、中心镇、专业镇、历史文化名镇、旅游特色景观名镇、生态乡镇和新型城镇化试点等区域重大发展平台，以及有竞争优势和产业发展潜力的其他小镇。 特色小镇创建主体自愿向所在县（市、区）发展改革部门提出申请，经地级以上市政府审核同意后，由市发展改革局（委）向省发展改革委统一报送创建特色小镇书面申报材料。省级特色小镇创建对象集中申报时间以省发展改革委通知为准。 （二）材料审查。省发展改革委收到各地申报材料后，委托有关机构或组织专家进行初审。初审中可要求有关镇（区）对申报材料及规划予以说明和补充。经初审材料完备的，由省发展改革委征求省级相关职能部门意见。

续表

支持政策＼省份	浙江省	山东省	广东省
审批改革	（四）验收命名。制订《浙江省特色小镇创建导则》。通过3年左右创建，对实现规划建设目标、达到特色小镇标准要求的，由省特色小镇规划建设工作联席会议组织验收，通过验收的认定为省级特色小镇		（三）实地核查。省发展改革委根据各地申报材料初审情况和部门反馈意见，组织有关专家赴相关候选特色小镇进行实地核查评价，并结合书面材料审查和实地核查情况进行综合评分，综合评价结果作为会议审核的基础。 （四）联席会议审核。省发展改革委汇总各部门和专家审查意见，结合年度计划安排、区域分布、产业特色等情况进行综合排序，提出分批次特色小镇创建的建议名单，并提交省特色小（城）镇建设工作联席会议审核。 （五）审定公布创建名单。省发展改革委根据省特色小（城）镇建设工作联席会议审核结果，将特色小镇创建名单报请省政府审定后公布。进入省级特色小镇创建名单且符合条件的，优先推荐申报国家特色小镇及历史文化名镇等
考核机制	省统计局会同省发展改革委建立省特色小镇统计指标体系，采取季度通报和年度考核的办法，对省级特色小镇创建和培育对象开展统一监测。省里分批公布省级特色小镇创建名单和培育名单。省级特色小镇创建名单采取“宽进严定、动态管理、验收命名”的创建制，对第一年没有完成建设进度、不符合特色小镇建设理念的，次年降格为省级培育名单，对连续两年没有完成建设进度的，退出省级培育名单。省级特色小镇培育对象由各设区市重点扶持培养，但纳入省级的统计监测管理；对于第一年完成10亿元有效投资的，次年可优先列入省级特色小镇创建名单；对于没有完成自定年度投资目标的，予以调整	将特色小镇创建工作推进情况，纳入新型城镇化考核。建立考核指标体系和评价制度，引入第三方评价机构，每年评价1次。实行动态管理制度，对第一年没有完成规划建设投资目标的，给予黄牌警告；对连续2年没有完成规划建设投资目标的，取消特色小镇创建资格	建立特色小（城）镇综合评价制度和督导机制。各地应及时向省特色小（城）镇联席会议报送特色小（城）镇建设进展情况。对于按要求完成规划建设任务的特色小（城）镇予以支持奖补；对于不能按时按质完成任务的要加强督促整改

优势和最有潜力的产业，支撑小镇的未来发展。要坚持全产业链思维，做深主导特色产业，拓展延伸产业链，不断提高主导产业的集聚度，形成方向明确、精准聚焦、错位发展的特色产业集群。要坚持新兴产业培育发展与传统产业改造提升相统一，产业发展与生态发展相包容，坚决淘汰小镇内原有的落后产能，倒逼企业转型升级朝高端产业和产业高端发展。

4.2.2 更加突出科技创新

必须谋划和推动一批具有比较优势、最能代表全局的重大科技创新。要真正沉下心抓科技、抓创新，发挥特色小镇对新经济、新产业、新业态和新模式的催化、引领和加速作用，加快打造科技创新平台和高端要素的集聚平台。具体来说，下一步要抓好三个“十”：

一是加快十个高技术特色小镇建设。2017 年，从特色小镇中要优中选优，培育十个高科技特色小镇，主攻方向要瞄准高新技术前沿，瞄准重大科技项目、重大科技装置、重大创新平台，科技创新投入力度要高、创新的专业化程度也要高。

二要加快建成十个“腾笼换鸟”的示范小镇。大力建设重点研究院、重大科技基础设施、重点实验室，加快开展特色小镇智能制造的示范试点，实施“互联网 + 特色小镇”行动计划，分行业开展特色小镇的机器换人。

三要加快建设十个高产出的特色小镇。具体要求是税收超过 5 亿元，目前超过 5 亿元的特色小镇只有 5 个，两年内要争取达到 10 个。要出台科技创新专项政策，集聚总部型、上市型、联盟型企业，引进高层次人才、高新技术和高端项目。

4.2.3 更加突出重大项目

一是要加强项目的谋划储备。要紧扣“一带一路”，中国智造 2025，自贸实验区、大湾区、大花园的战略举措，围绕小镇特而强，鼓励民资挑大梁，谋划储备一批投资体量大、含金量高、效益好的重大项目，特别是具有强大的承载力、聚合力、竞争力的产业大项目，力争谋划实施一个项目，形成一个产业链，带动一方发展。

二是要注重优化投资结构。上半年特色小镇产业投资的占比低于 70% 的有 39 个，低于 50% 的有 21 个，低于 20% 的有 7 个。特色小镇是一个产业平台，所以，优化投资结构，也是扩大有效投资、特色小镇建设的重要任务。

三是要加快推进项目落地。落户的重大项目要建立推进机制，倒排计划、明确时间，执行月调度制度，加快项目的前期，确保尽快开工。在项目部要找准制约项目进度的主要矛盾和破解方法，实施痛点问题挂号、难点问题交办制度，加强部门协同推进，尽快投产见效。要强化要素保障，如重点从人才、资金、土地等要素供给上下功夫。

4.2.4　更加突出功能融合

特色小镇是宜业、宜创、宜居、宜游四宜小镇，要把产业、文化、旅游和社区四大功能有机融合起来。

一是注重多规融合，坚持高标准、多起点、联动编制和完善产业、文化、旅游、社区四位一体，生产、生活、生态三生融合的建设规划。

二是注重城镇相融，特色小镇是城市建设的重要功能区块，镇和城的区域规划，包括服务、软硬件配套都要通盘考虑、全局谋划。

三是加强产业基础设施、公共服务对接，推动城向镇延伸，镇与城的融合。

四是注重形态特色，要体现小镇地域特色，保留原汁原味原生态，避免大拆大建，实现新老建筑有机更新，让建筑形态与小镇机理有机融合。

五是注重人文挖掘，大力推动“文化 + 旅游”，传承好历史文化，挖掘好创新文化，富有小镇文化内核、文化属性和文化标记，用文化的力量引领产业的创新发展，用人文的魅力吸引人才和游客，使小镇真正成为创新、协调、绿色、开放和共享五大发展理念的重要载体。

4.2.5　更加注重深化改革

特色小镇既是发展的大平台，也是改革的试验田，凡是国家和省里先行先试的改革试点，特色小镇都可以优先实施。凡是符合法律法规要求的改革试点，允许特色小镇先行突破。

一是深化“最多跑一次”改革，尽快打破信息孤岛，推动小镇内外数据的互联互通，共建共享。要加快推进企业投资项目开工前审批事项办理“最多跑一次”，推广一口受理、网上办理、代办服务、快递送达办理模式，让特色小镇成为“最多跑一次”改革的样板。二是要大力推进以准入标准替代审批的企业准入制度，加强风险投资、市场推广、技术孵化等供应链服务，优化产业发展生态链服务，让特色小镇成为全省营商环境最好的区域。要加快投资体制机制改革，支持社会资本参与拓宽产业基金、股权众筹、PPP等融资通道。

4.3 国家各部委特色小镇分析

特色小（城）镇包括特色小镇、小城镇两种形态。特色小镇主要指聚焦特色产业和新兴产业，集聚发展要素，不同于行政建制镇和产业园区的创新创业平台。特色小城镇是指以传统行政区划为单元，特色产业鲜明、具有一定人口和经济规模的建制镇。特色小镇和小城镇相得益彰、互为支撑。发展美丽特色小（城）镇是推进供给侧结构性改革的重要平台，是深入推进新型城镇化的重要抓手，有利于推动经济转型升级和发展动能转换，有利于促进大中小城市和小城镇协调发展，有利于充分发挥城镇化对新农村建设的辐射带动作用。2016年7月1日住房城乡建设部、国家发展改革委 、财政部《关于开展特色小镇培育工作的通知》（建村〔2016〕147号）提出以下五个要求：一是特色鲜明的产业形态；二是和谐宜居的美丽环境；三是彰显特色的传统文化；四是便捷完善的设施服务；五是充满活力的体制机制。2016年10月8日，国家发展改革委员会《关于加快美丽特色小（城）镇建设的指导意见》（发改规划〔2016〕2125号），再次提出八项要求：一是突出特色，打造产业发展新平台；二是创业创新，培育经济发展新动能；三是完善功能，强化基础设施新支撑；四是提升质量，增加公共服务新供给；五是绿色引领，建设美丽宜居新城镇；六是主体多元，打造共建共享新模式；七是城乡联动，拓展要素配置新通道；八是创新机制，激发城镇发展新活力。2016年12月，国家发展改革委印发《关于实施“千企千镇工程”推进美丽特色小（城）镇建设的通知》提出五项要求：一是聚焦重点领域；二是建立信息服务平台；三是搭建镇企合作平台；四是镇企结对树品牌；五是推广典型经验。2018 年，国家发展改革委员会《国家发展改革委办公厅关于建立特色小镇和特色小城镇高质量发展机制的通知发改办规划〔2018〕1041 号》提出五项基本原则：一是遵循规律；二是产业立镇；三是规范发展；四是典型引路；五是优化服务。

4.4　国家特色小镇变化趋势

根据两批全国特色小镇申报的相关文件，第二批全国特色小镇呈现出八大变化：

第二批全国特色小镇呈现出八大变化　　表 4.4-1

八大变化	第一批	第二批	备注
	2016 年通知	第二批申报通知	
申报数量	共推荐了 159 个，最终 127 个小镇入选	共推荐了 300 个，最终 276 个小镇入选	刷掉一部分不符合条件的镇
严防房地产化倾向	《小城镇基本信息表》要求申报用地情况	以房地产为单一产业，打着特色小镇名义搞圈地开发的建制镇不得推荐	表明第二批特色小镇申报严防房地产化倾向
更重视文化建设	—	增加了“2015 年至 2017 年 1 季度举办的文化活动”	表明特色小镇的文化内容要求提高
对基础设施要求相应降低	申报时须填写学校、医院等基础设施	没有专门提及学校及医院的信息	表明暂时发展缓慢的“潜力镇”有望成为特色小镇的一员
量化环境情况数据	只要求填写“街头小园、绿地”	明确了绿化覆盖率	对环境要求更加量化
注重多样化	旅游发展型的特色小镇明显居多，其次为历史文化型	以旅游文化产业为主导的特色小镇推荐比例不超过 1/3	第二次评选重点突出对产业、规划和建设的要求
更注重体制机制创新	“社会管理”项目	“体制机制创新”项目	“创新措施和取得成效”单独列出
评审增加现场答辩环节	对候选特色小镇进行复核，并现场抽查，认定公布名单	以现场答辩形式审查推荐特色小镇	特色小镇的评选将更加公开、合理

特别值得关注的是，文化 IP 成第二批全国特色小镇加分项，本次以及未来的评定将更加注重新兴产业等小镇的特色产业，也更看重特色小镇本身的文化 IP。

4.5 特色小镇创建启示

特色小镇是浙江经济发展方式巨大创新，可以概括为六个方面。

一是发展理念创新。浙江省特色小镇的创建通过要素推动、投资拉动和创新驱动，促进了经济转型生计和发展动力的快速转换。发展理念有聚焦发展的理念——产业“特而强”；集约发展的理念——形态“精而美”；融合发展的理念——功能“聚而合”；创新发展的理念——机制“活而新”。

二是发展平台创新。浙江省特色小镇的规划面积3平方公里左右，核心区1平方公里左右，地理载体虽小，却具有大平台的规模：产业定位范围“7+1”，并具有产业、文化、旅游、社区功能融合的特性。综合评价特色小镇，就是从工业园区、功能区（1.0）、经济开发区、出口加工区（2.0）、现代产业集群、高新园区（3.0）、特色小镇（4.0），特色小镇是产业集聚的4.0版本，拥有极高的配置。

三是产业组织方式创新。浙江省特色小镇坚持行业冠军对标发展、全产业链集聚发展和龙头企业引领发展的产业组织方式。

四是科技创新方式创新。浙江省特色小镇的科技创新方式主要包括产学研介金政创新、国际交流合作创新和行业国际标准创新。

五是城市化方式创新。首先，针对城市化进程中不断亮起的“红灯”，浙江省特色小镇通过就地城镇化的方式促进新型城镇化的发展，极具有创新意义。其次，通过产业为基础进行城镇化建设，创新产业集聚方式，突破传统产业发展的瓶颈。再次，坚持以人为本的城市化，注重区域差异和城乡二元机构，特色小镇通过构建新型的产城融合来优化生存环境，提高人民群众的幸福感。最后，创新三生融合的城市化。浙江特色小镇通过构建生产、生活和生态三者融为一体的发展战略，走可持续发展的道路促进就地城镇化的构建。六是政府服务方式创新。主要包括改“审批”为“创建”、改“主导”为“服务”和改“补助”为“激励”。

第 5 章　基于目标导向的特色小镇规划设计[1]

5.1　多元复合下特色小镇规划面临的挑战

相比传统规划对象，特色小镇在空间载体、特色内涵、外部条件，以及规划内容、实施要求等方面具有明显的多元、复合特征，这也正是特色小镇规划的难点和创新出发点所在。

5.1.1　空间载体的多样性

特色小镇是以现有的城乡空间为载体进行的目标创建，现有城乡空间的差异决定了特色小镇的空间载体具有多样性。从已有特色小镇创建名单看，有以产业园区或产业集聚区为载体的，如温州瓯海智创小镇，现状为梧田工业园的一部分，目标是将功能单一、产业低端的工业园区经过更新换代转换为功能综合、宜居宜业宜游的特色小镇；有以镇区或传统村落为载体的，如湖州丝绸小镇部分空间依托南浔区荻港渔村，目标是打造集桑蚕丝绸原生态旅游、桑蚕丝绸、文化展示、古村生态旅游等于一体的特色小镇；也有以旅游景区为载体，如淳安的乐水小镇、文成森林氧吧小镇等。基础迥异的空间载体决定了特色小镇不同的创建路径，必然对规划创新提出了更高的要求。

5.1.2　特色内涵的差异性

特色小镇各有各的“特”。从被列入浙江省创建名单的特色小镇看，“特色”的挖掘各不相同。有以文化或生态资源为依托打造以旅游功能为主的休闲度

1　本部分摘自《小城镇建设》2016 年第 3 期 42-48 页，作者：厉华笑，杨飞，裘国平。

假型小镇，如天台山和合小镇，以和合文化为主题，打造集文化旅游和休闲功能为一体的特色小镇；有基于已有优势产业，进行上下游延伸和多元复合，强化产业特色，如以大唐袜业为依托的诸暨袜艺小镇，打造集袜艺体验旅游、展示博览、市场物流、创意研发、娱乐休闲为一体的特色小镇。总体来看，不同于传统规划的“千镇一面”，浙江省创建名单中的特色小镇无不个性鲜明、差异明显，这既是资源禀赋差异所决定的，也是差异化发展的客观要求。这就要求特色小镇的规划要有更深入的研究，更精准的判断，积极挖掘地方资源与潜力、合理引入创新点，通过规划的强化和延伸打造独有的小镇特色。

5.1.3 外部条件的复杂性

从破解土地资源瓶颈和城乡二元结构的目标出发，特色小镇往往被选址在城市边缘地区，用地条件普遍较为复杂。或受交通分割，或地形起伏变化，现状居民点、工厂企业散乱分布，加之边界不规整，对规划设计形成很大制约。如杭州机器人小镇选址萧山区东北部边缘，地块受杭甬高速、绕城高速及机场快速路所穿越割裂，并带来视觉、空气、噪声等方面的影响，破坏了区块的整体品质。同样地，温州生命健康小镇选址温州老城区南部边缘，地块内甬台温高速、金丽温高速和温瑞大道贯穿，对用地造成严重分割。外部条件的复杂性需要规划不断创新思路加以应对，寻求突破。

5.1.4 规划任务的紧迫性

特色小镇的创建有明确的时间目标与考核标准，实行“优胜劣汰”的原则和“追惩制”。以 3 年为限，要满足建设、投资、品质等多方面的要求，否则将面临指标倒扣。这对规划编制工作来说，意味着任务紧、压力大。因此，要求规划编制过程中，不仅要考虑空间布局内容的可实施性，还需兼顾到后期项目落地甚至招商引资方向。这样一个极其综合且充满创新的创建工程，对于习惯中长期思维的城乡规划而言无疑是一个非常大的挑战。

5.1.5 规划内容的综合性

不同于传统城乡规划，特色小镇规划是一项没有明确规划任务书的任务。

但特色小镇的创建目标，决定了其规划具有高起点、高标准和综合性、落地性的内在要求。这对规划的深度与广度也提出了新的挑战。从层次上看，既要有概念策划、总体规划、控制性详细规划，又要有城市设计和建筑、景观设计；既要有空间功能布局、又要有可落地实施的项目，甚至包括运作模式和招商引资意向，需要综合的全套解决方案。从内容上看，除了常规的空间规划内容，还包括产业规划、社区规划、旅游规划等，同时需突出生态、文化等功能。浙江省提出，特色小镇规划必须坚持多规融合，突出规划的前瞻性和协调性。结合特色小镇的资源禀赋条件，联动编制产业、文化、旅游“三位一体”，生产、生活、生态“三生融合”，工业化、信息化、城镇化“三化驱动”，项目、资金、人才“三方落实”的建设规划。

因此，特色小镇规划是典型的多层次规划交融、多专业规划综合的“多规合一”，是目标导向下各种元素高度关联的综合性规划和落地性规划。

5.2　基于目标导向的特色小镇规划创新思考

面对特色小镇特殊的规划需求，亟需对传统的城乡规划从思维、理念、方法、内容及工作机制方面进行创新应对。

5.2.1　规划思维创新——目标导向下的规划路径选择

城乡规划编制的思维方式一般分为两类：问题导向型思维与目标导向型思维。其区别主要在于规划技术路线设计中对于切入点的把握，前者以核心问题的判断为切入，后者以明确的发展目标为切入，规划的策略与路径是基于现状基础与目标之间的差距而设定。通常在存量规划编制中，由于规划编制的需求主要来自于空间发展的问题与矛盾，规划思维多以问题导向为主、目标导向为辅。而在增量规划编制中，多以目标导向为主。特色小镇虽大多属存量规划，但其性质决定了其具有强烈的目标导向性。因此，特色小镇规划是典型的目标导向型规划，是不同空间载体在“特色小镇”目标引领下的规划实施路径探索。

以温州智创小镇规划为例，规划的目标是助推功能单一的产业园区向“产业特色鲜明、人文气息浓厚、生态环境优美、兼具旅游与社区功能”的特色小镇转型。基于现状基础与目标的差距，规划针对性地构建了产业重构、功能植入、空间重塑、环境修复、文化再生及保障措施等六大策略与路径。在温州探索以特色小镇创建为目标引领产业园区的转型升级，对同类产业园区转型升级具有重要的示范意义。

5.2.2 规划理念创新——产业引领下的功能空间组织

特色小镇规划区别于传统城镇规划的关键在于强调产业规划的核心地位，而区别于传统产业园区规划的关键在于强调对于环境、文化、资源的友好态度，以及对于社区、旅游功能的兼顾，实现“产、城、人、文”的融合。因此，特色小镇规划理念的创新主要体现在三个方面，一是强调产业在激发空间活力方面的作用，以产业规划、项目策划引领空间规划，避免“空城”“死城”的出现；二是强调功能的复合，产业 + 社区 + 旅游，打造宜居宜业宜游的活力功能体；三是体现人文关怀，通过生态保护、文脉传承及空间尺度的把握，营造真正人性化空间；四是体现弹性，特色小镇创建强调市场与企业的主体地位，因此规划必须为市场的不确定性留出调整的空间，要懂得留白。

如温州智创小镇规划，聚焦传统产业的转型升级，从产业研究切入，以产业引领空间布局，并提出产业—空间耦合的规划方法。杭州云栖小镇规划，在“创新、科技、人文、生态”四大理念下，提出建设易就业易创业的生态云小镇的规划目标，规划完整的云服务产业生态体系。在这一规划理念的引导下落实各项规划内容，并采取了用地复合、小尺度街区、共享庭院空间、面向企业员工的配套设施体系等新的规划思路。

5.2.3 规划方法创新——多规融合下的技术路线探索

目前，特色小镇规划主要分为两个层面，前期是以培育或创建为目标的概念性规划（创建规划），主要任务是制订创建方案，明确特色小镇的四至范围、产业定位、投资主体、投资规模、建设计划等；后期是以验收为目标的实施性规划（建设规划），主要包括规划范围约 3 平方公里控制性详细规划和核心区约 1 平方公里的城市设计。但在实际操作中，从利于小镇有效实施角度并不建议过于强调规划层次界限。就地方实际发展需求而言，特色小镇规划不宜拘泥于创建目标，而应从规划整体性与延续性考虑，将概念性规划与实施性规划纳为一体，编制包括概念策划、空间规划、项目计划、资金筹划“四划叠加”的综合性方案，真正实现“多规融合”，同时也有利于节省规划编制周期与经费。

本着探索与创新思考，一些特色小镇前期的概念性规划已经直接做到城市设计深度，甚至包括部分建筑、景观设计内容。如温州智创小镇概念性规划，围绕前期创建申报和后期实施需要，规划构建了从产业研究、项目策划到空间规划、城市设计、建筑立面与景观改造设计的“多规融合”综合解决方案。同时，围绕规划落地性要求，将后期的项目计划与资金筹划也纳入规划统筹考虑。

5.2.4 规划内容创新——多元目标下的内容体系构建

相比传统的城镇规划，特色小镇的规划内容要求更多元、更复合、更联动，也更落地，因此需要通过内容体系的创新来实现规划的多元目标复合。在内容体系上，一是基于前瞻性要求，强化战略研究，找准功能定位，为小镇选择“特而强”的核心产业提供充足的背景支撑；二是基于产业平台的定位，强化产业研究，以产业（项目）引领小镇的功能组织与空间布局；三是基于 3A 旅游景区的创建目标，强化旅游规划内容，借此挖掘、整合小镇的特色自然与人文资源，并与小镇的生活、生产功能及环境空间有机融合，提升环境品味；四是基于落地性要求，强调以项目为抓手内容体系组织，从产业、项目到空间再回到项目，因此在成果表达上除了传统的一套文本、一套图则之外应强调实施项目年度计划表的重要性，形成“图、文、表”三位一体。

此外，由于小镇特色与需求的差异性，需在规划内容的构成、篇章内容的研究深度、规划重点的选择上进行创新，打破传统规划格式化的内容体系安排，针对小镇特色的差异性做到有所侧重。如天台山和合小镇规划中，针对和合文化的主题定位，侧重强调文化的挖掘及文化产业化的研究内容；杭州基金小镇规划中，针对基金产业的特殊性，侧重将金融企业的业态与空间需求作为研究重点；在杭州机器人小镇的规划中，针对外部交通条件的复杂性，规划重点强调交通组织的综合解决方案，创造性地引入“时光隧道”和“森林小镇”的概念，既突破交通包围、营造了环境，又紧扣产业主题，使之成为方案设计的亮点。

5.2.5 工作机制创新——跨界协同下的专业团队架构

针对特色小镇规划的目标多元性和内容复合性特点，规划编制需要在团队的组织模式上进行创新，采用多专业组合、多团队协作的模式，实现“跨界”合作。这将打破规划设计机构中常规以专业项目组为单元的团队架构。在天台山和合小镇规划中，设计方打破业务部门界限，从策划研究中心、城乡规划所、农业生态规划所、建筑景观分院、交通规划分院等抽调人员，组成跨部门、跨专业的项目组，并以定期例会形式促进多部门协同。这在未来的特色小镇规划中必将成为常态化的组织模式。此外，从政府管理角度，特色小镇的规划建设涉及发改、规划、建设、旅游、财政等多个部门，需要跨部门的紧密合作与协同支持。而在规划实施过程中，由于特色小镇创建实行“政府引导、企业主体、市场化运作”的模式，政府、企业、社会的协同也同样不可或缺。

此外，除了思维、理念、方法、内容及工作机制等面临转变之外，特色小镇规划尚需技术手段方面的创新探索。特色小镇规划的综合性与落地性要求，对规划的基础调研与分析的广度与深度提出了更高的要求，其前提是要读懂宏观背景、读懂市场需求、做实基础调研、做透业态分析、做深空间设计，这都需要规划技术手段的同步创新。

第 6 章　特色小镇的特色体系构建

从规划视角来看，特色小镇仍然以城镇为依托，从生产、生活、生态、文化、旅游五个层次对新型城镇化提出了不同的要求。在生产层面，作为特色小镇重要经济支柱，如何发掘自身特色，打造具有市场竞争力的产业体系是特色小镇生产环节需要重点考虑的问题。发展特色产业成为特色小镇在经济新常态下，实现供给侧结构性改革重要路径。在生活层面，特色小镇建设需要建立并完善基础设施服务体系，为小镇生活品质提高提供基础支撑，结合互联网 + 打造智慧小镇管理平台。在生态层面，通过特色与绿色的结合，树立生态绿色理念，在产业选择上兼顾“绿色”与“发展”，在运营全过程强化生态绿色口号。在文化层面，借助历史文化内涵丰富特色小镇业态类型，强化特色小镇市场品牌效应，充分发挥文化的引领和带动作用塑造小镇鲜明的文化特色。在旅游层面，以生产为核，双轮驱动，实现产业和旅游联动发展。

特色小镇的特色体系构建主要从产业、文化、功能和生态四个方面入手。

6.1　产业特色构建：生产为核，双轮驱动

改革开放以来，浙江省“块状经济”作为个体经济和民营经济的领头羊，已走过 30 余年，形成了 500 余个工业产值在 5 亿元以上的产业集群，在产业高度集中、专业化极强、区域特色明显的优势下，块状经济带来大量外来人口，并迅速成为浙江城镇化进程中的生力军。据统计，浙江省 30 个制造业中，销售收入和利润总额均站全国同行 10% 以上的产业共有 17 个。但是随着中国经济持续高速增长，受“人口红利衰减”“中等收入陷阱”风险积累等一系列因素影响，经济增长持续下行、CPI 持续低位运行、居民收入有所增加而企

业利润率下降。与互联网 + 和大数据产业蓬勃发展对比鲜明，浙江省以制造业为主的块状经济层次较低、结构松散、创新能力较弱、品牌效应不足，因此在新一轮的经济发展过程中急需升级。在国家“供给侧结构性改革”的浪潮中，推动块状经济提质升级成为当时浙江省产业发展与改革的重要领域。

产业作为浙江省特色小镇发展的核心经济支柱，产业特色创新就是要求在新型城镇化过程中，地方政府精确寻找自身定位，在经济发展中转变传统思维，变叠加为嵌入、变重量到重质、变模仿为创新。

在国家特色小镇的创建要求中，明确将特色小镇定位于促进产业转型、升级、创新的重要载体。相比而言：传统工业功能区作为工业发展平台，规模普遍较小；工业园区作为工业功能区的升级版，在规模和体量上有一定扩大；经济开发区则初步形成了地域性的工业化集聚；产业新城则出现了产城融合的雏形。作为产业转型升级和创新的重要载体，特色小镇将产业的发展带向了城郊接合部和乡镇地区，促进了城乡经济二元结构下的平衡发展。因此，特色是小镇最核心的要素，而产业特色则是重中之重。

2016 年 7 月，住房城乡建设部、国家发展改革委、财政部发布《关于开展特色小镇培育工作的通知》中明确提出在全国范围开展特色小镇培育工作，计划到 2020 年，培育 1000 个左右各具特色、富有活力的休闲旅游、商贸物流、现代制造、教育科技、传统文化、美丽宜居的特色小镇。并进一步在特色小镇建设的申报评选打分标准中指出：产业形态要特色鲜明，要符合国家的产业政策导向、具有较强的知名度和规模优势、要能够形成带动作用和产业发展创新环境。对特色小镇评选指标中，产业指标占总体指标的 25%。

总体而言，产业定位与发展是特色小镇成败的关键，也是小镇人口集聚的原动力，更是带动经济发展的引擎，是促进城镇发展的支撑。

产业与经济：对小城镇而言，经济发展一直是新型城镇化过程中难以回避的问题，在城镇化过程中充分利用自身优势，在激烈的市场竞争环境下生存下来，是小城镇经济发展的关键。

产业与旅游：在塑造产业特色时，既要打在特色产业的主导地位，同时又要将特色产业与旅游产业相结合，两者形成相互渗透、耦合式发展的关系。传统旅游业存在自身特有的局限性，季节性较强，有明显的淡旺季，因此仅仅依靠旅游门票和相关服务业，难以支撑小镇经济运营和发展，因此单纯以旅游为支柱的小镇在发展经济时，旅游业态在规模上要适当控制。相比而言，特色小镇则能够依托特色产业的优势，在小镇内部形成一个“微循环”，通过将本土的资源加工成产品，结合旅游产业的带动作用，形成产业支撑，从而实现一年四季都能促进生产和旅游消费产品的持续上市销售。

产业与小镇：特色小镇涵盖内容丰富多元，但是最核心的是产业。发展特色小城镇，应当从产业抓起，依靠产业的发展集聚人口、发展经济、提供服务。以产立镇、以产带镇、以产兴镇，从而实现产镇统筹和协调发展，促进从小镇资源到小镇产业、从小镇产业到小镇经济、从小镇经济到小镇发展。通过对小镇产业基础设施建设，带动特色小镇生产板块和生活板块联动发展。特别是通过郊区小城镇建设缓解中心城市人口与公共服务设施之间的矛盾。

在国家三部委下发关于开展特色小镇培育工作的通知之后，各省市也同步围绕本省资源，结合国家部委相关要求，结合当地实际情况，确立自身特色小镇产业培育主体：

浙江省：

作为全国特色小镇建设发展的领头羊，浙江省特色小镇建设主导产业主要集中于信息经济、环境保护、生命健康、旅游、时尚、金融、高端装备制造七大产业，同时结合浙江省产业、丝绸、黄酒、中药、青瓷、木雕、根雕、石雕、文房等历史经典手工制作产业，形成产业 - 文化 - 旅游三大板块联动发展，融合生产 - 生活 - 生态的整体目标，实现特色小镇的可持续发展。

江苏省：

江苏省特色小镇建设主要聚焦于高端制造、信息技术、创意创业、健康养老、现代农业、旅游风情、历史经典等产业。一方面重点打造以高新技术为核心的高科技产业特色小镇，另一方面结合江南独有的人文资源推动以历史文化为核心的生态人文特色小镇建设。

福建省：

通过梳理本地产业基础，结合特色小镇发展的要求，福建省福州市在特色小镇培育发展过程中，提出优势新兴产业和传统特色提升产业并举的战略，特色小镇的发展产业定位要符合新一代信息技术、海洋高新、金融基金、高端装备制造、生物技术、节能环保、新材料、新能源、旅游、健康、商贸物流、互联网经济、文化创意等支撑全市未来发展的优势产业和新兴产业，以及生态农业、工艺美术等传统特色产业的提升。

河北省：

河北省特色小镇产业定位主要聚焦于特色产业集群和文化旅游、健康养老等现代服务业，结合区域传统历史经典产业：皮衣皮具、红木家具、石雕、剪纸、乐器等。

山东省：

利用黄海之滨独特的地理优势，按照一镇一品、一镇一业的原则，突出主导产业，延长产业链，形成产业规模集群，提升产业层次。通过人才战略培育海洋开发、信息技术、高端装备、电子商务、节能环保、金融等新兴产业。同时发掘历史人文资源，优化造纸、酿造、纺织等传统产业，发展旅游观光、文化创新、现代农业、环保家具等绿色产业。

结合各省特色小镇产业发展整体概况，不难发现：特色小镇的产业发展始终遵循“一核双驱”的产业发展体系，即生产为核，双轮驱动。围绕特色主导产业发展特色小镇经济，同时将特色主导产业与旅游结合，形成特色小镇特有的产业发展体系。特色主导产业耦合旅游产业的模式实质上是“生产”+“旅游”。浙江大部分省级特色小镇是以生产功能为主，以生产性特色产业为核心，按照景区配套服务标准，附加和特色产业相配合的旅游产业链，从而拉动旅游消费。

6.1.1 富阳药谷小镇：打造一条健康全产业链

浙江省杭州市富阳胥口镇凭借秀美山水的生态环境资源优势，发展中药原料种植，慢慢发展壮大，迅速集聚了海正药业、辉瑞制药、瑞海医药、导明医药科技、昭化生物医药等多家生物医药研发制造企业，并形成了一条涵盖生物医药研发孵化、生产制造、会议展览、健康服务于一体的健康全产业链。根据医药产业结构，在区域内聚集三大主要业务的生物医药产业园：高端生物技术药物产业园、注射剂产业园、口服制剂及出口原料药产业园。

在发展医药健康产业的同时，结合城旅一体化发展战略，围绕健康产业，药谷小镇特别引进农耕体验、运动休闲、民宿经济、养老养生等现代健康休闲产业，真正实现生产为核、双轮驱动的产业发展体系。药谷小镇与 2015 年 12 月成功入选杭州市市级首批特色小镇创建名单，并于 2016 年 1 月上榜浙江省第二批特色小镇创建名单。

图 6.1.1-1　富阳药谷小镇

6.1.2　湖州丝绸小镇：丝绸文创度假小镇

浙江省湖州市丝绸历史悠久，生产规模宏大，改革开放以来，湖州蚕茧产量达 4.2 万吨，约占全国总产量 10%。目前，湖州市蚕种已经实现连续十年出口，出口量占全省总额的 60% 以上。在以湖州为核心，150 公里半径的南太湖区域内，形成了包括桐乡、海宁、嵊州、吴江、广德等地跨江苏、浙江两身的生丝产业集聚区，生丝用量占全国 3/5，湖州市更是占据其中的一半以上。

凭借独特的产业优势，湖州丝绸小镇成功入选 2015 年浙江省首批特色小镇。在特色小镇的产业选择来看，丝绸小镇在发展蚕种产业的同时，对蚕蛹、桑茶等上下游产业链页进行延伸，并将其纳入湖州地区特色传统出口方向的拳头产品。围绕丝绸产业，融合文化旅游，丝绸小镇以丝绸产业为依托，致力于5A级旅游景区的打造，将文化基因植入到丝绸产业发展过程中。未来湖州丝绸小镇将形成以丝绸产业、历史遗存、生态旅游、产城融合发展为目标，重点打造丝绸文创度假小镇。

图6.1.2-1　湖州丝绸小镇

6.1.3　南浔善琏湖笔小镇：文创休闲度假小镇

南浔善琏是中国湖笔文化和蚕桑文化的发祥地，素有“湖笔之都、蚕花圣地”之美誉。拥有“湖笔制作技艺”和“含山轧蚕花”两项国家级非物质文化遗产；两次被文化部命名为“中国民间文化艺术之乡”。善琏湖笔小镇位于湖州市南浔区善琏镇，距离湖州城区30公里，东至秀才桥河，西至善琏塘，南至宋古桥河，北至北兴路、夹塘港。2015年6月，善琏湖笔小镇入选浙江省首批37个特色小镇创建名单。2015年7月，善琏镇8个依底蕴而生的重大项目集中开工，总投资10.5亿元，成为湖笔小镇建设的发力点。规划设计范围为4.08平方公里（建设用地面积为3.39平方公里），其中核心区约1.2平方公里。

以“善琏湖笔”特色产业为核心，通过集聚中外文宝资源、集群发展湖笔及相关产业、集约利用现有土地、集中力量推进项目，全力打造四大片区，即文房制造集聚区、文房淘宝谷、文房主题园、文房养心园。

在空间布局上为“三轴四区”，“三轴”即生态景观轴、文化体验轴、休闲度假轴；“四区”即古镇文化旅游区、商贸配套服务区、休闲观光拓展区、湖笔文化产业集聚区。湖笔文化产业区规划用地面积 63 公顷，建筑面积约 631204 平方米，致力打造成中国最大湖笔产业基地。其他项目有湖笔人家聚落、湖笔小镇写生基地、湖笔一条街、游客服务中心、水墨丹青艺术生活馆、湖笔小镇画家村等。建设形态“精而美”，功能叠加“聚而合”。湖笔街始建于 2002 年，街面总长度 690 多米，街面风格统一、景观设施齐备，东面建有一座三间四柱式牌坊，牌坊上方有著名书法家沈鹏题写的“湖笔文化园”，现有店面 147 间，是集购物、旅游、休闲、观赏于一体，以湖笔生产、销售为主题的文房四宝商贸区。

借助文房四宝文化牌，以文化创意产业为主，以休闲度假产业为辅，通过 3 ~ 5 年时间，使湖笔小镇成为中国湖笔产业聚集地、全国书画艺术品交易中心、浙江特色文化小镇示范基地、长三角创意文化体验型旅游目的地、新型旅游拓展要素示范地。

图 6.1.3-1　南浔善琏湖笔小镇

6.1.4 越城黄酒小镇：大绍兴、大黄酒、大文化、大旅游

全国历史文化名镇东浦镇作为绍兴黄酒的发祥地，素有“醉乡”、“酒国”之称，东浦黄酒依然延续着千百年来的传统工艺，古镇内遗迹比比皆是，黄酒文化积淀深厚。2015 年 6 月，绍兴黄酒小镇入选浙江省首批 37 个特色小镇创建名单。

绍兴黄酒小镇按照绍兴市政府确定的“一镇两区”创建模式，东浦片区以“大绍兴、大黄酒、大文化、大旅游”为战略目标，以“创新黄酒产业、发展黄酒文化旅游、打造黄酒养生社区”为创建定位。东浦片区以千年古镇为基础，重点推进黄酒产业创新提升、黄酒历史文化和生态旅游。

绍兴黄酒小镇东浦片区规划东起绿云路（31 省道），西至绍齐公路，南至凤林西路，北至群贤路。规划总面积约 4.6 平方公里（含水面 1 平方公里），共分为四大片区 12 个功能区块，即黄酒产业创意商贸区（黄酒产业创意中心、商业休闲中心、国际酒俗展示中心）、酒乡文化风情体验区（民俗文化街区、民宿酒坊街区、名人文化艺术中心、越秀演艺中心、黄酒历史文化中心）、黄酒国际养生休闲区（黄酒文化国际交流中心、健康养生产业中心、特色医疗中心），以及黄酒小镇游客集散中心。

图 6.1.4-1 越城黄酒小镇

绍兴黄酒小镇东浦片区遵循“政府主导、企业主体、市场化运作、一站式服务”的合作开发原则，越城区人民政府和精功集团签署了合作共建绍兴黄酒小镇（东浦）的框架协议，双方将以“大绍兴、大黄酒、大文化、大旅游”为战略目标，在规划区约 4.6 平方公里范围内，共同进行文化旅游开发建设，精心打造 12 大功能区块，在确保国家 3A 级景区创建成功的前提下，争创国家 5A 级景区。精功集团 5 年内将负责筹措并落实到位 50 亿元建设资金，在绍兴黄酒小镇（东浦）规划区内，进行旅游开发建设，通过 3 ~ 5 年的建设和运营，打造一个国内国际知名的黄酒特色小镇。

6.1.5 诸暨袜艺小镇：袜艺特色文化休闲

诸暨市大唐镇作为中国丝袜之乡，是一个以袜业生产、设计和销售为特色的经济强镇，也是全球最大的丝袜生产基地之一，丝袜总产量占全国的 70%、全球三分之一强。全镇袜业产业链完善，袜业生产企业达 3000 余家，配套企业 2000 余家。2016 年 10 月 14 日，诸暨市大唐镇被列为第一批中国特色小镇，并于 2018 年 5 月成功入选最美特色小城镇 50 强。

在功能定位上，袜艺小镇核心区以文化休闲、特色旅游、创意研发、商贸物流为主要功能，通过功能整合升级，袜艺小镇将重点打造宜游宜业宜居、滨水风情特色鲜明的袜艺特色文化休闲街区。其中，文化休闲片区主要包括冠山溪慢生活街区、袜艺博物馆、袜艺展览馆、休闲娱乐商业街、袜艺主题公园等；特色旅游片区主要包括旅游服务中心、体验式袜艺工厂、袜艺奥特莱斯、星级酒店等；创意研发片区包括袜艺创意研发园、袜艺创业园、袜业艺术沙龙等；商贸物流片区包括购物中心、原材料市场、物流中心。

通过对产业链、特别是制造业产业链的研究，中国虽然是制造业大国，但是长期以来的发展只是专注于制造端，对于更能产生附加值的其他模块缺乏延伸。特色小镇在主导产业上的要求，为全产业链的整合提供空间上的支撑，产业发展应该从全产业链角度深入挖掘每一个环节所产生的附加值。

以旅游业产业链的打造为例，通过延伸旅游产业链，传统的“吃、住、行、游、购、娱”可以延伸到“商、闲、养、情、学、奇”。其中“商”即商务旅游，包括商务旅游、会议会展、奖励旅游等旅游相关的新需求和新要素；“闲”

即休闲度假，包括乡村休闲、都市休闲、度假等各类休闲旅游新产品和新要素，这也是未来旅游发展的重要方向和主体；“养”即养生旅游，包括养生、养老、养心、体育健身等健康旅游新需求、新要素，旅游原本就是意见身心愉悦的活动，当养生与旅游结合，健康旅游应运而生，成为不少人青睐的旅游新模式；“情”即情感旅游，包括婚庆、婚恋、纪念日旅游、宗教朝觐等各类精神和情感的旅游新业态、新要素；“学”即研学旅游，它的内容既不是单纯的旅游也不是纯粹的留学，而是介于游与学之间，贯穿了语言学习和参观游览，包括修学旅游、可靠、培训、拓展训练、摄影、采风、各种夏令营冬令营等活动拍；“奇”即以探奇为目的的旅游新产品、新要素，包括探险、探索、探秘、游乐、新奇体验等，在我国近年也发展迅速。

图 6.1.5-1　诸暨袜艺小镇

6.1.6　海宁皮革时尚小镇：皮革时尚策源地

全镇以打造世界级的皮革时尚策源地和贸易服务中心、传统产业转型升级的示范基地为目标，计划三年总投资 58.9 亿元。通过三年的投资发展，从最初的制造到展销、商品集散，汇聚设计、研发、金融、科技、产业等众多资源，最终形成三位一体的时尚产业高地。

整个小镇以“设计 +”为主体，以“设计师创业”为主线，以“皮革文化旅游”为主导的建设思路，以设计师创业新平台、海宁旅游新景点、皮格文化新呈现、市民休闲新去处为切入点，赋予时尚小镇休闲、购物、教育、服务等功能。

根据功能定位并结合海宁及皮革城现有业态布局，针对小镇建设要结合产业、文化、旅游、社区服务、创新创业等功能的相关要求，对区块内具体的业态布置提出了建设设计师工作室、外贸区、皮革原料配饰研发区、时尚奥莱区、皮格文化博物馆、设计师人才公寓、皮草拍卖中心、时尚教育培训学院、国际时尚发布中心、“设计 +”皮革文化主题酒店、金融配套服务项目、特色餐饮“设计 +”主题酒吧、服务大厅、其他生活类和皮革时尚类项目等建设设想。

图 6.1.6-1　海宁皮革时尚小镇

6.1.7　东阳木雕小镇：工艺美术文化综合体

东阳是中国木雕之都，有千余年的木雕历史，早在 1915 年，东阳木雕就在巴拿马万国商品博览会上荣获“大奖章”和金奖。2006 年，东阳木雕被列入国家首批非物质文化遗产代表作名录。东阳是‘百工之乡’，东阳木雕是东阳市最具特色的产业和城市名片，传承、发展、创新，让技艺更精、作品更强、产业更旺、名片更亮，永葆城市特色，是东阳市作出申报创建木雕小镇的主要考量。小镇申报之初就定位建成为木雕红木产业创新研发基地、跨界融合平台、信息传承交流中心，打造独具东阳本土特色的历史文化产业新标杆。2016 年 1 月，木雕小镇进入浙江省第二批历史经典产业特色小镇创建名单，11 月，木雕小镇被评为经信领域省级行业标杆小镇。截至 2016 年底，已吸引 32 家企业入驻，目前三分之二的企业已经投产。

木雕小镇功能定位历史经典类产业，做好“文化＋旅游＋产业聚集＋产业创新”文章，着力打造独具东阳本土特色的历史文化产业新标杆。建设东阳木雕小镇，是要打造一个融合木雕艺术创意设计、生产销售、展示展览、休闲旅游、行业研讨、木材交易等完整产业链的工艺美术文化综合体；同时充分对接杭州和横店影视旅游客流，带动小镇文化体验和休闲消费人流，激发小镇文化活力，打造独具东阳本土特色、代表中国木雕艺术最高层面的文化产业新标杆，这对东阳文化产业突破提升、对东阳木雕这一国家非遗项目的传承，都具有重大的现实和历史意义。

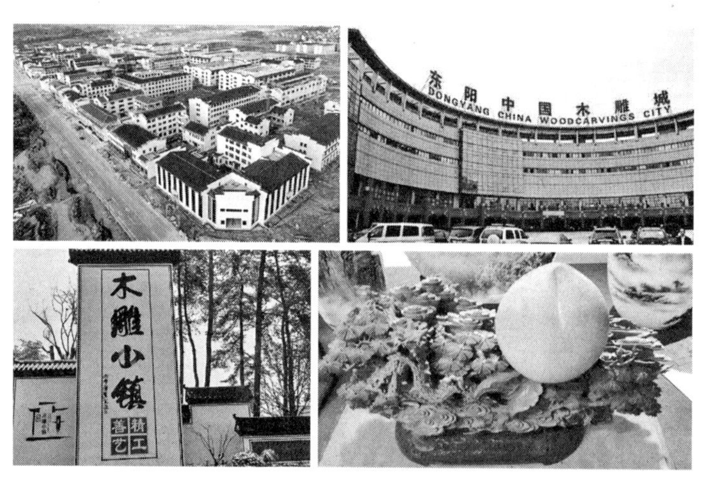

图 6.1.7-1　东阳木雕小镇

6.1.8　黄岩智能模具小镇：较强竞争优势的模具产业基地

黄岩智能模具小镇位于素有“模具之乡”的黄岩区新前街道，规划面积 3.47 平方公里，核心区面积 1 平方公里。小镇按照“一年打基础、两年出形象、三年基本建成”的目标建设，计划 2015 年至 2017 年期间完成固定资产投资 55 亿元。截至 2017 年 11 月底，已完成固定资产投资 50.8 亿元。截至目前，小镇已入驻企业 127 家，其中规上企业 31 家，人口 8 万多人。从塑料件测绘、材料供应，到模具设计、造型、编程，再到粗细加工、热处理、试模，各类专业加工服务一应俱全。智能模具小镇是黄岩模具产业从“制造”向“智造”转型发展的缩影，也是黄岩工业经济中极具区域特色和竞争优势的产业地带，更是浙江省首批 7 家高新技术特色小镇之一。2017 年 12 月底，小镇通过国家 AAA 级旅游景区公示，成为“浙江省特色小镇创建名单”中首家获得 3A 景区称号的特色小镇。

黄岩智能模具特色小镇的功能定位为全球模具产业创新基地、国家模具产业转型典范区、黄岩模具产业展示窗口和转型引擎。在规划中，模具小镇就确定了引领、补链、错位和聚合这四大产业策略。展开来说，便是模具小镇要引领黄岩模具产业转型升级，登上国际模具创造基地的地位；模具小镇要弥补黄岩模具转型升级所需的产业链关键环节，建成国际型模具产业集群；模具小镇要与黄岩其他模具产业功能区块适度错位发展，相互分工协作，形成共同发展合力；模具小镇的产业功能要能有机地集聚，产生发展力量。

图 6.1.8-1 黄岩智能模具小镇

智能模具小镇将建成具备较强国际竞争力的模具产业基地。智能模具小镇将按照集聚化、专业化、细分化、配套化、国际化的要求，引进部分大中型模具及配套企业，加快上下游产业链的整合。对企业来说，模具小镇将是一座梦工厂；对创客来说，模具小镇是一座创业城；对居民来说，模具特色小镇是幸福社区；对游客来说，模具小镇是休闲乐园。一言以概之，智能模具小镇将是一座宜居、宜业、宜游的开放的综合体。

6.2 文化特色打造：传承历史，营造 IP

特色小镇是具有明确产业定位、文化内涵、旅游和一定社区功能的发展平台。作为小镇重要精神支柱，文化内涵在特色小镇的建设和发展过程中贯穿全程。因此深入挖掘小镇文化内涵，借助文化唯一性的属性特征，打造属于小镇自身的文化体系。

特色小镇的文化特色是城市历史文化的积淀，而城市的空间环境是其最直观的表达，所以特色小镇的城市设计要尊重历史，尊重文化。在建党 95 周年庆祝大会上，习近平做重要讲话，其中重点指出：文化自信，是更基础、更广泛、更深厚的自信。文化自信成为继道路自信、理论自信和制度自信之后，中国特色社会主义的第四个自信。

在广大城市中，寻找具有地方特色和经济发展潜力的产业并不难，关键在于产业能否与地方的历史民俗、文化风貌实现有机融合发展，形成小镇的内在气质和底蕴，最终使文化要素助力产业含金量的提升。一旦小镇通过文化彰显出来的气质和内涵得到稳固和提升，小镇的特色才能真正做到独一无二。文化是特色小镇的内在灵魂，每一个特色小镇都要有文化标识，从而为大家展现出令人难忘的文化印象。特色小镇文化的打造就是要将文化基因植入到产业发展的过程中，培育出小镇专属的创新文化、历史文化、农耕文化、山水文化，汇聚人文资源，形成“人无我有”的区域特色文化。

IP，即 Intellectual Property，意指知识产权，现多用于独特的识别物、特有的形象认知、特有的内容。2017 年 7 月 27 日，住房和城乡建设部村镇建设司公布第二批 276 个全国特色小镇公示名单，本次公示的特色小镇以及未来特色小镇的评定将更加注重新兴产业等特色小镇的特色产业以及特色小镇本身的文化 IP。

文化兴，观念行。在特色小镇的建设过程中，赋予文化内涵，需要观念更新。因此“资本搭台，文化唱戏”的发展模式应当放入历史的垃圾桶里。这是因为这种模式最终目的在于完成任务，终究只是一种形式浪费，难以形成规模化的产业动力，同时因为劳民伤财也广遭批判。真正赋予小镇文化内涵，除了要尊重历史和传统之外，观念的变化更是特色小镇文化发展的重要体现。

6.2.1　强化文化功能意识

贵州省贞丰县者相镇土布小镇，相传为三国时期诸葛亮“平南”时再次筑城操练兵马，故取名为“宰相城”，后在清朝嘉靖年间避讳更名为“者相”。者相蕴藏着布依族的历史记忆，坐落在三岔河畔纳孔村打料组的布依族“文化墙”、纳孔组的布依婚俗博物馆、布依戏台及广场以及美轮美奂的布依歌舞表演等。布依族是有着深厚历史底蕴的民族，集中体现为其意识形态中对太阳、鸟图腾和鱼图腾的崇拜。

图 6.2.1-1　布依族图腾

布依族对太阳、鸟图腾和鱼图腾的崇拜与生活紧密结合。

通过对布依族历史文化资源的梳理，我们发现土布织造作为布依族民族传统手工艺，具有很高的艺术价值，因此需要得到传承与发扬。在以者相镇为中心的区域内布依族广泛聚居，家家会纺线，户户会织布，土布防治、染布、刺绣等技艺普及度很高。作为健康和原生的自然生活理念的代表，土布具有很大的市场潜力。通过打造土布小镇，发展地方特色产业，成为重建村庄自信和推动地方经济发展的迫切需求。

贵州贞丰土布小镇以布依族特色文化为主线，分析、提炼民族特色要素，在产业策划、建筑业态、空间序列等各个方面进行有效融合，充分阐释了文化功能意识强化对特色小镇文化建设的重要性。

土布小镇以八卦和鱼为设计理念。充分整理现有的保存完好的布依族传统木石材质民居，保留外观特色，对内部功能进行改造完善，打造富有布依族特色、土布元素和生活品质的休闲娱乐配套设施，为游客充分感受乡土气息和民族文化提供空间。小镇在核心景观通道设计上广泛借助现有的布依族民居，营造特色景观。在入口处以布为主题营造开敞空间 - 浣纱广场；结合风雨廊桥完成商业街与内部场所的链接，同时增加场所竖向景观层次；在核心区与地形紧密结合打造图腾广场作为开敞空间为游客提供休憩、眺望以及展示布依族图腾文化的功能；保留现有稻田老宅，经过改造修复并植入新的展示功能，隐藏在田野之间更加彰显乡间趣味；对外围梯田进行保留，唤醒游客对田园故乡的思念。

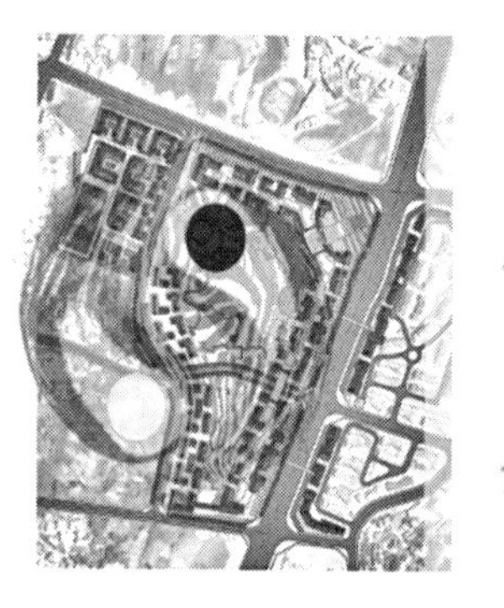

图 6.2.1-2　土布小镇设计理念来源

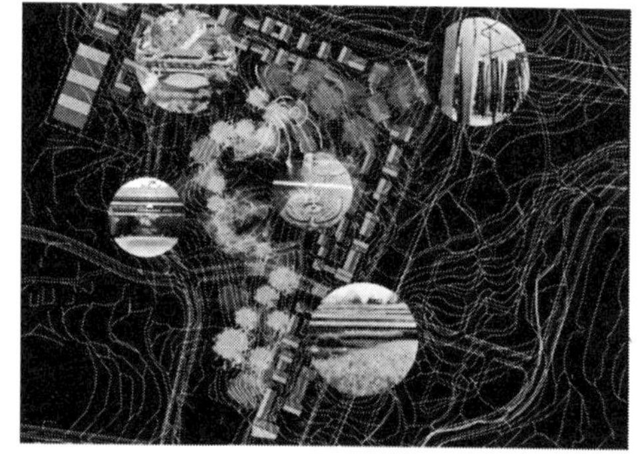

图 6.2.1-3　土布小镇核心景观通道

6.2.2　挖掘历史文化资源

对于历史脉络的传承，提出“历史城镇景观”的新理念。历史城镇景观超越当前历史保护区的范围，更加关注更广泛的背景，包括历史城镇的自然特征与开敞空间；土地使用模式和空间尺度；历史文化与当代功能的对话等。正是这些关键元素间的相互作用，共同构成了一个传统村落鲜明的，可识别的风貌基因。贞丰县土布小镇，通过对布依族服饰元素的提取，从而获得灵感，并应用于小镇主要建筑的设计。

当今时代，大规模的快速城镇化、全球市场的自由化和分散化、大规模旅游等问题都对历史文化遗产的保护和开发带来了前所未有的压力和挑战。在此背景下，“历史城镇景观学”应运而生。这个概念和以往历史保护概念最明显的区别就在于其超越了“历史保护区”的概念，转而关注更广泛背景的叠加。上述更广泛的背景主要包括历史城镇的自然特征与开敞空间；土地使用模式和空间尺度；历史生活与当代功能的“对话”等。正是这些关键元素间的相互作用构成了一个传统村落鲜明的、可识别的风貌基因。

相较于以往有关文化遗产保护的国际文件以静态、保守为主的特点，“历史城镇景观学”理论是发展的、动态的、可持续的，它以全新开放的视野，为城市建设提供了一种全方位保护、全方位发展的整体方法论，强调在动态发展变化中保护、传承和发展城市遗产和精神，为处于高速城市化、全球化发展中的中国提供了科学发展、人文发展、人地共荣的整体思路和发展空间。在本次研究中，我们首次将“历史城镇景观学”在中国展开实践，在“建筑保护”之外，更突出“生活方式”的重要性。

首先，将从科学发展的角度出发，对腾冲传统村落的未来土地开发模式制定管理方法；其次，紧抓腾冲“人地和谐”的文化精髓，加强社会经济生活中的人地联系，打造可持续的发展模式，建立“传统村落慢生活区”；再次，在宏观及微观的尺度对试点传统村落的整体景观和街区肌理建立合计导则，引导村落的保护与开发。挖掘腾冲独特的边疆屯田文化。通过现代生活与传统生活的“对话”，培育出一种能吸引人更长时间留在腾冲的生活方式。我们希望以试点村落的工作为其他传统村落的保护与发展规划寻找出一种适合腾冲的工作方法。

云南省保山市隆阳区青龙街作为西南地区茶马古道重要节点，拥有 2000 多年历史，是著名的永昌古道上的重要驿站，也是中原文化进入永昌，向西方传播的第一大驿站。在对环境提升改造过程中，通过对街区建筑和街巷脉络的梳理发现，整个街区的建筑均以院落为单位，包括一进院落、二进院落和三进院落，三种院落宽度约 7 ~ 9 米，不同进深决定院落规制。对青龙街整体的梳理和文化研究之后，提出青龙十二宿，并形成一宿一品的民宿特色。

首先将青龙街作为一个整体，成立民宿集团进行统一管理，以游客服务中心为民宿接待中心，进行集中服务。同时以现有的前店中厂后宿传统布局模式为基础，以传统商业、传统文化为特色，形成一宿一品，各具特色的民宿群。

6.2.3 保护非遗文化资源

土布小镇通过设立非物质文化遗产博物馆，展示布依族传统手工匠人的织布过程及其中所蕴含的深厚艺术文化价值和精湛技艺，以唤起大家崇尚自然，回归本真的生活理念。布依族非物质文化遗产内容丰富，涉及文学、艺术、宗教、民族学、天文学、医学等众多方面。在贞丰土布小镇规划建设过程中，针对特色文化策划，结合民族节庆和农耕文化，举行盛大节庆活动，在土布小镇开敞空间举办庆典活动，游客通过身着土布织造的布依族服饰参与其中，与族人同乐。传统农耕活动结合民族元素也能成为极具吸引力的人气旅游活动。游客可以与布依族人一同收获糯稻，做一桌喷香美味的糯米佳肴。通过一系列的活动，形成对非物质文化遗产的全方位保护，在保护中开发，通过开发达到保护的双重目的。

6.2.4 打造文化艺术品牌

寿东粮画小镇，通过打造粮画特色文化品牌，形成极具市场竞争优势的产业。据统计，依靠粮画产业寿东村人均收入由2013年的2000多元跃升至2016年1.5万元，村集体收入更是达到50多万元。寿东村粮画产业源于2008年，毕业于山东美院的张海增经过多年技术攻关，突破粮食防腐和粘贴等难题，成立粮画制作公司，年收入200万元，公司为寻求更大的发展空间，在寿东村建立粮画基地。随着海增粮艺公司的入驻，粮画产业带动全村70多户农民就业，海增粮艺有限公司年生产能力更是达到了1000幅，在郑州、济南、广州、深圳等地设立销售网点，产品远销加拿大、美国等市场。寿东正在成为世界粮画之都，通过打造文化艺术品牌，带动粮画上下游产业链实体经济的发展。特色小镇通过打造文化艺术品牌有利于支持文化产业发展，提升文化创意水平，促进文化旅游结合的新型模式。

6.3　功能特色完善：突出服务，强化创新

为防止一哄而上的局面，浙江省在发展特色小镇时，浙江省特色小镇规划建设工作联席会议办公室就对浙江省第一批和第二批特色小镇创建对象和培育对象进行考核，其中重点考核六大内容：高端要素集聚、推进机制、投入产出、功能融合、特色打造、日常工作。其中功能融合考察指标主要涉及生态、生产、生活“三生融合”；产业、文化、旅游、社区“四位一体”；小镇客厅三个定性指标。同时还包括媒体关注、旅游接待总人数、公共文化设施建筑面积三个定量指标。

在创新型规划理念的指导下，特色小镇产业引领下的功能空间包括四大特点：产业、功能、人文和弹性。产业强调在激发空间活力方面的作用，以产业规划、项目策划引领空间规划，避免“空城”“死城”的出现。功能强调复合，产业 + 社区 + 旅游 + 服务 + 创新，打造宜居宜业宜游的活力功能体。人文强调小镇要突出人文关怀，通过生态保护、文脉传承以及空间尺度的把握，营造真正人性化的空间。弹性则要求特色小镇创建强调市场与企业的主体地位，因此规划必须为市场的不确定性留出调整的空间。

总的来看，特色小镇的核心功能包括以下四个方面：

6.3.1　生产功能

特色小镇最核心的内容始终是产业发展和生产功能的实现。发展特色小镇应从产业抓起，通过产业的发展和集聚，带动人口汇集，从而推动经济的发展，并实现服务体系和结构的完善。以产立镇、以产带镇、以产兴镇，实现产镇统筹和协调发展，促进从小镇资源到小镇产业；从小镇产业到小镇经济；从小镇经济到小镇发展。

东阳木雕小镇依托一心、一带、三轴、六区块，打造一个融合木雕艺术创意设计、生产销售、展示展览、休闲旅游、行业研讨、木材交易等完整产业链的工艺美术文化综合体。全镇以木雕产业为核心，目前东阳从事木雕生产的企业 140 余家，家庭作坊 2000 余家，从业人员 20000 余人，年产值达 20 多亿元。

6.3.2 服务功能

围绕小镇的生产功能，为企业的发展提供良好的生产环境，同时由于人口机械增长，大量就业人口汇集，如何改善居住和工作环境页成为特色小镇服务功能提升的主要需求。因此，特色小镇的服务功能主要集中体现为生产性服务和生活性服务。

生产性服务包括专业服务、信息和中介服务、金融保险服务、贸易相关服务。

以湖州丝绸小镇为例：浙江省湖州市丝绸小镇，通过高端要素集聚，把丝绸做成一个时髦的产业，重点打造生态打样中心和面料辅料交易中心，为湖州市丝绸产业的发展提供强大的专业化上下游供应渠道和个性化定制服务，从而为区域主导产业的发展提供专业化的生产性服务。此外，丝绸小镇通过打造高规格的共享金融平台，通过提供免抵押的低息贷款吸引全球顶级服装设计师和团队，为小镇打造时尚产业的国际级示范区提供充足的资金支持。

生活性服务包括教育、医疗、养老、餐饮、旅游、休闲等。作为特色小镇的重要组成功能之一，特色小镇的生活服务涵盖了衣、食、住、行等众多方面。平顶山高新区问津小镇以高标准打造养生、养心、养智组成的颐养产业，从而满足以康体养老。

6.3.3 创新功能

作为推进产业转型升级的重要战略抓手，特色小镇在产业创新方面提出更高的要求。作为供给侧结构性改革的主要路径，特色小镇的发展首先需要在经济新常态下实现创新型人才的汇集，通过创新型人才的汇集从而为实现技术创新奠定基础，通过技术创新带动产业转型升级，最终实现小城镇产业转型升级，在新型城镇化过程中迎来新一轮的发展机遇。

在产业体系创新升级的同时，制度创新也是小镇发展特色的重要环节。特色小镇的特色在很大程度上也体现在体制的灵活性。传统村镇体系中，产业发展和招商政策完全依靠政府主导，在市场经济时代，这种体制在传统建制镇产业发展局限性显而易见。在部分特色小镇建设过程中，仍然依靠成立管委会，走党政部门主导的城镇化建设路线，因此这些特色小镇在开发建设过程中仍然缺乏市场经济活力。相较而言，浙江特色小镇的成功经验证明，小城镇的发展更多的是借助市场驱动，政府通过强化制度创新，优化政策供给，为特色小镇的发展提供了创新灵活的制度保障。

2016 年度特色小镇的考核总结了上一年度的经验，总体来看创新导向更加强化，在考核中增加了区域节能评估、区域环境评估、高效审批进展、双创基地个数、双创基地建筑面积、众创空间建筑面积留个指标。六大指标集中指向制度创新和创业创新。同时在科技方面，新增设了科技投入、有效发明专利个数、高新技术企业数、科技型中小企业数等 4 个指标，集中凸显科技创新在特色小镇考核中的重要地位。

6.3.4　社区功能

作为新型城镇化的重要抓手，特色小镇在发展产业的同时，对高端人才的吸引能力对产业创新发展具有重要影响。人才对于居住环境的需求是多样化的，如何满足高端人才对特色小镇的生活和工作环境是特色小镇生活板块的重要内容。

特色小镇的建设，应是高标准规划高起点的打造。无论是环境设计、建筑外观、功能布局、能源利用，还是生活设施和现代服务，特色小镇的建设都应该从现代化人性化的角度着手建设，改善居民生活环境，提高生活品位，既能吸引和满足小镇居民工作和创业的需要，也能使其感受到小镇生活的舒适和自在，增加对小镇社区的心理归宿感。

6.4　生态特色营造：生态优先，神形兼备

特色小镇的空间形态和实体空间是给人最直观的感受，也最能直接体现小镇的特色。因此特色小镇在生态空间上的塑造要做到“形”“神”兼备。

尊重地形地貌特色：地形地貌对城市规划结构的形成和发展具有很大的影响力。地形决定了城市的分布及规模。而在其他层面，在城市建设中由于地形而造成的特殊规划条件也对城市结构有着重要的影响，地形特征决定了整

个城市的规划结构方案特点；同时在城市规划与修控时，也收到用地坡度、坡态、态差等不同地形数据的影响。

以华盛顿特区为例，在美国城市规划体系中，首都华盛顿是少有的以放射性加方格状路网为结构的道路系统，历经 200 多年的发展，城市规划体系和形态在今天得到了很充分的贯彻和完善。但对于这一堪称城市规划史上典范的城市格局产生的背景并没有为大家所熟知。华盛顿特区在设立之初，美国的国父们给华盛顿设计了传统的棋盘型路网，如图 6.4-1 左上角所示。如果华盛顿真的按照这一方案实施建设，那华盛顿也就不会有今天的荣耀，只是众多美国城市中的普通一员。但美国国父们的伟大之处就在于没有简单粗暴的对待首都,而是聘请了法国设计师皮埃尔·查尔斯·郎方（Pierre-Charles L’Enfant）来进行规划。在郎方的愿景中，首都应该是具有纪念意义和象征意义的场所，而这些重要的意义应该通过空间的巧妙设计来彰显。为达到这一目的，郎方首先依存首都的地形选定了地势最高的三个点位，如图 6.4-1 右上所示，分别放置白宫——行政功能、国会大厦——立方功能，最高法院——执法功能，体现美国政体的根本——三权分立。然后从最核心的三个点位引出放射状路网，以突出城市的纪念性。除了三个主要的放射中心，郎方又设计了次一级的放射中心，在每个中心点都设置具有纪念意义的广场、雕塑或人像，如图 6.4-1 左下所示，从而将首都雕琢成具有高度象征性的政治和文化中心。为了方便交通，在放射状路网之上叠加方格形路网，最终形成了如图 6.4-1 右下所示的今天人们所看到的首都华盛顿。可以说，华盛顿的空间结构是形神兼备的典范，也是充分尊重和利用原始地形地貌的典范。反观我们的许多城市，为了建设的需要，简单粗暴的削山、填河，也是我们的城市千城一面的深层次原因。

特色小镇需要充分彰显视觉上的独一无二之美，并彰显生态环境的优美。因此，特色小镇在构建产业特色和文化特色的同时，也需要将生态特色作为乡镇统筹发展的重要环境。作为中国特色小镇新型城镇 化发展模式的起源地，浙江省在发展特色小镇时，生态背景不容乐观。浙江省面积狭小，全省下辖 11 市，陆域总面积 10.55 万平方公里，仅占全国 1%，是陆域面积最小的省份之一，“七山一水二分田”用地空间极为有限。截至 2017 年，全省人口 5657 万。

经济的快速增长对环境的破坏日益严峻。2005 年 8 月 15 日，时任浙江省委书记的习近平来到安吉余村，首次提出“绿水青山就是金山银山”的科学论断。对于生态优先的原则坚定不移。

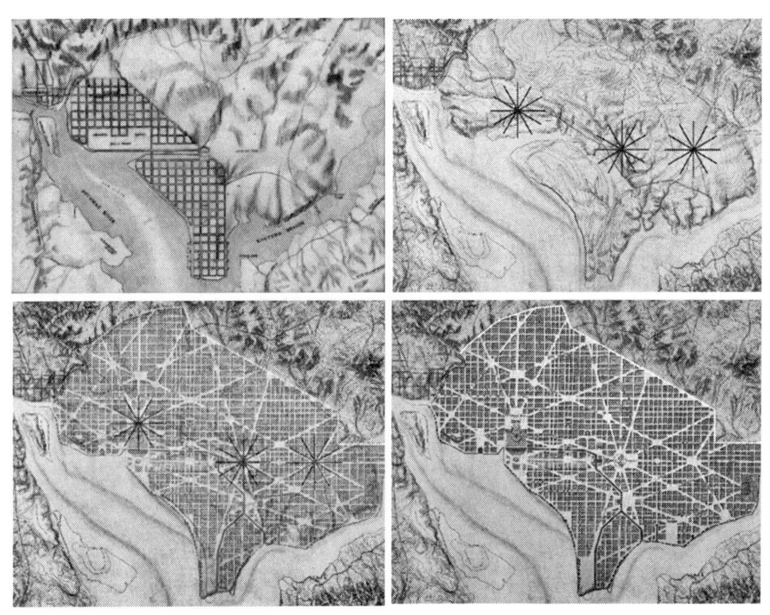

图 6.4-1　华盛顿道路系统

云南省腾冲市银杏小镇，通过对自然意识的梳理，从村落选址、空间整体布局到群体组合、单体建筑的空间结构等，都体现出一种朴素的生态意识。在村落格局空间保护方面，银杏小镇重点强化对街道肌理的保护，所有建设项目严格要求顺应街巷走向，严禁截弯取直、强占街道空间进行建设等破坏街道线性走向和尺度的行为，同时街巷街道两侧的建筑高度、街道宽度的高宽比按照 1 : 1.5 之间进行控制。对于公共空间的保护，银杏小镇在对现有的公共空间的整体环境和设施进行提升时，严格执行生态优先的原则，从整体环境层次严格控制建设用地的增加，并对背景山体进行重新绿化，以延续村落与自然环境相互协调的山水田园景观格调，同时拆除主要街巷沿街畜棚、简易厕所等临时建筑，辟为绿化用地和休憩活动场地，达到聚落景观环境依旧，古巷、街坊风貌依旧的目的。

银杏村在进行生态特色营造时，首先提出“建筑与景观的对话”的概念，通过对村落传统街巷空间进行分析，形成开放院落的设计原则，围墙高度低于人眼，院落内景观向街巷行人开放。整个村子的空间感以开放为主题，给人身居山林之感，而非置身村镇。在对银杏村进行传统村落保护发展规划时，重点强调“山水田园，林在村中，村在林中”的整体空间景观格局，包括保护与古村落相关的地形地貌、江河水系，保护村落与山水环境的空间关系，控制建筑高度与风貌以保护景观视廊的完整性。对于空间组织关系的保护上，银杏村在延续和提升“村在林中，林在村中”的整体村落格局时，重点强调保护半开放空间景观，注重街道活动与半开放空间中活动的互动性，要求限制矮墙高度不得超过 1.4 米，以原石堆砌样式为主，新修巷道宽度控制在 4 米以下。

设计团队在对矮墙的保护上着实花了一番功夫。图 6.4-2 左上的小图片可以看出银杏小镇矮墙的独特魅力，但当地领导干部起初并没有意识到已有矮墙的巨大价值和特色，所以要求设计团队在方案中将矮墙拆除，然后代以深墙大院，给出的理由是发展旅游应该将村民和游客分开便于管理，而且风貌更加统一。设计团队坚持保留现状矮墙，并且坚持要求新建院落也要用矮墙。并给出了三点意见：首先，围墙高度低于人眼，院落内景向行人开放，拉近了游客和村民的心理距离，有利于游客融入小镇整体氛围之中；其二，整个村子

院外

绕墙生长 高大的银杏树环绕院落，形成相对封闭的院内空间，维护居家生活的隐私感。同时与矮墙的结合，也可以观赏院内景观，营造景观层次感。

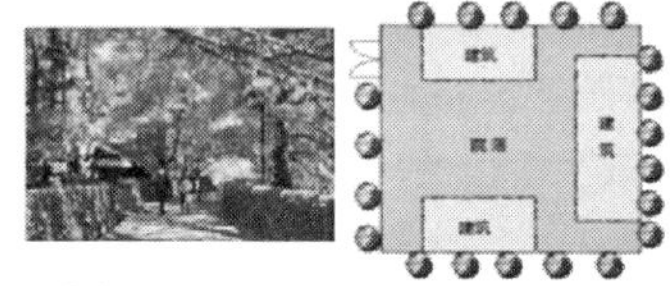

门前道旁 银杏树在院落入口形成生动活泼的氛围，也展示着银杏村村民的热情好客。树景的四季变化也营造出迥然不同的村落景观。

院内

庭院内的银杏树形成阴凉，供人们休憩活动。银杏与院内其他植物相结合，形成层次分明的景观。同时，银杏树枝伸出院落，营造生机勃勃的气氛。更加印证了“林在村中，村在林中”的村庄格局。

图 6.4-2　构建银杏树和院落的“对话”关系

的空间感是开放的，更有利于建筑和银杏林完全融合；第三，给人身居山林之感，而非置身村镇。第四，斑驳的矮墙承载着历史的厚重感，自然增加了小镇的历史氛围。好在当地人接受了建议，得以将极具特色的矮墙保留。

图 6.4-3　老砖瓦厂改造

银杏小镇是以空间特色为核心，所以在空间的处理上着力花了很多心思，充分做到构建形神兼备的空间和景观特色。除了以上介绍的村落格局，还体现在对细部的处理，尤其是对主要节点的设计和改造上。以对老砖瓦厂的改造为例，起初业主方认为老砖瓦厂对小镇景观有很大的破坏作用，已经在着手进行拆除工作。但设计团队实地调研之后及时叫停了拆除工作。从设计的角度出发，虽然目前老砖瓦厂景观破败是小镇形象的负面因素，但拆除之后，已经对山体的破坏无法修复，仍旧像一块伤疤一样印在小镇形态之上；从历史文化的角度来看，老砖瓦厂其实是小镇老工业遗迹，代表着小镇的近现代史中的一个小的篇章，虽然笔墨很轻，但也是一段历史的序列。另外，从厂子窑口近看大峡谷、远眺星罗棋布的火山口，是摄人心魄的观景点，所以一定要避免有一块伤疤影响了这么理想的景观。因此，设计团队不但保留了老厂，还在设计中将老厂改造成了咖啡吧，窑口烟囱改造成了可以从烟囱内部上下的观景平台。

虽然从完成的成果角度来看，对隐形村的打造并没有多么光彩夺目的方案，更没有大拆大建，但每个规划设计的从业者都应该有这样的意识和情怀。我们存在的价值不是为了刷存在感，更不是通过体现工作量增加收费，规划设计人员最大的价值就是通过科学合理的分析判断场地现有的价值和有价值的元素，然后将他们拼接起来。笔者相信一个好的规划设计方案就像一幅工笔画，体现的是设计师的巧密而精细。是否能传达穿透文本的力度和厚重绝不是靠着简单的涂脂抹粉，而是对“形”的把握和对“神”的尊重，让小镇可以开口说话，讲述自己如何穿越百年一步步走到今天，呈现在世人面前，而这其中，规划设计师只是故事的转述者和记录者，故事的灵魂则蕴藏在小镇本身的一砖一瓦、一草一木之中，和百姓的纺纱声、读书声甚至拌嘴声中。所以形神兼备说来简单，但考验的是一个设计师的理想和坚持，考验的是身上的烟火味儿。

第 7 章　主导产业体系构建

产业定位与发展是特色小镇成败的关键，是人口集聚的原动力，是带动经济发展的引擎，是促进城镇发展的支撑。产业特色塑造要坚持双轮驱动，一方面打造主导特色产业发展极，同时形成旅游产业发展极，两极互相渗透，耦合式发展。从区域产业链角度理解主导产业，一方面有助于主导产业的选择，同时有助于增加整个小镇产业集群的附加值。

7.1　主导产业选择

特色小镇主导产业的选择通常以**“最有基础、最具潜力、最能成长、最有故事”**为基本原则，做精做强特色主导产业。首先要因地制宜，优先考虑本地已有的产业基础和资源特色，充分发挥地方优势。根植于地方历史的产业有一定的产业基础和群众基础，易于调动产业工人的认同感，但这一类产业往往存在生产方式落后，生产效率低下，产品营销不到位，管理模式亟待改进等问题。针对这类传统产业和旧有产业，在特色小镇创建过程中，必须进行全面分析核算，衡量其产业价值和后续发展潜力，对于具有发展潜力的产业进行有针对性的扶持，帮助其转型、提升产能，优化产品和管理。对于地方原有产业不具备发展潜力和市场前景的小镇，首要任务是根据地方资源禀赋和产业发展前景，分析、选取并引进新的产业，作为核心产业大力扶持，逐渐做强，培育产业优势。

在基本原则中，选择**“最有故事”**的产业通常为人所忽略。其实产业策划在初始阶段的一项重要内容就是讲好产业故事，比如该地产业的源起，为什么在此地诞生该产业，发展历程如何，出过什么大事件，在产业链和供应

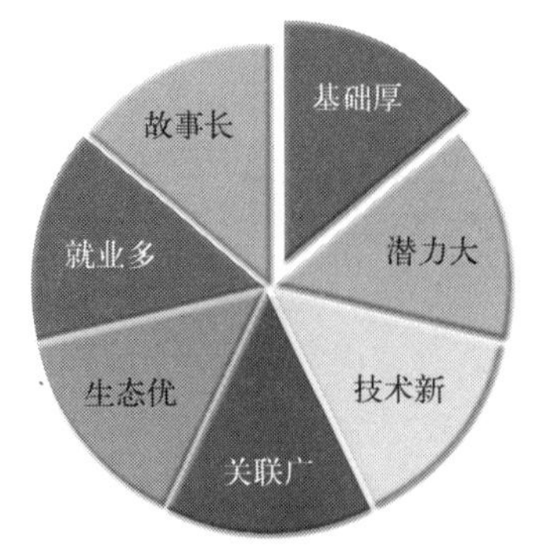

图 7.1-1 主导产业选择的七个标准

链中的地位和角色如何，这些基础如何支撑产业未来的发展，有什么样的目标，实现的困难有多大。这一系列问题都需要在产业策划中给予解答。特色小镇经过几年的发展，从业者对产业的核心作用有了更加清醒的认识，但往往只注重产业现状的罗列，并没有发掘出产业内涵或者产业故事。有个说法是特色小镇"始于策划，成于产业"，但对笔者来说这是一回事，因为特色小镇策划的核心即是产业策划，小镇成败也是与产业策划密切相关。而找到适合的主导产业，讲好主导产业故事，构建主导产业产业链和价值链，是笔者认为的产业策划核心内容。

在四个原则的基础上，笔者进一步提出了主导产业选择的七个标准，以进一步明确主导产业选择的要点。

第一，主导产业要选择已经有一定基础的产业，尤其是已经在区域供应链上占有一定位置的产业，这样可以减少很多后期产业打造的成本投入，"无中生有"当然可以有，但是"优中取精""人有我强"可以更容易成功。

第二，产业的选择也要注意现有产业或可选择产业的可生长潜力，如果对未来趋势判断错误，将产业发展押宝在夕阳产业上，那未来产业的发展很可能"夭折"或者"早衰"。举个简单的例子，光伏产业曾经红极一时，我国通过技术研发，将太阳能转换所需多晶硅产品从国际均价 60 美元每公斤，降到了 20 美元每公斤。诚然这一价格优势将我国产品大量输出，甚至形成了行业垄断，但随即出现的国内同行业竞争以及欧美国家发起的反倾销调查和制裁，将国内光伏企业步步紧逼，将朝阳的光伏产业逼入了夕阳产业。虽然 2017 年曾经有一波回暖，但也没有改变产业大势。虽然国内所谓的"光伏小镇"并不鲜见，但基本都是因为光伏使用率高的徒有其表，只是对光伏产品的展示功能。但如果押宝在光伏产业上，那这样的小镇难以成功。类似的夕阳产业或者对市场极度依赖的产业，应该以审慎的眼光判断其未来潜力，切不可盲目上马。

第三，要选择有新技术的产业，以便在区域产业链上能够站稳脚跟。特色小镇是高端要素的集聚为核心目的，而高端要素的集聚重要目标就是推动技术的进步，助推供给侧结构性改革的实现。所以，主导产业的选择上要注意选择那些可以融合新技术，或者产业本身可以进行技术迭代的产业作为主导。这也是部分原因为何旅游产业不是浙江特色小镇的主流，因为旅游产业在小镇范围内很难融合新技术的推陈出新，也很难体现创新功能的实现。而像高端装备制造、互联网等创新驱动的产业，新技术是重要产业基因。因此，主要产业要注意该产业对新技术的亲和度。

第四，主要产业要形成产业链，所以其选择也要注意选择产业关联度比较广的产业。产业关联度是一个经济学名词，解释学术术语不是本书的用意，但简单来说，一个产业关联度高，就意味着该产业向前和向后短的联系程度都比较强，对其他相关的产业影响力较强，带动性也较强。换句话来说，就是该产业在需求端会以其他产品或者其他行业的生产相依存，从而影响相关产业的要素投入；在供给端，该产业的产品作为其他产业的要素投入。一个关联度较高的产业发展，可以推动其他相互关联的产业发展和技术进步，从而推动了整个产业链的技术水平向更高层次发展。这一点的重要性在我们身边就有生动的体现。当今经济世界的头条新闻就是中美贸易战，美国发动贸易战的初衷之一就是将产业挤出中国。但贸易战打到目前（2019 年 5 月底），并没有美国预期的产业逃离潮，不单单是因为这些企业尤其是跨国企业的优秀品质，更多的是经过这么多年的发展，其关联性已经形成了一条复杂而密集的产业链，企业逃离容易，但整条产业链跨国搬迁或者在新的国家重新建立又岂是一朝一夕可以完成。所以主要产业选择要注重关联度较高的产业。

第五，主导产业要选择生态环境友好型产业。中国经济逐渐进入后工业化时代，正在经历着一次产业的巨大转型。《中国制造 2025》中明确了中国产业转型的大方向，以坚持“创新驱动、质量为先、绿色发展、结构优化、人才为本”为基本方针，其中创新、绿色、结构、人才的要求都需要产业向生态化转型。后工业化时代的中国将逐渐告别高耗能高污染产业，拥抱生态、绿色的新兴产业。况且，生态文明已经作为国家发展战略，所以特色小镇主导产业的选择一定要注重生态环境的友好。即使是传统制造业，也要注意可以通过能效提升、清洁生产、节水治污、循环利用等专项技术改造进行绿色化的产业。

第六，主导产业是小镇的支柱，是就业的核心吸引，所以主导产业的选择要选择能够充分带动当地就业的产业。一方面要支撑几平方公里复合功能的小镇可以发展，需要人口的集聚，而人口的集聚需要就业岗位的吸引；另一方面，带动就业也是特色小镇在支撑新型城镇化中的重要作用。同时，该产业不仅能够带动就业，还能充分激发创业，作为创业的土壤。这一方面，杭州的几个特色小镇都做出了很好的示范。比如梦想小镇通过众创空间激发年轻人的创业热情，并通过小微企业，进一步吸引就业。另外云栖小镇以云计算产业为主导，吸引了大批云计算相关企业的集聚和人才的集聚，而且云栖小镇还提出了"云服务区""就业创业区""就业创业服务区"和"创业成功发展区"，不仅组成了产业生态链，还打造了一条创业链也就业链，充分吸引了人才的集聚。

最后，如前文已述，主导产业还应该是具有故事的产业，是有来历的产业，也是有"料"的产业。比如缙云机床小镇，如果只从数据角度来看只有干巴巴的经济数据，但从产业故事的角度来看，机床小镇根植于壶镇人敢闯、敢为人先的创业精神和历来经商的文化传统。所以当地创办的企业已经有多年发展历史，机床、缝纫机、工刃具和炊具形成了特色产业，尤其是带锯床产业在浙江省内乃至国内享誉盛名，已成为省级现代产业集群转型升级示范区。目前，壶镇带锯床的全国市场占有率高达 70%。这样的产业故事会将当地的主导产业变得更有生命力。

不同的实地情况中，这 7 条准备的权重不同，可以根据小镇的自身情况调整判断。有了主导产业，要达到产业化的目的，还要要围绕某一"产品"的生产将同类属性的经济活动聚拢起来形成一个系统。产业化是指某种产业在市场经济条件下，以行业需求为导向，以实现效益为目标，依靠专业服务和质量管理，形成的系列化和品牌化的经营方式和组织形式。要实现产业化，离不开产业链的打造。

7.2 产业链打造

发展核心产业，除了选取核心产业之外，更重要的是从产业链的角度找准定位，补足缺环。产业链虽然是经济学术语，但已经不需要过多的名词解释，被社会所熟知。尤其是在规划行业中，“构建产业链”“延伸产业链”等词语似乎已经成了规划文本中必备的“规定动作”。但其实产业链的概念远不止构建和延伸，更重要的是从业者要形成正确而相对系统的产业链思维。

对产业链的认识，笔者个人比较推崇经济学家郎咸平先生的观点。中国作为制造业大国，长期以来的工业发展专注于制造端，以低廉的劳动力为国际市场竞争力，吸引了外国投资，创造了“世界工厂”以及经济超高速增长的世界经济奇迹。但随着中国经济发展水平的提高，逐渐丧失另外在制造端的成本优势，尤其是用工成本上升，以及土地成本、能源成本、物流成本的上升，更加剧了中国制造业企业成本的上升。所以在制造端的优势在逐渐丧失。更重要的是，制造端的经济附加值是最低的。例如苹果手机整个产业链中，美国将制造放在中国，但自己可以实现 49.4% 的利润，虽然中国投入了劳动力、消耗了资源、污染了环境，但只实现 4% 左右的利润。所以产业链思维首先要跳出就制造谈制造的传统思维模式。

一条完整了产业链，郎咸平提出了“6+1”模式，如图 7.2-1 所示，由附加值更高的从产品设计、采购、物流、订单、批发到零售的 6 大板块加上传统的制造板块。特色小镇提供了在空间上将 7 个环节整个的可能，产业发展应该从全产业链角度深挖每一个环节所含的附加值。所以产业链思维并不是简单的产业升级，换句话说，并不是换个产品生产，而是生产同样产品的情况下，控制和掌握附加值更高的板块。这是由于我们不能丧失传统的制造业优势，更重要的是我们作为人口大国，也丧失不起传统制造业的优势。每一次产业的升级和革新，大都意味着更高的生产效率和更少的从业人口，那转移出的工人向哪里去？庞大的事业人口如何吸纳？这将不只是经济问题，更是社会问题。前文书说到特色小镇在新型城镇化中扮演了重要的吸纳就业人口的作用，而且主导产业还要考虑选择带动就业的产业。所以特色小镇不仅不排斥制造业，还应该接纳制造业。只是我们需要区分“制造业”和“制造”，以产业链的思维看待制造业，去投入力量发展附加值更高的六大板块。

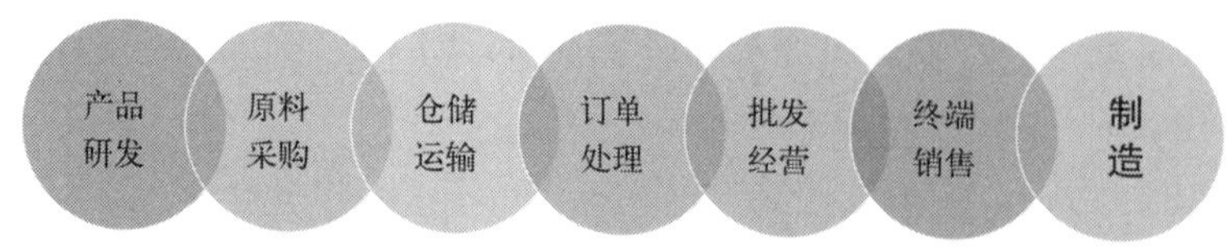

图 7.2-1 “6+1”的产业链模式

产业链思维还要求以产业链整合的方式将“6+1”拧成一个高效运转的整体，而不是各个板块各自为战。郎咸平在其论著中还给出了产业链高效整合的四步走的建议：首先要掌握定价权；第二步，要做好工业设计；第三步要打造大物流。具体详述内容请有兴趣的读者自己去翻看原文，这三步比较直观易懂，这里就不再展开了。产业链高效整合的价值有多大？仅通过国际知名服装品牌 Zara 的成功可窥一斑。Zara 通过构建高效整合的产业链，将传统服装制造流程从 180 天缩短到了 12 天，虽然实现这巨大跨越的高效生产需要投入更多的制造成本，但其通过对市场更快速的反应和更低的物流成本打造了 Zara 物美价廉的品牌，实现了巨大收益。

在特色小镇产业链整合比较成功的是浙江海宁“皮革小镇”。皮革小镇以打造世界级的皮革时尚策源地和贸易服务中心、传统产业转型升级的示范基地为目标，计划三年总投资 58.9 亿元。从最初的制造到展销，到商品集散，到“三位一体”的时尚产业高地，集聚了设计、研发、金融、科技、产业资源。以“设计 +”为主题，以“设计师创业”为主线，以“皮革文化旅游”为主打的建设思路，以“设计师创业新平台、海宁旅游新景点、皮革文化新呈现、市民休闲新去处”为切入点，赋予时尚小镇休闲、购物、教育、服务等功能。根据功能定位并结合海宁及皮革城现有业态布局，针对小镇建设要结合产业、文化、旅游、社区服务、创新创业等功能的有关要求，对区块内具体的业态布置提出了建设设计师工作室、外贸区、皮革原料配饰研发区、时尚奥莱区、皮革文化博物馆、设计师人才公寓、皮草拍卖中心、时尚教育培训学院、国际时尚发布中心（国际最长 T 台）、“设计 +”皮革文化主题酒店、金融配套服务项目、特色餐饮、“设计 +”主题酒吧、服务大厅、其他生活类和皮革时尚类项目等建设设想。

7.3　主导产业打造手法

对浙江这样块状经济明显的经济模式，主导产业的选择显而易见，同时围绕主导产业自发形成的产业链已经比较成熟。对这类特色小镇来说，在加强特色主导产业的过程中更多的是需要植入更多延伸产业链条，增加附加值的产业模块，同时植入可与旅游产业对接的接口。但对于大部分省份，地方上实体经济不强，没有明显的龙头企业和主导产业，产业链也不成熟，除旅游产业外，如何选择特色主导产业将是决定特色小镇成败的关键。一种可行的途径是充分利用当地优势资源，包括生态、环境、历史、文化，围绕这一已经存在的核心优势，使其产业化，并不断强化，形成可生长的产业，充分发挥其经济价值。但如果碰到“一穷二白”的场地，是否就完全不具备打造特色小镇的可能呢？答案当然是否定。笔者在实践中碰到很多业主的困惑就是针对具有良好生态环境或文化基础的场地，选择产业似乎十分头疼。简单的发展成旅游景区一方面不符合特色小镇的特色化发展要求，同时良好环境的附加价值也没有得到最大化。这就需要我们通过探索去寻找并发展特色产业，笔者在实践中总结了主导产业的打造手法可以概括为“强”“挖”“借”“植”四大选育方式：

强：强化特色资源，根据既有的特色自然和人文资源发展特色产业，强化资源优势。

挖：挖掘隐形资源，进行显性打造。大量小镇的资源需要通过深入的梳理和挖掘才能发现特色，所以在前期策划和规划中，要有发现美的眼睛，要有富于想象的智慧，还要有一定的胆略，可能出奇制胜。

借：借助临近资源，整合优势力量。特色小镇往往本身资源有限，所以为了使特色更加彰显，优势更加突出，可以巧妙整合周边优势资源，进行同一品牌打造。尤其是对于冲击较高级别认定的特色小镇，其更应突出优势特色。

植：分析周边资源，植入新兴地块。特色小镇要与周边腹地联动，其承载的不仅是小镇本身的特色资源，同时也是一个区域的集中代表，尤其是对于新划定和新开发的地块，更需要承载腹地资源的支撑，统筹周边资源，发挥特色小镇的集聚效应，可以采用资源植入的手段，更直接的利用周边资源。

7.3.1 强：强化特色资源

强化产业基础，提升产业层级。产业基础既包括已经处于发展中的产业自身已有的积累，也包括发展某种产业所需要的特色资源。对于具备一定基础的产业，确定将其发展为特色产业的目标之后，可以有计划地加大产业发展投入，扩大产业规模，提升产业发展质量。根据既有的自然和人文资源发展特色产业，发挥资源优势，是较为常见的产业发展途径。例如，利用得天独厚的气候环境和生态资源发展休闲养生旅游服务，利用历史建筑和民俗文化发展古镇古村文化旅游。具有深厚基础的产业往往也是当地重要的就业渠道，拥有广泛的产业人员基础，在进行特色提炼、产业提升的时候更易于看到成效。在浙江温州永嘉县的桥头镇，早在20世纪80年代初就形成了以纽扣为主的服装辅料专业市场，带动大量的人口就业，而20世纪90年代末期，纽扣市场直接成交额急剧下降，影响到整个桥头镇其他产业的滑坡。当地迅速进行了根本性的产业结构调整、提升桥头的产业档次和产品的科技含量，如今已经形成了以纽扣、拉链为龙头，上下游产品及各类配件齐全的产业群，成为民营经济的摇篮、“小商品、大市场”的样板，堪称温州模式的典范。

充分利用当地优势资源，包括生态、环境、历史、文化等，围绕这一已经存在的核心优势，使其产业化，充分发挥其经济价值。

要达到产业化的目的，首先要形成产业，也就是围绕某以“产品”的生产，将同类属性的经济活动聚拢起来，形成一个系统。

所谓产业化，指的是某种产业在市场经济条件下，以行业需求为导向，以实现效益为目标，依靠专业服务和质量管理，形成的系列化和品牌化的经营方式和组织形式。主要包括三大特征：面向市场需求；形成系列产品；进行品牌包装。

对于自然地理资源和历史人文丰富的小镇，如何强化特色资源，打造特色产业体系和文化体系则是小镇建设发展的首要突破口。对于特色资源的强化主要包括：物质生产、资源生产、非物质利用等。

1. 案例：强化现有物质资源：河南省洛宁县马店镇梨源小镇

河南省洛宁县马店镇梨源小镇作为中国金珠沙梨之乡，所产水果金珠沙梨肉质酥脆、汁液丰富、酸甜浓郁，具有润肺止咳、养颜排毒等多重功效。长期以来，由于缺乏规划和运营，金珠沙梨影响范围较小，市场品牌较弱。通过打造梨源小镇，对马店镇沙梨人家、因梨结缘、梨园溯源，逐渐形成了以梨为纲，梨园、梨缘、梨源三元融合的区域品牌特色。梨源小镇通过对沙梨生产功能区和沙梨农业旅游的整合，推出具有品牌标示性和市场突破性的中国金珠沙梨之乡，并形成了以特色农业为驱动，乡村景观和文化内涵兼具的美丽乡村样本。沙梨之乡通过强化地域特色、提升沙梨品质，提升在同类产品中的竞争力，达到加强品牌标示性的目的，同时又结合技术革新、产品延伸，打破本地市场和固有的水果产业发展思路的桎梏，提升市场突破性。

通过从种苗源头到沙梨收获的分级管理，形成以高促低的品质特性。在种植阶段，针对不同土壤，选取不同等级沙梨进行合理栽培；在产出阶段，依据沙梨的分级片区采取不同的生产技术、肥料和管理，划分成本；在收获阶段，按照标准对不同等级产品进行分区投放，从高端市场到加工原料全等级覆盖。建设智慧现代精品农业高地，建立“一物一码”的沙梨可溯源体系。

对沙梨销售市场和渠道合理分工，从消费市场、消费渠道、消费模式进行精细化运作，以宽带窄。在对沙梨分级，提升沙梨质量和口感的基础上，将精品一级梨和优质二级梨作为生梨主打产品，高营养梨加工产品作为突破产业，向更广阔的、消费能力更高的市场推广。充分借助现有的营销平台的优势，尤其是在用户量大的电商平台和社交网站进行广告宣传和活动推广，提升品牌效应。在打入市场，稳定客户的前提下，网络专营店、线下直营店、市场连锁店、超市专供全面开花，使本地沙梨品牌能够作为水果产品商业化、产业化的代表性品牌，在市场站稳脚跟。

对沙梨农业产业链进行细化和延伸：向前延伸种质和种苗资源产业，向后延伸农产品产后加工环节，同时链接农业细线产业，实现第一产业带动第二产业和第三产业联动发展以长补短的产业格局。在种苗阶段，对生态肥料、种苗培育、生物育种及农机装备进行深入研究和产业化发展。在沙梨农产品本身，对物质产品进行包装业、精深加工、保鲜、分级方向进行产业引导，同时带动创意农业、观光农业、科技农业、健康养生等第三产业的发展。在沙梨的物流销售阶段，对集贸市场、品牌门店、商场专柜、电商平台进行全面覆盖，拓展销售渠道。

在小镇旅游策划方面，根据时节的不同，发展时令旅游：春季赏花、夏季游园、秋季品梨、冬季养生。同时在旅游产品策划方面，强化品牌标识，设计村庄以梨为元素的吉祥物，开发吉祥物元素的纪念票商店和主题餐厅。以沙梨为元素，以创意加工产品为主、固化区域独特性，包括沙梨便签、沙梨造型背包、沙梨茶漏、沙梨洗手液、沐浴露、护手霜、沙梨造型装饰品、沙梨手工皂等。

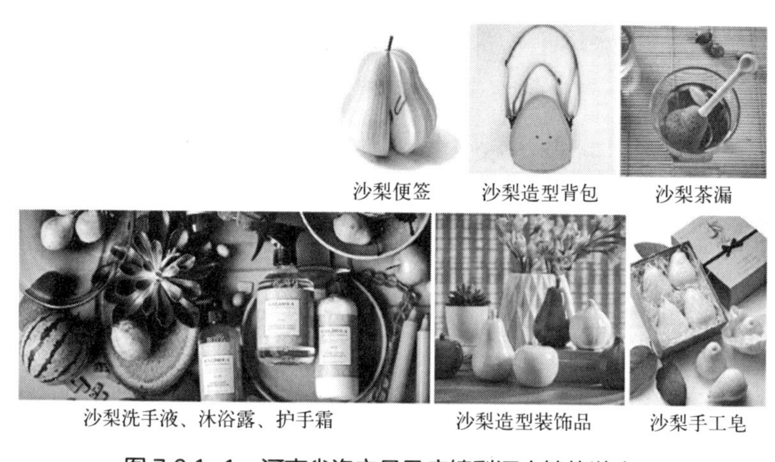

图 7.3.1-1　河南省洛宁县马店镇梨源小镇旅游产品

2. 案例：强化现有生态资源：云南省安宁市温泉旅游小镇

云南省安宁市温泉镇，地处滇中中部地区，因境内有天然温泉——碧绿泉而得名。安宁温泉出水口众多，出水量大，水温常年在 42 ~ 45 摄氏度，无硫磺味。泉水富含硫酸钙、镁、钾等微量元素。安宁温泉历史悠久，早在1400 多年前的东汉时期已有记载。至元朝，在泉水边加盖茅草屋，明朝永乐年间，安宁温泉从露天水塘得以修葺，开始真正扬名，史料记载“塘可半亩，碧玉居其中，水没其上尺许，浴者辄浮水坐碧玉上为快”[1]临近玉泉山树藤交错，

1　顾养谦《滇南纪胜》。

历代摩崖石刻星罗棋布。温泉镇文化底蕴深厚，围绕温泉，周边分布有曹溪寺、珍珠泉、摩崖石刻群、三潮圣水和金色螳川等自然资源和人文景观。

在推动温泉镇城镇化建设过程中，通过强化区域历史人文和自然资源，安宁市温泉旅游小镇逐渐形成“天下温泉，独赞安宁”的发展愿景，通过打造一座温泉小镇，传承一条文化源流，提升一种生活哲学，形成一类品质象征。在业态选择上，温泉旅游小镇通过强化特色资源，逐渐形成了温泉 + 产业体系，包括温泉 + 自然观光、温泉 + 养生康体、温泉 + 高端商务、温泉 + 户外运动、温泉 + 乡村体验、温泉 + 多元文化，形成山水、文化、生活全面覆盖的业态模式。

图 7.3.1-2　云南省安宁市温泉旅游小镇

7.3.2　挖：挖掘隐形资源

挖掘资源潜力，进行创意提升。大量待开发的小镇资源需要通过深入的梳理和挖掘才能发现特色，所以在前期策划和规划中，要有发现美的眼睛，要有富于想象的智慧，还要有一定的胆略，才可能出奇制胜。这就需要特色小镇的从业者带着感情和情怀重新审视小镇的一花一木、一家一户，去发掘小镇的蕴藏在深处的瑰宝。尤其是对于看起来长相平平没有特色的小镇，更需要通过挖掘找到属于自己的特质。浙江省在块状经济的背景下，找到现有主导产业是手到擒来的事情。但是省外特色小镇，尤其是中西部小镇，产业主要集中在城区中，镇域经济基础薄弱。但北方和中西部的村镇历史积淀大都厚重，在一穷二白的表象之下也许就隐藏着宝藏，也许是一个奇人，也许是一个手艺，甚至是一顿饭，一碗茶，如果能挖掘出这些宝藏，并进行产业化包装和打造，将带给你惊喜。

其实跳出特色小镇的讨论范畴，我们在打造美丽乡村或者乡村振兴发展的过程中多会面临“一村一品”的实际需求，但如何在临近区域内几十甚至上百的村落中找到每个村子的特质，可以参考“挖”的手法，去发现每个村落的与众不同。浙江省安吉县余村，是习近平总书记第一次提出“绿水青山就是金山银山”的地方。20 多年前，余村靠着山上优质的石灰岩，自办水泥厂，GDP 一路高速增长，原本良好的自然环境却日益恶化。面对保护环境和发展经济的两难，习近平的一席话指明了方向。余村人思路一转，利用得天独厚的生态环境，抢占“逆城市化”的先机，大力发展生态旅游，率先推进美丽乡村建设，挖掘隐藏的旅游资源，打造余村“十景”，发展“农家乐”，用实践证明了绿色发展之路的先进性。在特色小镇的创建过程中，要善于转变发展思路，深挖资源潜力，推陈出新。

案例：挖掘“隐形人”：河北省邯郸市电影小镇

在河北省邯郸县南吕固乡，有一批集中成片的美丽乡村，但起初都缺乏特色，不论风貌还是产业，都比较趋同，是普通的近郊型乡村。但设计团队在深入调研时发现其中四留固村有一奇人，在乡民眼中，他不好生产，把自己的金钱、时间和精力都花在了摆弄老电影和老式电影放映机上，被大家认为是“神经病”。这位后来被称为“红色电影收藏家”的魏少先耗时十余载、耗资百万元建起的“燕赵红色收藏馆”，已拥有红色藏品 2 万余件，各型号老式放映机百余部，免费向社会各界放映红色影片 2000 余场次。其收藏的老影片主要反映了抗战胜利之后到“文化大革命”结束之前这段如火如荼的岁月。设计团队敏锐地抓住了这一点，意识到这应该是四留固形成自身特色，建立自身品牌的一次机遇。

这一判断不仅是机遇对资源的信心，也是对市场的判断。随着我国文化产业的迅猛发展，“红色文化”日渐成为文化产业中一支颇具潜力的重要力量，既有利于传播先进文化，又有利于把红色资源转变为经济资源。红色经典几乎涵盖了各种媒介手段和艺术样式，如小说、广播、戏剧、影视、绘画、音乐等，其中洋溢着强烈的革命英雄主义和浪漫主义气息的红色经典电影流传最广、影响最大。以红色经典电影为主线，并另辟新径挖掘多层次消费人群的潜力，这样一条发展道路，对于具有红色文化基础、乡村景色优美的南吕固乡来说，是极有参考价值的。

沿着这一主线进行打造，四留固村很快成为声名远扬的“中国红色电影收藏第一村”，并由于其丰富而珍贵的电影资料档案和农民收藏之繁多国内外首屈一指，成为四留固独有的电影记忆和文化资源。先有接待受教育群众上万人，许多学者前来参观，在全国产生了一定影响。随着特色小镇工作的推荐，四留固村整合域内 7 个自然村，以电影为核心的红色文化产业为主导，规划电影印象小镇，主打中国红色电影黄金时期 1945 ~ 1976 年出产的一系列弘扬爱国主义，乡村生活的经典老片，迎合国人对于特殊历史时期的怀旧情怀。

图 7.3.2-1　小镇产业板块形象和主题定位

小镇规划方案结合当地悠久的历史文化与丰富的历史遗存，整合各个村庄的产业资源，避免了以往各自为政、力量分散的弊端，形成一条完整的主题明确的产业发展链。同时，借助国家农业公园的项目建设契机，促进农旅融合，满足不同层次、不同需求的消费者，建成立足于乡村文化的多元化电影印象主题小镇。针对小镇域内六个自然村，结合各村基础形成六个差异化发展的特色主题街区。

小镇中还设计有电影大篷车串联主题街区。电影大篷车运营项目除各景点、村落之间的摆渡联系，还包括随特定大篷车进行表演的乐队，可以设置不同主题的车次，并鼓励乘车游客也能够参与到随车演出中。大篷车游线主要沿村庄景观带和旅游道路布置，主打“乐景一路相伴”“麦田花海中穿梭的音乐播放器”，成为电影小镇一道独特的风景线，并调动游客参与、体验的兴趣和热情。大篷车游览线路还提供微电影拍摄服务，车上有随行专业摄影，随车跟拍，将游客、车上活动、窗外景色全部囊括在内。

7.3.3 借：借助临近资源

前文论述了通过“挖”的手段针对特色小镇和美丽乡村的特色产业进行挖掘，但很有可能通过系统而详细的挖掘整理，还是没有获得值得按照产业化方式进行包装和打造的特色。特色小镇往往本身资源有限，所以为了使特色更加彰显，优势更加突出，可以巧妙整合周边优势资源，进行统一打造。或者干脆“拿来主义”，本着“不球为我所有，但求为我所用”的心态，将周边资源纳入自身体系中。

借的手法主要适用于自身产业实在找不到内涵特色，但是空间载体有特色的小镇。比较有代表性的一则策划案例是笔者在平顶山市策划的一例“问津小镇”。问津小镇生态环境基底优越，在北方缺水地区有一条形态优美的河流穿过，植被覆盖较好，但本身产业并无特色。通过对域内及周边的详细调研梳理发展两个特色资源，一个是和河对岸的孔子问津处，传说当年孔子和弟子游历到此遇到暴雨阻路，在问路时碰到两个隐居的智者，被智者“指点迷津”的历史典故；另一个是周边有盐井，产出较高质量的盐卤。设计方案中一方面借用问津典故，将地块策划为儒家文化的历史节点地，形成具有一定高度的文化特色；同时将盐卤引入地块内，安排“死海盐浴”作为吸引人气的IP 项目。该项目的详细方案将在后续案例篇进行详细的解读。

但在这一手法的实际使用中，要避免“生拉硬拽”的“拉郎配”。“借”

的资源要有一定的可移动性，比如上述案例中的历史故事没有明确的地理指向，盐矿也是容易移动的资源，才可以“借”的顺理成章。相反如果借的是不可移动物，那复制一个山寨的复制品将是小镇的一大败笔。旅游行业中的山寨景点不胜枚举，比如石家庄的狮身人面像、烟台的埃菲尔铁塔、兰州的帕特农神庙等。

那么哪些是容易移动又容易借用的资源呢？第一是非物质类资源，例如历史传说、非遗传承、文化传统等，没有空间载体，或者以人为载体，都是可以在本地进行展现；另一类是易移动的物质资源，这类资源就比较宽泛了，不在这里详细列举，相信读者可以自己领会。

1. 案例：老街借力传统手工业：永子小镇策划

云南省保山市永子小镇位于保山市隆阳区板桥镇，是保山市的北大门，属于云南省六大旅游区中的滇西旅游区，是保山坝田园风光 - 历史文化旅游区的重要节点，也是保山市域旅游的重要目的地。永子小镇的核心是一条叫青龙街的古街。

青龙街具有悠久而深厚的文化积淀，其因集市文化而起：早在西汉时期这里已经形成集市，商业贸易发达，那个时候青龙街上马店、参观、茶馆数不胜数，热闹非凡，马帮在这里川流不息，驼铃悠扬。同时这里又因丝路文化而生：保山市隆阳区板桥镇是南方丝绸之路的重要驿站，茶马古道重要节点。由此这里马帮文化盛行：板桥镇青龙街是历代府、县前方的要站，南来北往的马帮一度让这里异常繁荣，“逢甲巳五日一街，入市约四万余人，繁盛为全县之冠”、“为迤西一大集市”。此外板桥镇永子小镇也因非物质文化遗产流传久远：这里非物质文化遗产丰富，包括乌铜走银、甲马木版画、糕饼制作、板桥镇沙登村甑子工艺之乡、啰猴儿茶馆、古建筑、雕塑等。保山市板桥镇云集丝路文化、集市文化、霞客文化、宗祠文化等。一直到现在，青龙街还保留着一批古建筑，传承了以“十子”为核心的文化，和斑驳的青石板路，诉说着它的历史故事。

有如此特色的空间载体，保山市也希望能充分发挥其价值。所以在云南省第一批特色小镇申报时，就以康养小镇为主打产业进行申报。但由于在云南所谓的康养产业雷同性太强，所以还没有走到审批程序就在初审中被打了回来。设计团队接手任务后，首先梳理地块内的自身资源，虽然青龙街有“十子”文化，传承种类丰富，但不是体量太小难以形成产业化，就是特色不够鲜明，所以第一步的“挖”没有奏效。第二步就是放眼周边，看看“借”的手段能否奏效。

在梳理周边资源时发现位于临近金鸡乡的“永子”是非常有潜力的产业资源。永子，古永昌产棋子的简称，是传承中华民族优秀传统文化——围棋的重要载体，其生产原料主要要采用玛瑙、黄龙玉、翡翠等珠宝玉石，所以明清时期曾长期作为皇家贡品，深受帝王将相、文人雅士的喜爱与珍藏。但其制作一度中断，后经中央和地方的大力支持，经过 20 多年的实验，才在 20 世纪末得以恢复，自恢复以来一直作为顶级围棋赛事的用品和国礼赠送外国友人。更重要的是，永子的生产是可移动的，其厂房本身就是新建的，而且规模不大，可以搬迁。所以设计团队调整申报思路，将“永子”作为主导产业借入青龙街地块，成功申报为云南省第一批特色小镇。

借助“永子”围棋文化，永子小镇形成两条文化产业发展链条：品牌宣传产业和文化延伸产业。品牌宣传产业包括工艺礼品、竞技场馆、文化场馆和主题酒店等，通过国宾礼品、装饰品和纪念品等推动永子产业的发展；借助场地推动围棋训练和比赛等，同时展示永子文化和围棋礼仪；打造永子特色主题酒店，提供更加直观的感受。文化延伸产业包括康体养生、传统文化和禅文化等，借助保山坝子优越的自然环境发展康体养生、调理身心、净化心灵；展示和发扬中国围棋文化和永子文化；引进瑜伽和太极，发展参禅和灵修。

图 7.3.3-1　云南省保山市板桥镇永子小镇

2. 案例：不可移动物慎重借：保山市航空小镇策划的反面教材

这个案例是本书的唯一反面教材，希望读者引以为戒。当然列举反面教材更多的是笔者的自我批评，不涉及任何笔者之外的人。前文书中用“借”的手段特别强调对不可移动物“借”的生拉硬拽，这个反面教材就是笔者犯的一个错误，当然这个错误最后及时修正没有酿成严重后果，更多是作为教训和读者分享。

这是保山市辛街乡的一个口头咨询。当地领导认为辛街乡地处交通要冲，认为可以将区位优势作为申报小镇的特色核心，主打依赖区位优势的物流产业。在面对面的咨询中，笔者否定了物流小镇这一策划思路，认为特色不够鲜明，而且除了区位优势之外的支撑物流业发展的条件也不具备。随后的交流中了解到辛街乡紧邻保山机场，而保山云瑞机场具有特殊的历史地位和作用。云瑞机场始建于1929年，属军用机场，是著名的“驼峰航线”的主要起降机场，为抗日战争的胜利做出过重大贡献。1958年4月1日，中国民航保山站正式成立，这是中国民航总局在中国设立的第一个地州级地方民用航空站。那个年代建飞机场，国力羸弱，没有大型机械，全靠人力，可以想象当时的画面，一个还未强大的民族为了民族独立，以血肉之躯做基础，筑腾飞跑道的悲壮场景。所以保山机场是有故事的机场，也是独一无二的机场。了解到这些情况之后笔者兴奋的提出可以打造航空小镇，依托机场，发展空港物流物流和航空产业。这些分析听得在场领导也很兴奋。

但笔者忽略了一个事实：虽然云瑞机场紧邻辛街乡，但在行政区划上规划于邻近的汉庄镇。所以机场这样的巨型不可移动物借的实在牵强。好在笔者对草率的策划思路及时更正，辛街也并未申报特色小镇。通过这个教训，也希望读者可以认识到，策划工作其实非常需要严谨的思考和充分的调研，并不是拍脑袋的产物。

7.3.4　植：植入新型产业

分析关联资源，植入特殊元素。特色小镇要与周边腹地联动，其承载的不仅是小镇本身的特色资源，同时也是一个区域文化的集中代表。对于新划定和新开发的地块，尤其需要腹地资源的支撑，在统筹周边资源的基础上完善产业链。突出特色小镇的产业特色，可以采用资源植入的手段，直接引入特殊元素，为小镇注入活力和特质。如果前文书所介绍的“借”的手法是将邻近资源拉到本地，那植入的手法可以形象的看作是产业资源跨越时空的距离“空降”到场地上。

这方面乌镇做得比较突出——最初利用水乡古镇的建筑和乡土文化资源进行了成功的商业化运营，开展古镇观光旅游，使乌镇获得了一定的知名度，但周边同质化的古镇太多，单一的古镇定位容易在市场竞争中显得平庸无奇。于是乌镇开始第一次升级——借助优秀影视文艺作品的传播扩大知名度，丰富文艺内涵，强化文化符号，开展度假旅游，吸引游客在乌镇入住、夜游、度假。最后凭借紧邻沪杭的区位优势，引入互联网产业大会、戏剧节等知名度高的国际性活动，完成了多重身份的确立，成功地从众多古镇中脱颖而出。如今提起乌镇，大部分人都能说出一大堆热词：“木心美术馆”“世界互联网大会”“乌镇戏剧节”等。乌镇已经成为中国的一张世界级名片，成为无数文艺青年向往的打卡圣地。

植入的手法看似简单，但由于所植入的产业没有任何基础，所以如何在产业策划上讲好产业故事将是最大的挑战。一旦处理不好空降产业和当地方方面面的关系，极易形成两张皮，甚至给人违和之感。植入的手法主要适用于将新兴产业植入与产业气质相吻合的场地，换句话说适用于没有历史负担的地块迎接新兴技术和新产业。

高新产业空降边角地块：杭州萧山机器人小镇

萧山机器人小镇坐落于萧山经济技术开发区桥南新城，西至绕城高速，北至塘新线及红山农场交界，南至杭甬高速及南沙老堤，东至光明直河及红山农场交界，总规划面积达 2.37 平方公里。机器人小镇的核心区块被三条快速路围绕，分别是杭甬高速、绕城高速和机场快速路。三条主干合围成了一个三角形，并将这一三角地块和城市分割开来，形成了一块基本没有可进入性的城市飞地。

这样一块飞地就像一张白纸，没有任何历史包袱，适合一个全新的产业进入。而机器人这样的产业也不需要太多的历史加持，随着企业、研发和资金到位，可以迅速起步。小镇也正是按照这样的思路植入产业发展的各元素，成立的机器人发展联盟，联合有以浙江大学机器人研究院为核心的科技研发团队，以及安川电机华东研究院及产业化项目、ABB 智能系统研究院浙江分中心及产业化项目、智珀机器人研究院及产业化项目、娃哈哈机器人研究院及产业化项目等一批技术成熟的企业。小镇主要发展以工业机器人、服务机器人，以及机器人关键零部件为主要产品的机器人产业。为配合产业的科技感，在两条高速匝道和高速主道形成的三个通道之间设计一个连续的通道贯穿，如同穿越神秘绚烂的时空隧道，到达机器人的高科技世界。

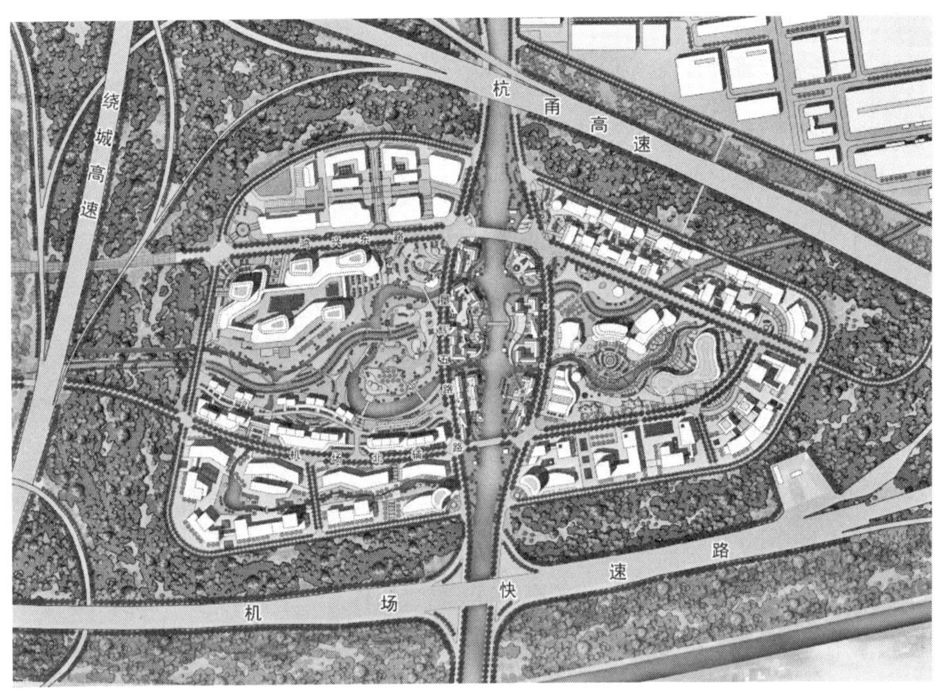

图 7.3.4-1　机器人小镇核心区鸟瞰

第 8 章　旅游产业体系构建

8.1　特色小镇旅游全域化

8.1.1　全域旅游

全域旅游最早作为新颖的规划理念存在，2016 年 1 月国家旅游局正式提出“全域旅游”概念，并对全域旅游的概念做了界定。“全域旅游是指在一定区域内，以旅游业为优势产业，通过对区域内经济社会资源尤其是旅游资源、相关产业、生态环境、公共服务、体制机制、政策法规、文明素质等进行全方位、系统化的优化提升，实现区域资源有机整合、产业融合发展、社会共建共享，以旅游业带动和促进经济社会协调发展的一种新的区域协调发展理念和模式。”[1]

全域旅游的概念是在旅游业发展到全民旅游新阶段应运而生的产物。经过近半个世纪的发展，旅游成为常态，整个中国社会进入休闲度假时代。旅游业作为综合性产业在经济社会发展中发挥的作用和影响更加广泛，时代赋予旅游业的责任也空前加大，传统的孤立、封闭、单一的景点旅游模式，已经不能满足现代大旅游发展的需要，特别是由传统的观光游转为体验游休闲游、跟团游变为自由行之后去同质化，呼唤差异化、特色化和深层次文化旅游体验的需要。

全域旅游的理念将改变传统的景区建设和当地社会生活脱节的发展方式，将游客的需求和在地居民的需求、景区的设施建设和居民的生活配套统筹考虑，充分提高资源配置的有效性，协调好旅游和生活的关系，让二者和谐共生。

1　全域旅游大有可为，李金早，http://www.cnta.gov.cn/ztwz/zghy/hydt/201602/t20160208_760166.shtml.

全域旅游是把一个区域整体当作旅游景区，是空间全景化的系统旅游，是旅游发展理念、发展模式上的根本性变革。全域旅游是当前中国在旅游界以及其他多个相关领域提出的新概念。国家在“十三五”规划中明确提出，全域旅游是一个总的发展战略。全域化是指全地域、全景化、全方位。全域旅游突破了以景点为核心的旅游方式和景区经营模式，将旅游目的地进行全方位设计和整体运营，让游客深入地方生活，体验地方的生活方式，全面了解地方文化。

全域旅游不再限于追求旅游人次的增长，而是追求旅游质量的提升，追求旅游对人们生活品质的提升。全域旅游的理念与特色旅游小镇“产、城、人、文”四位一体的建设思路不谋而合。全域旅游的潮流必将带动大批特色旅游小镇的诞生和发展。旅游特色小镇的建设也将全面、深入贯彻落实全域旅游理念。以全域旅游视角打造特色小镇旅游体系和特色产品，越来越受到市场欢迎，目前已经有乌镇、古北水镇等成功案例可资借鉴。

位于浙江省桐乡市的乌镇，是典型的江南水乡古镇。乌镇 1999 年开始古镇旅游保护开发。此后，乌镇历经了东栅观光游、西栅休闲度假游、深度文化游这三个重要的发展阶段。乌镇戏剧节，是乌镇第三次转型的核心。在乌镇人看来，文化是放大景区 IP 的最好手段。 首届乌镇戏剧节始于 2013 年，迄今已成功举办五届。据乌镇旅游公司的数据统计，前五届乌镇戏剧节共有特邀剧目 89 部，300 多场剧场演出，近 7000 场嘉年华表演，吸引游客和观众 100 多万人次。乌镇戏剧节让乌镇从一个“旅游小镇”，摇身一变成为充满浓郁气质的“文化小镇”。此外，乌镇还建成了木心美术馆，举办了国际当代艺术邀请展。2014 年乌镇成为世界互联网大会永久会址，迄今已连续举办四次大会，成为享誉世界的“互联网小镇”，大大扩展了乌镇旅游的内涵，也将乌镇打造为全域旅游的典范。2017 年，乌镇推出乌村作为古镇游升级版的一次试验。它的出现，有助于做大乌镇全域范围的旅游经济，增强各景点的联动效应。

特色小镇旅游全域化指的是在特色小镇旅游业的发展过程中采用全域化的规划设计和管理运作理念，将旅游特色小镇进行全方位的优化提升，将自身特色与旅游业紧密结合，构建完整的旅游服务产业链条，让旅游业深入小镇经济命脉的各个部位，为小镇经济和社会生活带来源源不断的活力。全域旅游背景下的“旅游+”概念，给小镇发展带来了无限的可能性。理论上，旅游跟什么都能“+”。旅游+金融业服务，就有了基金小镇；旅游+渔业，可能就是休闲渔港小镇；旅游+会议，就有了著名的达沃斯小镇。但是，这些都不是两个行业的简单叠加就可以做到的，背后需要基础设施的升级和完善的公共服务配套，有便利的交通、整洁优美舒适的环境、有餐饮住宿的足量供给，才可能吸引更多的人来到这里。

综上所述，全域旅游是社会发展到一定阶段，对生活品质和旅游文化更高要求的体现，特色小镇的建设理念完美契合了全域旅游的思路，可以在旅游主导的特色小镇建设过程中加以运用。

8.1.2 特色旅游小镇类型

2015 年 4 月，浙江省政府出台《关于加快特色小镇规划建设的指导意见》（浙政发〔2015〕8 号），规定所有特色小镇要建设成为 3A 级以上景区，旅游产业类特色小镇要按 5A 级景区标准建设。因此，浙江的特色小镇与旅游有着密不可分的关系。特色小镇要求的生态宜居、文化特色等要素为开展旅游业提供了先决条件，旅游业也是与特色小镇结合最紧密的产业之一。2016 年 10 月 14 日，住房城乡建设部正式公布第一批 127 个中国特色小镇，其中旅游发展型的特色小镇最多，共有 64 个小镇上榜，占比达 50.39%；民族聚居型和商贸流通型最少，可以看出休闲旅游是特色小镇中主导产业中比重最大的一类。

旅游小镇即以旅游为特色产业的小镇，是依托区位、自然资源、人文资源、特色产业、特色社区等优势发展旅游产业，并使之与其他相关产业、居住社区、其他旅游区（或风景区）发生交互关系的特定区域。旅游产业是小镇的核心产业、主导产业或最具特色产业，小镇或可同时兼有其他特色产业存在。旅游是一项综合性很高的产业，旅游业类型丰富，由于特色小镇强调产业功能和居住功能，相应地旅游特色小镇的类型更多。根据依托资源将特色旅游小镇分为旅游主导型和生产主导型两大类。

旅游主导型的特色小镇依托高品质的自然或人文旅游资源重点发展旅游业，旅游服务业是小镇的主导产业和经济支柱。自然资源主导型小镇拥有良好的自然资源，环境优越、气候宜人，区域内或紧邻地区一般拥有品质较好的风景区，城镇发展和风景区建设紧密结合在一起，且以景区发展为基础。比如，由武夷山风景名胜区、九寨沟景区带动的武夷山市和九寨沟县。其开发要点在于，加强自然资源和环境保护，控制城镇的承载力：自然景观不要做大范围的人为加工，开发重点放在交通、水电等基础设施的完善，餐饮、住宿等高品质服务的提供，用地、建筑景观风格等方面的控制上；严格限制游客数量、控制城镇核心区规模。

以自然生态为特色的旅游小镇在规划建设中必须时时以生态环境优先，坚持保护自然生态环境，牢记“绿水青山就是金山银山”，切忌本末倒置、舍本逐末。旅游业的发展要充分体现自然生态特色，在全面、充分、科学的生态资源调查和保护规划基础上结合当地居民生产生活需要和旅游观光服务业的发展需要，进行整体规划和设计，完善硬件设施和软件配套，新增的硬件设施应服务于旅游需要，不得喧宾夺主，破坏自然环境的整体协调性。这一类特色小镇通常在自然生态观光的基础上，开展休闲养生、运动保健、生态疗养、会议培训等服务，充分发挥生态资源优势。

历史文化资源主导型的小镇开发模式，主要是依托其保存相对完好的传统建筑、古建筑，展示历史文化风貌，体验传统生活方式，从而对游客产生特有的吸引力。这类特色小镇的典型是古城古镇和古村落，以其独有的特色建筑、风水情调、民俗文化等，成为我国旅游小城镇中的中坚力量。比如，乌镇、西塘等江南六大名镇。同质化是我国古城古镇开发面临的主要瓶颈，挖掘特色主题，形成鲜明的形象，成为古城镇开发与提升的第一步。另外，古城镇在经历以“古”为特色的观光主导、以“商”为核心的商铺为王阶段后，以“夜”为核心的休闲体验发展，已经成为很多古城古镇新的开发方向。因此，业态向休闲化的调整必不可少，而以夜景观光、夜间活动、夜晚休闲为核心的夜游项目，也会成为古城镇开发的重点。

以人文资源为主要特色的旅游小镇须深入挖掘本地的文化资源，在保护文化遗产原真性的前提下，准确理解和诠释文化内涵的基础上加以活化利用，不是静态、被动、单一地进行展示，而是要延续历史脉络，传承文化精髓，把地方文化特色植入小镇建设、产业发展的全过程，为传统产业注入新时代的活力，引导产业创新发展。文化是国家的软实力，也是特色小镇文化旅游发展的生命之源。文化旅游特色小镇的文化体现在小镇的街巷肌理、建筑景观、民俗生活、传统产业各个角度，最宜采用全域旅游的思路进行全方位的挖掘和展示利用，让旅游小镇的特色全面凸显出来。以人文特色为主的旅游小镇除了做好人文观光旅游，还应注意延伸产业链，做好文化创业产业，塑造特色小镇文化品牌。

生产主导型旅游小镇以生产制造、金融、艺术创作等除旅游外的第二、三产业为主导产业，围绕主导产业及其产品衍生旅游服务经营活动。生产经营是小镇主要经济活动，旅游业依托生产经营活动开展，丰富小镇的产业类型，对产业产品起到重要的宣传推广的作用。生产主导型旅游小镇的产业不局限于传统的制造业，也包括现代金融、互联网、物流、文化创意等功能服务型产业。

依靠某种特殊行业，发展形成的旅游宜居小镇已经有很多成功案例，比如，以会议旅游宜居小镇（瑞士达沃斯、中国博鳌）为代表、云南瑞丽（玉石）、江西景德镇（瓷器）、浙江义乌（商贸）、横店镇（影视）。其开发重点在于以泛旅游产业框架为基础，构建特色产业、旅游产业及其他相关产业共同组成的产业集群，并形成旅游产业与特色产业的互动发展机制，实现两者的共赢发展。但特色产业在一定程度上仍是当地的主导产业。旅游可以带来人群和消费聚集，提升特色产业的附加价值，促进其发展。

在新型城镇化建设进程中，休闲小镇是一种非常有效的实践模式。这一类小镇，本身不是景区，但是一般具有良好的区位、交通或环境条件，能够依托周边的景区或是城镇旅游资源，形成休闲集聚区、旅游集散地，是旅游接待建设的重点区域。依托著名旅游风景区或旅游区，在旅游集散和服务需要的催生下，在风景区重要门户和游客主通道上，形成的以旅游服务为核心功能的小城镇。比如，黄山周边的汤口镇、甘棠镇。城郊旅游小镇属于旅游小镇发展中的一种类型，一般位于城市边缘区域，主要满足游客旅游休闲需求，优化配置旅游各要素，从而为游客提供相应的旅游休闲服务的小镇。成都三圣乡以种植花卉为主要旅游资源，花卉种植面积多达 8000 余亩。“三圣花乡”涵盖成都锦江区的五个村落，并称为“五朵金花”，形成“春有红砂，夏有荷塘，秋有菊园，冬有梅林，江家菜地四季皆宜”之旅游情景。三圣乡所采用的“生态农业结合旅游农业”的农家乐模式，恰好满足了大都市人群这方面的需求。

特色小镇的产业定位应遵循“一镇一业”的原则，可以完善、拓展产业链，形成研发、生产、营销全产业链的经营模式，凸显产业特色，提升产业竞争力。产业是经济发展的根本所在。特色小镇的产业布局应跳出区域局限，放眼大局，进行差异化定位，避免产业雷同和同质竞争。功能服务型的特色小镇主要是依托第三产业的特色小镇，诸如金融、文创、互联网等高附加值产业，旅游是此类小镇的附属功能。功能服务型小镇的特点在于适度规模的产业集聚，提高资源利用效率和产业集聚效应，通过产业发展促进社区环境的提升，最终形成宜居宜业的社区氛围。

生产主导型特色旅游小镇在建设过程中要注重空间特色的凸显和文化特色的融入，将产业特色彰显在空间规划和建筑设计、景观营造各个方面，创造出符合产业发展需要的高品质工作和生活社区。

8.2　旅游主导型小镇产旅结合方法

旅游主导型的特色小镇的定位为旅游目的地，旅游业是其主导产业，其产业发展、基础设施建设、服务配套与旅游业全方位有机结合，特别注重旅游项目和路线的策划、旅游服务设施的完善、景区的运营管理以及与区域城市的联动、外部客源的接入等。

旅游小镇是特色小镇中的主流。国家首批 127 个特色小镇中，51% 是旅游发展型小镇，18% 为历史发展型小镇。国家各种相关政策性文件陆续出台，让中国的旅游特色小镇建设变得如火如荼。2016 年 7 月，住房城乡建设部、国家发展改革委、财政部联合发布的《关于开展特色小镇培育工作的通知》提出到 2020 年，培育 1000 个左右特色小镇。同年 12 月，国务院下发《“十三五”旅游业发展规划》（以下简称：《规划》），提出将建设一批旅游风情小镇、森林小镇、低空旅游特色小镇。其中，《规划》着重提到了旅游 + 城镇化。根据该规划，“十三五”期间，将支持发展城市绿道、骑行公园、慢行系统，拓展城市运动休闲空间，加快推进环城市休闲度假带建设。将规划建设一批旅游风情小镇和特色景观名镇。同时，“十三五”期间将大力拓展森林旅游发展空间，完善森林旅游产品和设施，推出一批具备森林游憩、疗养、教育等功能的森林体验基地和森林养生基地。鼓励发展“森林人家”“森林小镇”。2017 年 5 月，国家体育总局正式印发了《关于推动运动休闲特色小镇建设工作的通知》，明确指出到 2020 年，在全国扶持建设一批体育特征鲜明、文化气息浓厚、产业集聚融合、生态环境良好、惠及人民健康的运动休闲特色小镇，体育特色小镇建设首次从政策层面上得到明确扶持。

目前，旅游小镇的建设更多关注旅游本身，对产业的关注明显不足，同时旅游小镇在特色小镇中的比例过高，容易造成旅游小镇同质化严重的问题。特色小镇的核心精神是“产城融合”。目前开展建设的小镇大部分是以旅游产业为主的小镇，这些小镇的建设是围绕着自身优越的自然人文条件创建的，具有得天独厚的资源禀赋。高端制造、金融、科技、文创等产业特色小镇却不同，其需要有完善的基础设施和便利的交通配套，又要有绝佳的区位与周边的市场联动，其发展思路与旅游主导的小镇截然不同。因此我们看到浙江省在去年发布的首批特色小镇考察中，获得优秀等级的多为产业型特色小镇。这也是各省目前在以行政主导发展小镇的背景下应该侧重的类型。相比单一的旅游小镇，高端产业旅游小镇对资源的依赖性更低，拥有更大的发展空间和更好的发展前景。

因此，旅游小镇的发展过程中要特别注意将产业和旅游相结合，丰富小镇产业类型，提升经济活力，增强小镇的市场竞争力。结合旅游小镇的类型和资源特点，旅游主导型小镇的产旅结合方法可以分为两种：一是旅游业与地方原有产业的结合，二是泛旅游产业的集聚。前者是将旅游渗透到地方产业中，促进旅游业和相关产业的融合发展，通过体验化、互动化的设计，提升附加值，延伸产业链条。这一模式在历史特色较为突出的小镇最常见。旅游业的发展为地方文化和产品创造了良好的展示和销售渠道，同时这些特色产业和产品也丰富了旅游产品的内涵，给游客带来更丰富的文化体验。例如浙江大学城乡规划设计研究院在云南省保山市板桥镇所做的青龙古街及其周边区域提升改造计划中，在不到一公里的青龙古街沿线布置了十余处非物质文化遗产，包括这些地方传统手工艺是民俗文化的一部分，是宝贵的历史遗存，其展示利用不仅丰富了地方文化内涵，也为旅游者呈现出更加多元、具体、生动的地方文化特色。

后者是通过休闲产业聚集，形成综合的休闲产品体系，进而带动泛旅游产业集聚，例如养生养老、会议会展、体育健身、文化创意、医疗卫生、教育培训等。浙江大学城乡规划设计研究院规划设计的浙江天台县和合小镇，以“和合文化”为中心，开展文化展示、交流，以天台山风景名胜和得天独厚的自然环境资源为依托，发展并延伸旅游产业链条，带动以非物质文化遗产和养生文化传统为特色的文化创意、健康服务等关联产业，大力促进休闲观光旅游和养生康体配套服务的提升和发展。

特色小镇的产业需要坚持特色产业、旅游产业两个发展架构。特色产业的选择需要立足当地资源禀赋、区位环境以及产业发展历史等基础条件，向新兴产业、传统产业升级、历史经典产业回归三个方向发展；旅游产业具有消费聚集、产业聚集、人口就业带动、生态优化、幸福价值提升作用，也是引领特色小镇发展的主要动力。

旅游特色小镇产旅结合可以用特色产业打破小镇旅游淡旺季“魔咒”。特色小镇里，旅游可能只是一个“窗口”，具有带动效应。有了较好的产业支撑，游客将好口碑传出去，特色小镇就不再会被“淡旺季”困扰，一年四季，他们开发的产品都在跟消费者们见面。特色小镇，不完全是旅游小镇，但可以加入旅游、休闲、度假功能。比如，有些产业类小镇，以制造业或新型制造业为主，升级后技术含量较高，未来发展有产业作为依托的。而中国的特色小镇建设，最关键的就是要以产业为依托。另一类是历史文化小镇，比如山西的平遥，基本以旅游为主，季节性强，有明显的淡旺季。这类小镇的产品链适合做得长一些，不能仅靠收门票。这类小镇和工业小镇不一样，规模上要控制，不是越大越好。

张凌云强调特色小镇，“第一要有产业依托，第二要有自己的特色定位。”无论小镇主营的是何种产业，一定要有产业依托，不能按照景区来建，游客只买一张门票，来了就走了。小镇本身最好就是一个“微循环”，有一条较为完整的产业链，并围绕这个产业链做出特色来。

特色小镇需要考虑，本土的资源怎么变成产品，以及这些产品怎样形成产业甚至形成产业集群。除了工业产品的产业集群，文化特色产品、文化创意产品也可以形成产业集群，甚至可以是“无中生有”。比如，以花卉做文章的小镇，花期只有几个月，一年就靠几个月来支撑，肯定不行。除了做到月月都有花，围绕花卉产业可开发护肤用品、保健用品、茶叶以及与花有关的文化、餐饮等。

8.3 生产主导型小镇产旅结合方法

生产主导型的特色小镇宜采取全产业链的发展方式，扩展经营范围，配套旅游服务设施，围绕生产过程和产品特色开发旅游观光体验活动，丰富小镇旅游产品和业态类型的同时宣传了产业和产品。将生产和观光体验相结合的经营思路由来已久。天津的康师傅方便面印象馆于 2009 年建成，将生产车间和方便面生产流程开放展示并配备了品牌历史展示和体验区，全方位地展示方便面文化和企业历史，形成了良好的品牌宣传效应，突出了工业旅游的历史性与专业性，2010 年 2 月成为天津市十大工业旅游景点之一。浙江龙泉青瓷小镇依托源远流长的青瓷文化和青瓷烧制技艺，复兴青瓷产业，在建立健全青瓷创意设计、生产加工和市场营销全产业链的基础上，开展青瓷文化观光休闲旅游，充分彰显了地方产业和文化特色。四川省古蔺县二郎镇是著名白酒品牌郎酒的出产地，在特色小镇的规划设计过程中，除了做好白酒生产和居民生活配套，还注重完善白酒文化展示和白酒文化旅游服务设施，从旅游的高度提升小镇环境品质和文化氛围。河北邯郸市馆陶县寿东村粮画小镇结合粮画的生产制作开展旅游观光体验活动，并延伸产业链，开展粮画种子的育种培育实验、种子种植基地和粮画设计等，形成全产业链经营。

黄岩素有“中国模具之乡”的美誉，模具产业作为黄岩区的优势产业之一，至今已有近 60 年的发展历史。智能模具小镇是一个以模具产业为核心，以项目为载体，嫁接工业旅游及区域特色乡土文化休闲旅游功能的特定区域，2015 年 6 月 3 日入选浙江省第一批特色小镇创建名单。小镇规划总面积约 3.5 平方公里，建设用地 1500 亩，2015 至 2017 年计划投资 55 亿元，建设项目包括：高端模具智造、中小企业孵化基地、小镇生活商务配套区、模具产业公共服务平台、博览中心及工业主题公园、民俗乡土文化休闲度假村等项目，力争打造成为国内领先的模具产业集聚区和具备较强国际竞争力的模具产业基地，成为带动区域经济社会发展的新增长点。

面对国际市场需求疲软、出口减少，国内生产经营成本上升、市场竞争日趋激烈的外部环境压力和产业链式的集群不足，高科技、高附加值的产品市场占有率不高，产业发展处于全球价值链低端，部分企业管理水平较为滞后等内部问题，黄岩模具小镇抓住“特色小镇”的建设契机，利用便捷的区位交通条件和良好的自然人文条件，在已有的产业基础上，重视科技创新和集约集群，以产镇融合促进发展。一是突出产业的融合性。将模具主导产业与现代农业、现代服务业发展统筹规划紧密结合，通过旧村改造和“美丽乡村”创建，在地处小镇范围内的后洋黄村、下曹村、剑山村等村落推进发展民宿型农家乐，通过建设开心农场、水果采摘园等，积极发展农业休闲观光项目，推动小镇旅游业发展。二是突出文化的独特性。注重对本土传统文化的承接、挖掘、融合与发展，小镇内的建筑、道路、景观等公共基础设施都要体现文化特色，可以通过建设具有鲜明地域特色和风土人情的标识物、雕塑、橱窗、文化长廊等，向来访人们展示黄岩区悠久的模具产业发展历史和丰富多彩的乡土文化。依托新前街道盛行的武术、采茶舞等民间特色文化，积极承办、组织、开展群众性文体活动，不断丰富小镇的文化内涵，扩大社会影响力，提高知名度。三是突出环境的舒适性。不断完善小镇内的基础设施和现代服务业功能配套，高品质规划建设商务办公、员工宿舍、酒店、超市、休闲娱乐设施及场所，加强生态环境建设，为小镇居民及来访客人营造一个绿色、环保、安静、舒适的人居环境；探索建立小镇与周边乡镇街道及黄岩城区沟通联系的绿色通道，使小镇所需的其他服务功能，如医疗、金融、教育等可以及时有效地得到补充。

与传统意义上的产业园区相比，黄岩智能模具小镇具有以下特征：空间形态上的“精致紧凑”。小镇范围内将包括模具工业企业、研发中心、民宿、超市、银行、主题公园等多种业态，功能完备、设施齐全，追求小而精、小而美，“麻雀虽小，五脏俱全”。模具产业是小镇的主导产业，其他配套性服务业，如研发、信息、金融等都要围绕该主导产业进行布局，可以有效集聚技术、人才、资本等多种要素，形成产业链、创新链、人才链、投资链和服务链，实现资源的有机整合和集约共享，加快淘汰落后产能，促进产业转型升级。小镇的规划建设与旧村改造及“美丽乡村”建设相结合，以产业发展及小镇建设带动区域经济社会发展，带动乡土特色文化的挖掘与传播，增强小镇发展活力，丰富精神内涵；按照3A级以上景区标准进行，坚持“先生态、后生活、再生产”，通过对其中生活居住区、休闲娱乐区、商业配套中心等公共服务设施及景观进行规划建设，营造出一个绿色环保的生态环境、优美舒适的生活环境、贴心周到的服务环境。[1] 黄岩模具小镇是一个典型的产业主导型小镇，其产业升级和产旅结合的思路具有很强的借鉴意义。

8.4 旅游产品品类12字与夜游产品打造

8.4.1 旅游产品的品类

旅游产品是针对游客需求应运而生的旅游服务和商品。传统的旅游产品分类可以概括为“吃、住、行、游、购、娱”6个品类。吃、住、行是日常基本需求，也是最基本的旅游服务产品，游、购、娱是传统旅游产品的基本品类。随着社会经济文化的发展，游客的需求也日益丰富和多元化，相应地，旅游产品的内涵和外延都大大扩展了，产品种类也日益丰富。因此，原有的六大类旅游服务产品已经不能全面涵盖新环境下的旅游产品品类，浙江大学城乡规划设计研究院结合多年的旅游规划实践经验和理论思考，将游客需求可以概括为“吃住行游购娱，商闲养学情奇”12个品类，其中前6项是传统的旅游产品品类，后6项为近年来新出现的旅游产品品类。

吃：中国人惯称“民以食为天”，饮食文化是文化的重要组成部分，也是旅游中最基本的体验之一。特色饮食是旅游目的地最常见的，也是最容易体现地方文化特色的载体。很多旅游目的地的饮食特色鲜明，甚至成为吸引游客的主要原因。

住：住宿是人的基本生活需求，现代旅游的住宿已不仅仅局限于提供舒适

1 从“产业园区”到“特色小镇”，李昌道，http://www.zjtz.gov.cn/art/2015/7/15/art_4666_149851.html。

的住宿条件，而是将住宿扩展为旅游体验的一部分，注重产品质量的提升和文化内涵的挖掘，住宿产品种类日益丰富，附加值日益提高。

行：交通是旅游位移的基本条件。旅游中的交通包括长途交通和旅游活动中的交通两大部分。长途交通的便利程度直接决定了游客的可达性和时间、费用成本，也在很大程度上决定了旅游目的地的外部客源范围。景区内部交通决定了游览路线，关系着游览体验的品质，需要有合理的规划。

游：旅游目的地的游览是传统旅游的核心，也是吸引游客的根本要素。传统意义上的旅游主要指自然、人文风景的观光，随着社会发展，越来越多的旅游内容和形式补充进来，单一的景区风光旅游已经无法涵盖旅游的全部内涵。旅游正由单一的景点旅游向深入的全域旅游转变。

购：旅游购物不仅是丰富游客旅行体验的一项重要活动，也是提高旅游整体经济效益的重要途径。采取全域旅游的思维，通过深入挖掘地方资源特色，延伸产业链，开发对应的旅游产品，让旅游体验由线下延伸至线上，借助互联网形成可观的营销互动网络，将旅游的影响力不断放大。

娱：娱乐活动是旅游体验的重要组成部分，新颖有趣的娱乐活动可以吸引游客，提高游客在旅游活动中的参与度，深化游客的旅游体验。同时，娱乐活动也是刺激旅游消费的重要方式，对于提高旅游效益具有重要影响。

新出现的旅游服务产品可以概括为商（商务）、闲（休闲）、养（养生）、学（游学）、情（情感）、奇（探奇）几个类型。

商：“商”是指商务旅游，包括商务旅游、会议会展、奖励旅游等旅游新需求、新要素，包括服务于商业活动的商务会议、会展、培训等。这一类旅游产品通常将旅游和商务服务相结合，即在一般的旅游观光服务的基础上，配套完备的商务活动设施，如商务会议酒店、会务和培训场地等，承接各类集体团队活动。商务旅游与普通旅游的差异在于客源相对稳定，且以团队客户为主。

闲：“闲”也就是休闲度假，包括乡村休闲、都市休闲、旅游度假等各类休闲旅游新产品和新要素。随着社会发展和生活方式的转变，休闲游日益普遍，成为居民生活中最重要的旅游方式，是未来旅游发展的方向和主体。

养：“养”是指养生旅游。养生旅游产品指服务于追求休闲养生和健康生活人群的休闲度假、养生康体、养老服务等，包括养生、养老、养心、体育健身等健康旅游新需求、新要素。旅游原本就是一件身心愉悦的活动，当养生邂逅旅游，健康旅游应运而生，成为不少人青睐的旅游新模式。这一类产品的特征是以修养身心为目的，在自然环境、文化氛围和产品服务方面均突出绿色、休闲和健康要素。

情：新旅游要素“情”，是指情感旅游，包括婚庆、婚恋、纪念日旅游、宗教朝觐等各类精神和情感的旅游新业态、新要素。这一类旅游产品主题明确，定位精准，有相对明确和固定的客源，需要根据目标客源的特点和需求推出旅游产品，深入挖掘旅游资源的内涵，强化旅游特色，满足特定游客群体的深层次精神情感需求。

学：游学（Study Tour），或者叫作研学旅游，它的内容既不是单纯的旅游也不是纯粹的留学，而是介于游与学之间，贯穿了语言学习和参观游览，包括修学旅游、科考、培训、拓展训练、摄影、采风、各种夏令营冬令营等活动。游学是最为传统的一种学习教育方式，也就是中国古代所谓的“读万卷书，行万里路”的求知方式。现代教育意义上的游学，是 20 世纪随着世界和平潮流和全球化发展进程而产生，并逐渐成熟的一种国际性跨文化体验式教育模式。游学类旅游产品就是出于教育目的深度体验旅游。

奇：以探奇为目的的旅游新产品、新要素，包括探索、探险、探秘、游乐、新奇体验等，在我国近年也发展迅速。探奇旅游指的是针对少数群体的高端定制旅游产品，以满足人类最高层次的求知欲和好奇心为目的，这一类旅游资源通常具有稀缺性，旅游产品的价格也十分可观，因而受众范围较小。探奇旅游的典型包括南极洲考察、热带丛林探险、非洲高原观光等。

旅游业开发运营必须从旅游产品的品类入手，分析旅游目的地的资源优势和不足，针对目的地的旅游类型定位对各类旅游产品进行优势强化和劣势补足，做到有的放矢，突出自身资源和产品特色，形成差异化发展的局面，跳出同质化竞争的窠臼。

8.4.2　夜游产品打造

夜经济，是以本地居民和外地游客为消费主体，以休闲、旅游、文化、餐饮等为主要形式，时间范围从晚上 6 点到次日 6 点之间发生的各种消费活动。

根据城市居民消费习惯调查发现，60% 的消费发生在夜间，有的商场甚至接近全天销售份额的 50%。不管从消费者习惯还是数据分析的结果来看，夜间无疑是旅游者最有价值的消费时段。同时夜游还具有完善城市旅游功能、促进城市经济发展、弘扬城市传统文化的功能。

未来的商业竞争，本质上争夺的是消费者的时间。旅游作为必须消费者亲身参与的消费行为更是如此，未来旅游竞争的核心也必将从游客增量竞争变为游客时间争夺战。游客的停留时间一直是旅游竞争力和吸引力的重要衡量指标，其对旅游目的地发展的作用毋庸置疑。根据 2014 年国家旅游局发布的《关于改革完善国内旅游接待统计体系试点工作情况的通报》，新的国内旅游接待统计指标评价办法以住宿过夜人天数为核心基础指标。因此，住宿过夜人天数也是衡量和评价一个旅游目的地游览价值和吸引力的重要指标，让游客留下来也是旅游业长期以来的共识。2016 年游客抽样调查报告显示，过夜游客的消费额是一日游的 3 倍以上。夜晚的休闲活动、文化娱乐、交际应酬、缓解压力成为现代城市人重要的生活方式。

夜游产品不仅可以作为白天旅游观光体验活动的补充，丰富旅游目的地的产品种类，留住游客，增加游客体验和逗留时间，创造更高的经济效益；还可以分散旅游流量，均衡旅游节奏，拉升旅游消费综合性收入值，更可以充分发挥夜景、夜游的优势，让夜游产品独出心裁，别具一格，成为旅游产品体系中不可或缺的重要一环。夜游产品大部分时候作为附庸存在，其重要性往往没有得到充分的认识，因此存在巨大的开发潜力。

随着游客消费习惯由团队游向自助游、观光游向休闲游转变，游客用于旅游消费的时间在向晚上靠拢，旅游消费也同样具有城市一般消费的规模。旅游业由景点旅游模式向全域旅游模式转变也顺应了这一潮流趋势，为夜间旅游活动的发展创造了条件。

由于人的生理机制和活动规律，与白天的旅游相比较，夜游是一种独特的环境与空间审美体验，在游客的时间和心理感受上，夜间人的感情更为丰富（多巴胺作用），通常认为晚上的气氛更适合、更放松，更注重的是休闲化与娱乐化。因此，夜间旅游更有利于游客深入体验旅游产品，彻底放松心情，享受旅游乐趣，打造优美的夜间旅游吸引力，更容易引发游客的情感共鸣。

夜间旅游该怎么做呢？总体而言，夜间旅游要从策划夜间吸引力、规划夜游系统、设计夜游内容、完善夜游配套四个方面入手。首先，最重要的是明确夜游产品定位，突出夜游产品特色，塑造夜间吸引力。如世界著名的主题公园迪士尼乐园，夜间的大型巡游把一天的游园活动推向高潮；桂林的“印象——刘三姐”大型漓江灯光歌舞晚会等，都具有十足吸引力，成为当地代表性的旅游产品，取得了明显的经济效益和社会效益。其次，夜游系统规划和夜游内容设计要求景区将夜游资源进行重新整合，设计出一条完整的夜游路线，这条夜游路线及其内容、风格甚至可以完全不同于白天，给游客带来差异化的体验。例如白天的热闹和夜晚的静谧，充分突出景观的视觉特色。最后，夜游活动的开展必须以完善的夜游配套设施作为保障。夜间光线较弱，对于安全防护的要求比白天更高，加上景观效果需要，对于照明设计的要求极高，一方面要通过科学合理、恰到好处的灯光设计营造出夜景的独特氛围，凸显夜景的独特魅力，另一方面，必须采取针对性的措施杜绝安全隐患。

夜游的吸引力取决于夜游产品的设计和夜游产品的魅力。夜游不同于白天旅游的根本在于光环境的变化和游客心情的放松，因此夜游产品的特点在于参与、沉浸、体验、休闲。完整的夜游产品体系可以从夜景、夜游、夜市、夜遇、夜秀五个方面分别设计、整体规划。

1. 夜景：灯光、亮化

夜景打造方式包括灯光造景、民俗活动、商街夜市和演艺活动。

灯光造景指的是利用灯光塑造白天没有的景观，创作夜景照明等效果。夜间造景是夜间旅游项目的最初级也是最普遍的开发方式。

民俗活动适用于地域特色较浓的地区，特别是少数民族地区，可以是当地的原生态民俗的，也可以是由民俗演化的旅游活动，比较常见的有由民族节庆设计的晚会形式，由婚恋习俗设计的情歌对唱形式，由祈福习俗设计的旅游项目（如放河灯等）。这种形式由于基于人文资源的演绎，所以强调游客的参与性和互动性，产品设计时重点要考虑如何调动游客的参与积极性，照明设计与此相配合熠熠生辉。

旅游景区内的商街夜市是非常有潜力的一个目的地，但是，不同于以本地居民消费为主的城市商业街，旅游景区的商街夜市如果要形成一定的吸引力必须具有文化元素作为支撑。

演艺活动是一个很大的范畴，这里主要指旅游景区内的演艺活动，其演出形式也多种多样，包括山水实景剧、露天广场乐舞，室内剧场的演出等。

室外演艺项目是夜间旅游项目中发展较为突出的形式，深圳华侨城演艺项目和张艺谋印象系列成功后，旅游演艺在全国旅游景区之中迅速发展，而室外结合演绎活动创造的灯光秀和多媒体秀等也成为景区照明设计的绝对亮点。杭州 G20 峰会主会场杭州国际博览中心、钱江两岸大型声光秀，为当年举办的 G20 峰会增色不少，并成为旅游名城杭州的新地标。其实，“杭州印象”也是良业公司的手笔。夜色中的钱江两岸，长逾 3.5 公里的灯光秀，是一幅光影艺术的杰作，“城、水、光、乐”浑然天成，向世界展现了“中国制造”的神奇与博大，是人间天堂的当代诠释。时至今日，“杭州印象”已经成为游客夜游杭州的一个重要选择。

游客的停留时间，一直是旅游竞争力和吸引力的重要衡量指标。随着旅游市场不断地成熟和发展，目的地之间的竞争更多体现在停留时间和住宿率上。随着硬件接待设施的提升和游客消费水平的提升，能不能让游客留下来、停留更长时间，很大程度上取决于夜间旅游项目的品质和设计。

近年来，随着夜间旅游项目逐渐受到旅游开发者的重视，夜间旅游项目从形式到规模都有很大发展，夜间旅游产品已成为目的地展示魅力的重要方面。夜晚，人们的感情更为丰富，打造夜间的旅游吸引力更容易引发游客的情感共鸣。

每一座城市、小镇、村庄都有自己的风格和各自的魅力。这种独有的风格和魅力刻画在人文和地理的脉络里，浸润在寻常巷陌里，也更突显在特有风景里，旅游夜景照明规划描绘了风景的光影表情。旅游小镇夜景照明规划打造的关键是要将旅游休闲体验要素有机结合到旅游小镇的环境当中，结合项目的地理位置、自然景观、文化根基，打造具有特色体验、历史意蕴、自然风光的主题旅游小镇。

自然生态式：这类旅游小镇一般处于独特的地形地貌区，拥有得天独厚的生态景观资源。旅游小镇夜景照明规划应以自然景观环境为背景，注重对环境的保护，强调生态的环境景观，夜景景观灯光设计为画龙点睛之笔，描绘了自然风景的光影表情，最终形成城景共融、人在景中、景在城中的氛围。

主题营造式：这类旅游小镇依托独特的旅游资源形成某种主题，比如温泉小镇、滑雪小镇、滨海小镇等。对此旅游小镇夜景照明规划打造，应强调主题式景观灯光设计，整体建筑和小镇环境都应体现在主题规划设计内容，整体上要有非常鲜明的主题形象，旅游小镇夜景灯光规划应营造主题式休闲体验氛围。

文化体验式：该类小镇的旅游活动以艺术文化体验为主，如中国传统的古镇古村，或是现代的壁画小镇、油画小镇、动漫小镇等，其空间体验尺度可以小到一条休闲商业街，也可以大到整个空间环境，从建筑的文化符号到小镇整个肌理形态，构成了完整的文化体验氛围，在夜景照明规划打造上应突出有韵味的文化空间体验。

互动游乐式：有些小镇以某项大型活动或赛事为主要吸引物，以协调人与主要的活动场地关系为主，游客参与性强，如法国的勒芒小镇、西班牙的隆达斗牛小镇等，此类旅游小镇夜景照明规划应注重功能性与安全性设计，着重游线的设计及游客互动游乐体验。

光是视觉景观的灵魂。夜晚最大的问题是光照，最大的特色也是光照，可以说，夜晚对于旅游来说是一柄双刃剑。如果没有丰富的、吸引人的夜游产品，游客会在结束白天的行程后匆匆离去，即便留宿，也觉得索然无味。如果能充分利用光照进行夜晚景观的设计，发挥灯光造景的优势，丰富景观类型和游览内容，不仅可以延长游览时间，还极有可能让夜景成为景区的一大特色。当我们想到国际大都市、想到国内一线城市，脑海中浮现的是地标建筑，是恢弘的天际线，是璀璨的夜景，由此可见夜景对于城市形象的重要性。特色旅游小镇的环境提升要特别注意夜景和灯光环境的设计，因地制宜进行亮化、布置灯光景观，为夜间游览、活动创造宜人的光环境。

旅游景区夜游灯光照明规划，有助于大力发展景区文化旅游的建设，结合创意、科技、艺术，将自然、灯光、人群三位一体，注重人与环境和作品的互动性，给受众带来旅游观光价值和运营收益，从而引发全新的夜景旅游形态和巨大的商业价值。夜游灯光设计规划应挖掘景区文化资源，塑造景区夜游独特性；配合灯光打造精品夜游项目，如时光隧道，灯光雕塑，裸眼3D

灯光秀、激光秀等，配合主题系列，进行科学规划，打造特色夜游景区，拉动融合特色街区、餐饮集聚、商旅观光等商业业态，打造新的景区旅游名片。

景区夜景照明设计是丰富旅游景区的重要工程，高质量的灯光设计，让景区夜间景观绚丽多彩，打造出吸引游客的旅游夜景。设计师结合整体照明设计理念，利用泛光、投光、勾勒等照明手法和古朴的光色表现建筑形体的层次关系和建筑材质美感，突出古镇古色古香的建筑特点，营造古朴、宁静的夜间照明氛围。景区景观照明规划将景区夜景突出重点、节能环保、经济安全、造型美观，准确地把握照明光源选择，采用散热效果好，光亮度稳定性好，寿命长的灯具，满足低消耗、节能、环保符合国家能源发展的节能环保建设条件。

在古镇夜景照明设计中，保有一颗尊重及保护历史文化的心，以“面”展现古建筑整体光感，不同的色温、照度，营造层次感和立体感。泛光照明手法是古建筑照明常用的手法，但是对于表达古建筑细节和肌理会弱一点；轮廓照明可以展现古建筑的曲线美，但切记不可堆砌使用。古镇古建筑照明设计始终铭记“见光不见灯”原则，适当的留黑做白，明暗对比，才能更好地与周围环境相融合。

古镇建筑灯光依照一定的规律，井然有序。有些古建筑的灯光以肃静、雅致为基调，有些灯光则温馨、自然，通过建筑檐口的线形来提高环境亮度，既节能又统一。为达到营造清新、雅致的夜晚灯光氛围，在光色运用上，以暖色调为主，色彩不宜过多，不应有溢散光，通过不同色温的搭配使用，来突出不同的建筑结构特征和灯光层次。针对不同古建筑结构，研制恰当的结构化灯具，实现照明与古建筑的有机结合，避免对建筑白天外观的影响和破坏。

照明设计的任务是什么？从根本上说，就是要把合适的光、在合适的时间，用合适的方式，投向合适的地方，从而营造出宜人的光环境、艺术的灯光效果。所以，我们希望古镇夜景能成为古镇旅游，古镇经济的一大亮点，展现古镇该有的神韵与历史文化内涵，保持更多人心中的那份向往，让更多的游客在灯火摇曳的古镇中，谈笑生活，赏析建筑。

根据夜间人群活动情况，在满足夜景照明基本要求前提下进行小镇夜景照明设计。路灯的数量、形式和照度应满足人行道的照明需求。对于较宽的道路和人行道，应设置人行道专用柱灯，或结合沿街建筑物或围墙设置壁灯。

景观灯具，除基本照明功能外，更是园林夜景的一道风景。通过多层次的照明形式加强夜景营造：

1）点状模式

对主要出入口节点、公园节点、建筑节点、广场节点采取点状照明方式，建筑物以外照光为主，轮廓照明为辅。

2）线状模式

主要包括街道照明和滨水空间照明。街道照明主要分为道路景观性照明和道路一般照明，机动车道宜采用中高度照度和多样光色的照明，人行道可采用庭院灯、地灯照明。

3）面状模式

商业街区及公共区域以霓虹灯、轮廓灯、点状光源照明为主，色彩斑斓，色温偏暖，凸显商业区商业氛围。

2. 夜游：娱乐、游乐

当便利的出行条件让旅游由“朝发夕至”变成“朝至夕归”，如果景区点位游客半天就游完，那人家肯定立马就走了，你想留都留不下来。怎么能够让游客游玩一天时间，拖到晚上在景区吃个晚饭，甚至晚上住下来，那就得在“白加黑”上全面发力，才能留住游客。

我们不妨看几个例子：如，杭州西湖夜游，晚上可以看戏，乘船游西湖、看商务型演出；上海黄浦江夜游，既可饱览外滩灯火，还可以闲步老街宵夜、购物。再如，香港的维多利亚湾的夜景鸟瞰和焰火表演、南京的夫子庙夜市和四川成都的宽窄巷子夜文化等。甚至夜晚比白天更具吸引力，已经为“来了就不想走的焦点”。

夜间旅游，顾名思义，是在夜晚时分进行的旅游。其目的是通过分散旅游流量，均衡旅游节奏，拉升旅游消费综合性收入值。这些好处显而易见，大家都能想到这里，关键是夜间旅游有很大的限制性，就游客而言，主要包括，游客的精力、短途旅游的时间限制和旅游消费附加值增大等困惑。

解析近年来开启夜旅游模式的城市运行实践笔者发现，夜间旅游时间集中于傍晚到深夜前后 5 小时内，要想让游客欣然夜游，仅靠漂亮的夜景、绚丽的灯彩远远不够。因为旅游是个大概念，包含吃、住、行、娱、购、游等诸多要素，必须通过创新融入方式实现“空间对接”取长补短，才能真正让游客“夜有所乐”“乐此不疲”。

夜间旅游项目设计开发必须遵循“刺激消费”的原则,既要“打好文化牌”，更要善于串好“点与线”：

一是具备“成熟商业圈”。旅游景区内的商街夜市不同于以本地居民消费为主的城市商业街，景区的商街夜市如果要形成一定的吸引力必须具有文化元素作为支撑，因为通用商品无所不在，要能够充分体现当地特色。其规建区域应位于毗邻景区附近可以单独打造吸引力，而与景区相对较偏远的商街夜市，则应与餐饮、娱乐等融为一体，起吸附的作用。

二是具备“历史文化圈”。这对于历史文化名城无疑是个机遇，依托古镇、古村、古城丰厚的历史文化底蕴和资源，把历史文化遗址打造成夜游看点和亮点，让游客在凝结历史文化的中到老街走一走，老茶馆里坐一坐，体验老街风情，顺便能购买一些特色文创旅游产品，应该是一个不错的刺激点。

三是具备“休闲娱乐圈”。没有什么比看一场独一无二的演出活动更让人期待了。文化演艺活动是一个很大的范畴,这里主要指旅游景区内的演艺活动,目前国内大大小小的各类旅游演艺项目已经不下上百处，规模有大有小，大到投资上亿的大型表演，小到乡间小剧场演出。其形式也是多种多样，有山水实景剧、露天舞台秀，还有音乐季和民俗表演等，可以调动游客的参与度和互动性。

夜间旅游产品主要面向 22 ～ 45 岁的消费人群，他们具有一定的生活品质追求、讲求体验。夜间旅游产品应抓住这类消费人群的体验需求，以情绪浓淡和参与深浅两个维度从布景和内容上形成旅游产品体验组合，从而突出目的地夜间特色，带给游客独特深刻的体验。

这方面的案例有新加坡夜间动物园、夜光森林、荷兰夜光自行车道等。荷兰革新派设计师 DaanRoosegaarde 之前给我们带来了夜光的公路，现在他在荷兰的埃因霍恩设计了世界上第一条夜光自行车道。在这里，梵高的幻想世界就在你的脚下。这条夜光自行车道长 1 公里，并修建在梵高出生和成长的地方附近。路面上铺着特殊的发光材料，白天能进行充电，而到了晚上就化作了星光之路。Roosegaared 还打算将夜光道路带到日本，用于设计禅宗花园的道路，让夜景更具诗意和意境。同时他还在改进荧光涂料技术，使其在夜里更加明亮，甚至发出不同的颜色。如果用于替代路灯，则可以减少很多光污染。

丰富夜间旅游产品是解决“留客难”的关键，是一个城市开放度和活跃度的体现，不仅可以拉长游客驻留时间，优化文化与旅游产业结构，还能快速形成新的经济增长点。

夜间游乐活动，包括游赏和娱乐两类，一静一动。前者是指夜间的游赏，感受与白天不一样的氛围。夜间的娱乐形式丰富，包括室内娱乐和户外娱乐。室内娱乐活动可以不受气候环境限制，对于活动内容的新颖独特有更高的要求。例如国外早已风行多年的博物馆“夜游”甚至“夜宿”活动，结合博物馆自身展览主题的导览、互动和娱乐活动，别致有趣，深受成人和少年儿童喜爱。如今国内越来越多的博物馆也尝试开展“夜游”观展活动。根据新闻报道,仅 2018 年 5 月举办“夜游”活动的就有北京红砖美术馆、上海自然博物馆、南京博物院、南京六朝博物馆、杭州的中国丝绸博物馆等。

户外娱乐活动可以结合地方景观环境特色，将活动巧妙植入，让游客与环境更深入地互动，强化体验深度。例如台湾金门岛的古城夜游活动，根据景点特色设计游览路线，并配专业人员讲解，让游客避开白日的喧闹，在静谧的古城氛围中深入了解城镇的历史文化。事实证明，夜晚完全可以成为旅游活动继续开展的时段，夜晚相对宁静的氛围有时候还会给人带来更加难得和美妙的体验。

充分利用城市特有的民风民俗开发夜间旅游产品，既弘扬了传统文化，又丰富了夜间旅游产品内容，二者相得益彰。如观灯是典型的夜晚进行的民俗活动，农历“正月十五闹花灯、满族的“放河灯”及其他现代灯会，再如无锡在中秋之夜于二泉映月、寄畅古园等景点举行赏月活动等。

3. 夜市：购物、餐饮

中国古代可考的夜市出现于唐代的长安（今陕西西安），统治者明令允许夜市，是在北宋的东京（今河南开封）。如今所指“夜市”为主要为夜间做买卖的市场，可以贩售杂货、饮食小吃、游戏娱乐等。热带、亚热带地区炎热的白天过后，凉爽的夜晚正适合进行户外餐饮和购物娱乐，夜市于是应运而生，异常繁荣，经常成为重要的观光景点。夜市在我国大陆及台湾、香港等地更是平民生活文化的重要代表之一，台湾的士林夜市、台中逢甲夜市、台南花园夜市、高雄六合夜市、宜兰罗东夜市等几乎是台湾旅游观光必去的目的地。旅游目的地夜市的繁荣活跃为旅游产品的开发提供了借鉴，近年来，夜市作为一种经营方式在景区和城镇中越来越普遍。

有人说：逛夜市是认识一个城市最好的方式。当白天尘嚣远去，城市出现真实的面目，而夜市则正是地道本地风味的最佳呈现地点。以下介绍几个比较有名的夜市：

1）北京簋街

提到深夜热闹的街市，就不能不说到簋街。“簋”（guǐ），圆口、两耳朵，是中国古代装食物的器具。簋街以“簋”命名，是北京东城区出名的餐饮一条街，东起二环路东直门立交桥西端，西到交道口东大街东端。簋街街长 1 公里，150 多家商业店铺中餐饮类的就占了 90%，密度之高在全北京大概也难逢敌手了。这是北京最著名的一条食街，24 小时昼夜营业，愈夜愈火暴。

2）北京王府井小吃街

王府井小吃街是北京及各地名优风味小吃的荟萃之苑，位于王府井大街好友世界商场的南侧，街内有店铺、摊位百余个，是一家专门经营北京及各地风味小吃、旅游纪念品、民间工艺品的市场。王府井小吃街里，云集了北京乃至全国的特色小吃，从茶汤到爆肚，从卤煮火烧到米线、灌肠，可以说别有一番风味。在小吃街还有机会听上一出纯正的京戏，就着小吃再来上一段京戏，真是优哉游哉。

3）上海城隍庙

“到上海不去城隍庙，等于没到过大上海”。可见城隍庙在上海的地位和影响。城隍庙坐落于上海市最为繁华最负盛名的豫园旅游景区，是上海地区重要的道教宫观，始建于明代永乐年间（1403 ~ 1424 年），距今已有近六百年的历史。要想带初访上海的客人来品尝上海特色，城隍庙总是首选。绿波廊的特色点心，松月楼的素菜包，桂花厅的鸽蛋圆子，松云楼的八宝饭，还有南翔小笼包和酒酿圆子，真可称得上是小吃王国了。

4）广州北京路

“食在广州城，味在北京路”。北京路除了有数不尽的时尚品牌外，还有尝不完的经典美食。从低价的小吃店、快餐店到高档餐厅应有尽有，餐饮种类亦丰富多样，有古色古香的广州地道西关美食，肠粉、牛三星汤、鱼蛋粉、云吞面等，还有全世界各地风味菜品。

5）广州上下九夜市

上下九步行街地处广州市荔湾区（俗称西关）的上九路、下九路、第十甫路，是广州市三大传统繁荣商业中心之一，蜚声海内外。老字号永远顾客盈门，陶陶居、广州酒家，一盅两件，烧鹅腊味，暖色调的灯光映衬着这个老城的美食魅力；小吃店门前挤满人，如果你未尝见识过广州人吃起东西来有多么不管不顾，这里的街头是最好的T型台。牛杂店最有意思，通常店面都极小，两三平方米见大的地方，一大锅煮得正咕咕冒热气的牛杂萝卜前围满了食客，一碗碗牛杂萝卜被递出来，送到人们的手中。

6）南京夫子庙夜市

对于老南京人来说夫子庙不是旅游景点，而是儿时的游乐园。夫子庙的夜市从当初的一个个小摊贩变成现如今一个个标准化的小吃店，虽然少了些夜市的感觉，但是依旧有浓浓的“人情味”。作为南京小吃的发源地，夫子庙美食街的饭馆、茶社、酒楼、小吃店更是比比皆是，仅不同花色品种的小吃，就有200多种，成为南京小吃集大成之地。另外，这里还有“教帮（回教）、京苏帮、浙绍帮、淮扬帮”四大帮口特色美食店，受到本地人和外地游客的青睐。

7）杭州河坊街夜市

提起杭州的夜市美食街，名声最大的自然是河坊街、高银街，尤其是在外地游客的心目中那可是一等一的向往。作为南宋皇城根外第一街，现如今，它是一条明清仿古步行街，白天游客可以去胡庆余堂、王星记扇厂、万隆火腿庄等老字号可以参观、购物。而晚上，这里便成了美食的天下，可以找到各种小时候的美食，定胜糕、葱包桧、臭豆腐、油酥饼……也有拎着长嘴铜茶壶为客人斟茶的“茶博士”，用泥巴现捏的人像，陀螺铁环拨浪鼓……适合边吃边玩，边体验老杭州的味道。

8）苏州山塘街

古城苏州是著名的江南水乡，城内水港交错，街衢纵横，晚唐诗人杜荀鹤有诗云："君到姑苏见，人家尽枕河。古宫闲地少，水港小桥多。"在苏州众多的街巷之中，名胜山塘街，被称誉为"姑苏第一名街"。山塘街比较能体现苏州特色的地方，虽然现在几乎都是商家，原住民基本上都搬走了，但是卖的东西还是蛮有苏州特色的，美食铺子林立，价格也没很多旅游景点那么贵，老街旁有条小河，如果有时间还可以做船感受一下江南水乡。

9）西安回民风味小吃街

西安回民街是西安著名的美食文化街区，是西安特色小吃最集中的街区，也是来西安必去的地方。其历史悠久，距今已有上千年历史。作为西安风情的代表之一，回民风味小吃街是回民街区多条街道的统称，由北广济街、北院门、西羊市、大皮院、化觉巷、洒金桥等数条街道组成。其深厚的文化底蕴，街道两旁大量的美食店铺，近 300 种特色风味小吃是让人流连忘返，欲罢不能的魅力所在！信步走去，腊牛羊肉、灌汤包子、牛羊肉泡馍、涮羊肉、水盆羊肉、胡辣汤、油茶、锅贴等都是非常值得品尝的特色美食，不仅仅是外地游客，许多西安市民也常常举家专程到这里一饱口福。

10）武汉吉庆街夜市

"过早户部巷，宵夜吉庆街"，已成为精品武汉市井生活的写照。吉庆街在白天就是汉口一条普通安静的小街，它与近在咫尺的喧嚣的中山大道相比，显得冷清沉寂，形成强烈的反差。一到晚上，吉庆街就开始鲜活和喧嚣起来，一路的排挡、餐馆，加上艺人街头助兴，每家的生意都显得那么的红火。大快朵颐之时，还能欣赏到充满"汉味"的民间表演，热闹异常。

餐饮是旅游产品的重要品类，也是地方文化的重要组成部分。"民以食为天"，特色饮食可以丰富游客体验，留住游客的胃。很多旅游地的夜市因为食物特色声名远播，成为游客必去之地，可见餐饮在夜市、在旅游活动中的重要性。除了餐饮，夜间还适宜开展特色购物活动，由于购物活动不受时间、地点和环境限制，安排在夜间可以合理配置游览行程，同时为购物提供更加宽裕的时间。

4. 夜遇：酒吧、茶馆、广场、街道

旅游的原始目的就是离开自己的常住地，进入一种不同的场景和氛围，感受不一样的文化，体验不同于日常的生活。“夜遇”强调夜游活动的社交属性和旅游活动中的偶发性，让不同地域、不同文化的人群在旅游目的地相遇、交流，产生文化和思想的碰撞，丰富旅游活动的内涵。游客带走的除了纪念品，更重要的是关于旅游目的地的记忆，是关于旅行中看到的景、遇到的人、耳中所闻、心中所感。一场难忘的旅行必然有深深打动游客的地方，让游客回想起这次旅行的时候，可以想起有一个悠远而难忘的故事。

特色小镇的夜生活要给人创造一种不同于日常的环境氛围并提供多种选择，可静可动，满足不同的审美需要。夜晚是静下来歇息、交流和静思的时刻。小酒馆、咖啡厅、茶馆，依窗而坐，悠然品着茶水，看窗外灯红酒绿、车水马龙，抑或是月明星稀、群山寂寂，必然有万千思绪涌上心头，欲说还休。夜晚也是放松身心、抒发情感的时刻，如果你愿意，可以置身灯火阑珊的街巷，走走停停；可以在热闹的广场和夜市里，众里寻他；也可以走进一家歌舞正酣的酒吧，把酒言欢。

特色旅游小镇的要围绕夜经济的发展，营造丰富的夜游产品。夜遇系列产品强调公共空间的营造，为旅游者创造多种多样的活动场所，包括各种类型的公共活动场地、线型的街道空间、商业场所和景观装置等。通过对照明设施要素的控制，有助于满足人的需求，增进小镇特色景观效果，更可体现“人本”的精神，创造出有地方特色的公共空间。通过“设施整合、设施先进”两大途径，确保设施的绿色可持续性。

特色小镇具有“小而美”的宜居尺度，可以重点突出人的社交便利性。制造更多的社交条件，让陌生的人在特色小镇可以自然而然地产生邂逅。

5. 夜秀：主题 show、灯光秀

夜秀即夜间表演，是夜游产品的重要组成部分，也是最具观赏性的夜游产品。中国最典型的夜间秀当为实景演出。实景演出，顾名思义，即在真实的山水环境中进行表演活动。以张艺谋的“印象”系列为代表，成功打造为观光旅游行业的大品牌，吸引大量游客。这种以当地文化民俗为主要内容的独特的演出形式，是中国旅游业向人文旅游、文化旅游转型下的特殊产物。自 2002 年中国桂林上演中国第一部山水实景演出《印象 · 刘三姐》以来，这一全新的演出形式便成为中国文化产业重点项目，展示了大型主题秀对于景区旅游产品质量和品牌知名度的巨大提升作用。杭州 G20 期间推出的“印象西湖”是大型实景演出和夜间光影效果相结合的又一经典之作，也是杭州旅游的新景观、新名片。

夜秀产品是突出夜游的重要旅游产品。千古情系列是夜游主导型景区的经典案例，杭州、三亚、丽江千古情核心演出是下午和晚上，九寨千古情就只有晚上，与当地的核心旅游产品形成时间错位，紧抓夜间经济。千古情做夜游的核心手法是重金打造一场大型演艺，但又不止于演出。

灯光秀属于后起之秀，但在小镇形象打造和宣传方面的功效也是十分卓著的。越来越多的城市采用灯光秀丰富城市夜间景观和娱乐活动，提升城市形象。例如杭州 G20 之后长期开放的钱江新城灯光秀，极大地促进了杭州城市形象的品牌塑造和宣传推广。这是大型的灯光秀，小型的灯光秀可以是街道路灯和绿化照明灯的设计，也可以是重点建筑照明的设计。优秀的照明设计可以最佳地呈现主体的视觉效果，起到恰当的衬托、点亮作用而不喧宾夺主。

除了上述室外大型表演和灯光设计之外，室内的表演因为不受白天光线的限制，可以充分利用夜晚的时间进行安排。例如地方特色的民俗表演、戏曲、剧场等。总之，夜生活的活动可以尽可能地丰富多彩，提供给人们多种选择。

第 9 章　特色小镇规划设计“8 个一”解决方案

9.1　特色小镇工具可操作性及方案体系

特色小镇是指聚焦特色产业和新兴产业，具有鲜明的产业特色、浓厚的人文底蕴、完善的服务设施、优美的生态环境，集产业链、投资链、创新链、人才链和服务链于一体，产业、城镇、人口、文化等功能有机融合的空间发展载体和平台。建设特色小镇就是要深入挖掘自身资源禀赋，按照“宜工则工、宜游则游、宜农则农”的原则，找准定位，合理规划，导入具有市场竞争力的特色产业，打造具有地域特色的文化生活空间。特色小镇的生命力在于特色。创建特色小镇，要以小镇特色和品牌的培育为重点，深入理解特色小镇的概念、内涵和现实意义，准确把握小镇的资源、现状和需求，科学定位小镇的特色和创建目标。

特色小镇作为“产、城、人、文”四位一体的复杂综合体，涉及因素众多。为了便于理解和操作，本书将特色小镇的特色概括为产业特色、功能特色、空间特色和文化特色四个方面，再将四个核心特色进一步分解为八个可操作的指标，使特色体系的构建更具操作性。这八项指标为一个故事、一项产业、一种气质、一处地标、一种生活、一种玩法、一条主街、一笔资金。四个核心特色与八项操作指标之间存在一对多的对应关系，如图 9.1-1 所示。

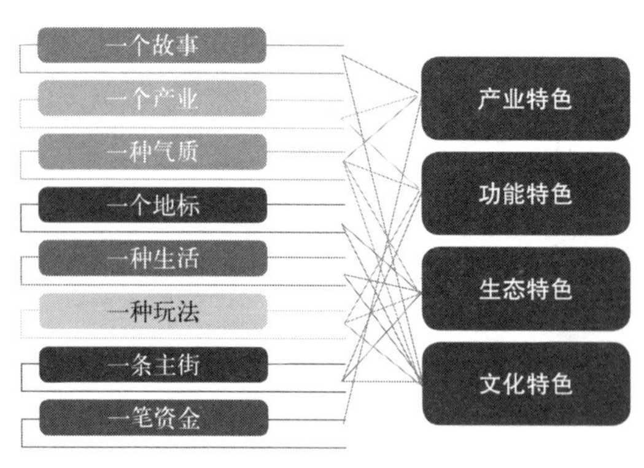

图 9.1-1　示意图

产业特色可以体现在一个故事、一个产业、一种气质、一笔资金四个方面。产业是特色小镇的核心，产业特色决定了小镇的发展路径和方向，决定了小镇在当下的精神面貌和内在气质。产业发展需要资金支持，根据产业类型的不同，融资方式和资金的使用方式都有差异。产业作为特色小镇“产”“城”“人”“文”四位一体中最重要的一方面，必然是市场营销推广的针对领域。特色小镇的故事，往往要服务于特色产业的发展需求。

功能特色主要体现在产业、气质、玩法和主街四个要素。产业类型对功能定位有很大程度的决定作用，特色小镇的功能通常服务于其产业发展需求。不同产业和功能定位的特色小镇，必然影响到城市空间的规划和设计，包括主街的设计，衍生出不同的文化气质。特色小镇除了产业发展，一项重要的目标是旅游休闲和生态宜居，一个玩法就是要在休闲娱乐功能上做出特色。

空间特色体现在气质、地标、生活、玩法和主街五个要素，其中地标和主街是物质形态的空间特色载体，也是最直观的空间特色体现，气质、生活和玩法从意识形态的角度影响特色小镇的空间塑造，而空间特色反过来体现出特色小镇的气质，营造出对应的生活文化氛围，为休闲游玩提供相应基调的物质环境。

文化特色体现在除了资金之外的所有指标上，一个故事、一项产业、一种气质、一处地标、一种生活、一种玩法、一条主街无不是文化特色的体现。与空间特色一样，地标和主街是文化特色的具体呈现，其他因素则是隐含着小镇的文化特色，从产业到生活、娱乐，无不体现出文化的独特性，故事和气质则是文化特色的集中呈现。

9.1.1　四个核心特色

特色小镇的“小镇”并非行政区划，而是指作为一种相对独立于市区、区别于行政区划单元和产业园区，具有明确产业定位、文化内涵、旅游和一定社区功能的发展空间平台，可以是建制乡镇或建制区，也可以“非镇非区”，没有行政建制的一个特定小地域。“特色”是小镇最核心的特征，包括产业、功能、空间和文化四个方面的特色。这四个特色中，产业特色是核心，是重中之重。功能特色是产业的配套需求。空间特色和文化特色分别从硬性的物质环境和软性的文化环境突出小镇的环境载体特色。

特色小镇建设应结合市（县）域经济发展，依托区位条件、资源禀赋、产业积淀和地域特征，立足产业“特而强”、功能“聚而合”、形态“小而美”、机制“新而活”，因地制宜、改革创新，以特色产业为核心，兼顾特色功能、特色文化和特色空间，找准特色、凸显特色、放大特色，防止内容重复、形态雷同、特色不鲜明和同质化竞争。在特色小镇建设中，“不能硬性规定建设内容、让小镇承载不切实际的建设任务，不能把特色小镇当成筐、什么都往里装，不能盲目把产业园区、旅游景区、体育基地、美丽乡村、田园综合体以及行政建制镇戴上特色小镇‘帽子’”。[1]

1. 产业特色——生产 + 旅游

产业特色是指小镇具有强大的主导产业，产业发展健康，具有自身特色和行业竞争力。特色小镇的“特”首要体现在产业，其规划建设也强调产业在激发空间活力方面的作用，以产业规划、项目策划引领空间规划，避免“空城”“死城”的出现。旅游小镇也好，文化小镇也好，无论小镇何种定位，都需要以产业为依托，立足各地区要素禀赋和比较优势，挖掘最有基础、最具潜力的特色产业，以此为核心，延伸产业链条，形成核心竞争力和可持续发展特征的独特产业生态，才能防止“千镇一面”和房地产化。

特色产业是特色小镇发展的重要支撑，要经历科学选择、合理规划、核心培育，再到集群辐射，最终提升到产业品牌的发展路径。只有特色产业能为中国特色小镇提供持续健康发展的动力和支撑，但特色小镇追求的不是面面俱到的全产业体系，而是单点突进，聚焦某个优势核心产业。因此，确保某一产业在小镇中的独特及主导地位，围绕其来打造完整的产业生态圈，是激活小镇经济、促进小镇特色形成的重中之重。

特色小镇应以特色产业为依托，以产业链发展的思维构建完整或者部分产业链，与上下游的供需关系协同发展。挖掘产业内容及活力，制定产业的扶持及优惠政策，用产业的活力带动整个产业链的发展，形成良好的供需关系，这才是特色小镇的发展动力和可持续的基础。总结现阶段特色小镇的成功经

1 关于规范推进特色小镇和特色小城镇建设的实施意见，http://www.gsdrc.gov.cn/content/2018-05/41494.html，2018-05-22.

验，完备的产业生态、企业强大的运营能力缺一不可。

浙江省内特色小镇的产业主要聚焦两类——一类是信息经济、高端装备制造等“支撑浙江未来发展的七大产业”，另一类是丝绸、茶叶、黄酒等历史经典产业。为突出产业之“特色”，每个小镇聚焦一个产业，且每个历史经典产业原则上只规划建设一个特色小镇。特色小镇创建将围绕单个产业来打造完整的产业生态圈，以此培育具有行业竞争力的“单打冠军”。例如诸暨袜业小镇基于已有优势产业，进行上下游延伸和多元复合，强化产业特色，打造集袜艺体验旅游、展示博览、市场物流、创意研发、娱乐休闲为一体的特色小镇，进一步强化了产业优势，丰富了产业内涵，提高了综合效益。

突出产业特色的一个重要途径是采取“旅游 +”的发展思路，将产业与旅游相结合，采用全产业链的发展方式，深挖产品内涵，集生产、科研、制造、观光、休闲等多重功能于一体。众所周知，旅游业具有强大的包容能力，与各行各业均有结合的可能性。在全域旅游的视角下，特色小镇走旅游 + 产业的发展路线，从理论到实际都具有很高的可操作性和现实意义。在以旅游为主的特色小镇发展其他产业可以丰富小镇业态和旅游产品种类；在以产业为主的特色小镇发展旅游可以延伸产业链，提高产品附加值，提高经济效益。

浙江特色小镇经验在向全国推广的过程中，出现了诸多误读，最核心的就是没有理解浙江特色小镇产生的深层次背景，忽略了特色小镇的生产功能，过分突出了旅游功能，将传统意义上的景区“新瓶装旧酒”变为旅游型特色小镇。需要注意的是，以旅游产业为主导产业申报特色小镇引起了国家部委的关注，相关部委已经明确表示“旅游型特色小镇获批国家级特色小镇可能性将大大降低”。因此，单一的旅游业在同质化竞争激烈的环境下，如果不做出改变和突破，很难走出已有的困境，实现特色小镇的建设目标。

2. 功能特色——服务 + 创新

功能特色是指特色小镇承载的功能具有独特性和竞争力，这种独特性可以从两个角度实现—— 一是功能本身具有较高水平或创新，难以被取代；二是功能依托的资源较为稀缺，难以被替代。特色小镇的功能与其产业定位密不可分。

从目前我国特色小镇的建设情况和新型城镇化的内在要求来看，特色小镇的功能主要是产业发展、生态居住与旅游度假三大项，强调功能的复合——

产业＋社区＋旅游＋服务＋创新，打造宜居宜业宜游的活力功能体。其中旅游也属于广义产业概念，居住功能则是“产、城、人、文”四位一体、解决大城市职住分离问题的必然要求。产业发展功能依据产业类型和特点又可以细分为生产制造型特色小镇、功能服务型特色小镇、文化创意型特色小镇等；旅游主导型特色小镇可以根据资源特征进一步区分为历史传统型特色小镇和生态旅游型特色小镇等。特色功能要根据小镇的资源禀赋和比较优势因地制宜地进行选择定位和支持发展。

特色小镇是在新型城镇化的背景下提出来的，是具有一定产业定位、文化内涵、社区功能、生活设施和旅游资源等的综合平台和社区，既可以促进产业发展，激发经济活力，又可以促进城乡人口的多元化双向流动，是现代城市体系的一部分，承担了连接城乡的重要功能。为了适应新型城镇化发展的新特点和发展要求，特色小镇建设必须结合自身资源禀赋，进行准确功能定位，才能更好地挖掘自身特色，走出一条与众不同的发展道路。

浙江省特色小镇的四大考核指标之一就是功能融合，包括生产功能、服务功能、创新功能和社区功能。在考核内容中，功能融合主要涉及生态、生产、生活“三生融合”，产业、文化、旅游、社区“四位一体”和小镇客厅等 3 个定性指标，以及媒体关注、旅游接待总人数、公共文化设施建筑面积 3 个定量指标。

生产功能：发展特色小镇，涵盖内容丰富多元，但最核心的是产业发展和生产功能的实现。发展特色小城镇应从产业抓起，依靠产业集聚人口、发展经济、提供服务。以产立镇、以产带镇、以产兴镇，实现产镇统筹和协调发展，促进从小镇资源到小镇产业，从小镇产业到小镇经济，从小镇经济到小镇发展。

服务功能：围绕核心生产功能，特色小镇要服务相关企业，支撑产业发展；同时要为本地居民提供服务，方便其生活。特色小镇的服务功能集中体现为生产性服务和生活性服务。

（1）生产性服务包括：

1）专业服务：法律、会计、管理咨询、组装与构造、工程、测量等；

2）信息和中介服务：电信、电影、广告与市场研究、信息技术服务、出版业等；

3）金融保险服务：银行、保安、保险、风险投资、债务市场、基金管理等；

4）贸易相关服务：会展、进出口贸易、航空运输、海上运输、仲裁与调解等。

（2）生活性服务：教育、医疗、养老、餐饮、旅游、休闲等。

创新功能：特色小镇建设的目的之一是推进产业转型升级，而转型升级的基础是技术创新，要能够集聚创新型人才。而创新人才的吸引需要宜居的生活环境吸引人才定居，又有创新、创业的政策空间提供发展平台。特色小镇的“特色”，还在很大程度上表现在体制的灵活上。传统的建制镇走的完全是党政部门主导的招商引资与强制性管理活动。在一些地方的特色小镇建设中，依然是一条成立管委会、走党政部门主导的城镇化活动。而浙江成功经验表明，小镇的发展更多的是借力于市场驱动。那种继续依托管委会进行规划管理与招商引资的小镇，最后有可能导致体制僵化，活力不足。

社区功能：特色小镇的建设，应是高标准规划、高起点打造，无论是环境设计、建筑外观、功能布局、能源利用，还是生活设施现代服务，都应从现代化人性化的角度着手建设，改善居民生活环境，提高生活品位，既能吸引和满足小镇居民工作和创业的需要，也能使其感觉小镇生活的舒适和自在，增加对小镇社区的心理归宿感。

3. 空间特色——风貌 + 风情

特色小镇的空间形态和实体空间是给人最直观的感受，直接体现小镇的特色。空间特色指的是小镇的物质空间以及空间规划和设计应结合地方实际和使用需求，因地制宜，具有独特的美感。浙江省规定，特色小镇的规划面积一般控制在3平方公里左右，建设面积控制在1平方公里（1500亩）左右。特色小镇大都依山傍水、丘陵起伏，低容积、低密度，规划建设符合“生产空间集约高效、生活空间宜居适度、生态空间山清水秀”的原则。

特色小镇的空间利用一方面要注重从特色产业的业态和空间需求出发，营造个性化的产业发展空间。例如在杭州基金小镇规划中，针对基金产业的特殊性，侧重将金融企业的业态与空间需求作为研究重点；杭州机器人小镇规划中，针对外部交通条件的复杂性，规划重点强调交通组织的综合解决方案，创造性地引入“时光隧道”和“森林小镇”的概念，既突破交通包围、营造了环境，又紧扣产业主题，使之成为方案设计的亮点。

另一方面,空间特色的打造要做到"形""神"兼备,"形"指地形地貌,"神"指历史文化。一是要尊重地形地貌特色。地形条件对城市规划结构的形成和发展具有很大的影响。地形决定了城镇的分布及规模。而在其他层面，在城镇建设中由于地形而造成的特殊规划条件也对城镇结构产生影响，地形特征决定了整个城乡规划结构方案的特点。同时在城乡规划与修控时，也受用地坡度、坡态、态差等不同地形数据的影响。地形地貌不仅深刻影响着城镇轴线与结构，关系着城镇的交通联系网络，而且塑造了城镇景观风貌的基底。

例如郎酒小镇的规划设计过程首先关注二郎镇的地形地貌，顺应其背山面水的山地地形特点，保持其清晰的景观序列和鲜明的景观特色。通过对赤水河滨水空间、二陡岩等山地空间的打造，形成丰富层次的、立体的小镇空间。充分尊重小镇现状基础与地形特征，结合概念策划要求，突出功能主题，打造多个相对完整的主题功能分区。各功能分区之间通过绿化景观、游览步道进行过渡，过渡段设计强调风貌的协调与统一。

交通规划方面，尊重小镇现状地形条件，通过山间栈道、崖壁岩道、小径石阶、缆车天路创造跨越地形高差的郎酒小镇纵向串联系统，有效地将赤水河岸、小镇镇区、山岭功能区联系在一起，打造具有郎酒小镇独特标识性的空间系统。在三个海拔高度区域,梳理现状的交通道路系统,通过结合景观、节点设计的步行游览线路，横向衔接同高区的各个主题功能区。对于衔接段的原有城市道路区域进行环境整治，提升街景、增加设施。

二是要尊重历史文化特色。特色小镇的文化特色是城市历史文化的积淀，而城市的空间环境是其最直观的表达，所以特色小镇的城市设计要尊重历史、尊重文化。尊重历史文化的前提是保护好历史文化遗存，因为物质遗存本身带有文化和历史属性，而历史文化是不可复制的、独一无二的。这就要求特色小镇规划建设决不能破坏传统空间格局、传统风貌建筑、有历史纪念意义的构筑物和地标等，因为这些东西是真正属于该区域的特色，一旦失去就无法再生，在规划和建设过程中要注意加以保留和利用，使之与新的环境和谐共生。尊重历史文化还要做好历史和特色文化的动态传承，保持地方历史文脉的延续性，在此基础上加以创新。特色小镇空间规划设计的时候要注重对地方文化要素的阐释和利用，让地方文化元素融入城镇空间的各个层面。

例如银杏小镇采取了街道肌理、公共空间和空间组织关系三个方面的历史空间特征保护措施。街道肌理保护措施包括：建设项目应顺应街巷走向，严禁截弯取直、强占街道空间进行建设等破坏街道线性走向和尺度的行为；街巷街道两侧建筑高度、街道宽度的高宽比按照 1~1.5 进行控制。公共空间保护措施包括：对现有主要公共空间的整体环境和设施进行提升；从整体环境层次严格控制建设用地的增加，并对背景山体进行重点绿化，以延续村落与自然环境相互协调的山水田园景观格调。拆除主要街巷沿街畜棚、简易厕所等临时建筑，辟为绿化用地和休憩活动场地，达到聚落景观环境依旧，古巷、街坊风貌依旧。空间组织关系保护措施包括延续并提升银杏村“村在林中，林在村中”的村落格局，保护半开放空间景观，注重街道活动与半开放空间中活动的互动性，要求限制矮墙高度不得超过 1.4 米，以原石堆砌样式为主，新修巷道宽度控制在 4 米以下。

4. 文化特色——传承 + 营造

文化特色是民族文化自信的载体。特色小镇的文化应该有鲜明的主题，形成自身的文化品牌和文化标签，有独特的文化气质和灵魂。除了自然环境和历史格局之外，唯一不可复制的是小镇的文化传统。

2017 年 7 月 27 日，住房城乡建设部村镇建设司公布了 276 个第二批全国特色小镇公示名单。从住房城乡建设部公示的第二批全国特色小镇名单中可以看出，本次以及未来的评定将更加注重新兴产业等小镇的特色产业以及更看重特色小镇本身的文化 IP。《第二批推荐通知》中，《特色小镇推荐信息表》增加了“2015 年至 2017 年 1 季度举办的文化活动”，并对参加人次、活动级别等内容作出要求。这表明，住房城乡建设部明确并提高了特色小镇的文化内容要求。

在我国广大城市，寻找具有地方特色和经济发展潜力的产业并不难，关键难在其同时能够与地方的历史民俗、文化风貌实现有机融合发展，形成是一个小镇的内在气质和底蕴，让文化要素提升产业含金量。一旦小镇通过文化彰显的气质和内涵稳固下来，小镇的特色才真正独一无二起来。若能真正把文化作为产业发展的内生动力，那么特色小镇所提倡的宜居、人文、环保、可持续等发展目标自然就容易成为现实。

文化是特色小镇的内核灵魂，每个特色小镇都要有文化标识，能够给人留下难忘的文化印象。要把文化基因植入产业发展全过程，培育创新文化、历史文化、农耕文化、山水文化，汇聚人文资源，形成“人无我有”的区域特色文化。

按照浙江对特色小镇建设的要求，特色小镇是产业、文化、旅游和社区的有机结合，每个特色小镇都要有文化标识，能够给人留下难忘的文化印象。要把文化基因植入产业发展全过程，培育创新文化、历史文化、农耕文化、山水文化，汇聚人文资源，形成“人无我有”的区域特色文化。一旦小镇通过文化彰显的气质和内涵稳固下来，小镇才真正富有个性特色。

在特色小镇建设中塑造文化灵魂，树立文化标识，留下文化印象，是文化作为特色小镇内核的必然要求。推进特色小镇文化建设，要着力推动“文化＋特色小镇”融合发展，这样有利于强化特色小镇的文化功能、融入特色小镇的文化元素、提升特色小镇的文化品质，实现文化让特色小镇更加美好、特色小镇让文化更具魅力的双重目标。例如者相坐落在三岔河畔纳孔村打料组的布依民族“文化墙”、纳孔组的布依婚俗博物馆、布依戏台及广场以及美轮美奂的布依歌舞表演，无一不蕴藏着布依族的历史记忆。布依族是有着深厚历史底蕴的民族，集中体现为其意识形态中对太阳、鸟图腾和鱼图腾的崇拜，这些文化特征在空间上有很多具体表现，并通过空间表达进一步强化了文化特色。

一方面要注重保护物质文化遗产资源，通过挖掘区域内历代名人人文资源，加强对区域内文物建筑、工业遗产、传统村落等的保护修缮和展示利用，多渠道筹资建设特色博物馆、艺术馆，探索建立主题历史文化资源展示区，以彰显文化特色，优化人文环境。杭州的梦想小镇已建成部分用地面积约 1400 亩，主要利用仓前老集镇的粮仓用地以及集镇内其余旧城镇、旧厂区等低效用地进行再开发建设。小镇建设对原有粮仓、具备保留价值的老集镇房屋等建筑实施改造，拆建了布局散乱、不符合规划要求、有安全隐患的房屋。如今，曾经荒废闲置的 12 幢老旧粮仓已变身众创空间，既保留了历史街区的原有风貌，也使逐渐沉寂的老集镇重新焕发勃勃生机。

另一方面要注重保护特色小镇区域内的非物质文化遗产资源，延续历史文化根脉，传承工艺文化精髓。可以依托特色非物质文化遗产资源，创建非遗主题小镇和民俗文化村，加强非遗中青年传承人群研修研习培训力度，设立非遗项目生产性保护基地和教学研究基地，在非遗主题小镇试点非遗工作站建设，搭建企业、高等院校（特别是利用好该区区域内的高校资源）与小镇对接平台，培育和孵化新的历史经典产业类特色小镇。

特色小镇的规划要体现人文关怀，通过生态保护、文脉传承以及空间尺度的把握，营造真正人性化空间。在特色小镇建设中注入文化元素，有利于挖掘特色小镇文化资源、提供文化服务、提炼文化品质，有利于特色小镇形成文化遗产传承有序、人文气息浓郁深厚、文化产业特色鲜明的良好环境。

9.1.2　八个操作抓手

四项特色是对特色小镇的宏观概括，具体到实践层面，还需要更加具体、细化的操作指标。根据一直以来的实践经验和思考成果，浙江大学城乡规划设计研究院将特色小镇的四项特色进一步拆解为八个可操作性的指标——故事、产业、气质、地标、生活、玩法、主街、资金。八个操作指标中，有实体的指标——产业、地标、主街、资金，针对特色小镇的物质配套提出了具体的要求；也有非实体的指标——故事、气质、生活、玩法，针对特色小镇的非物质文化要素做出了提示。通过分解细化，将大的功能特色分解成可操作的指标，能够有效应用于特色小镇的创建指导。

这八个指标覆盖全面，分别对应四项不同的特色。其中，产业和资金是其中最根本的两大指标，产业是特色小镇的命脉，资金是特色小镇的血液，故事和气质是特色小镇的内在精神，地标和主街是特色小镇的外观风貌，生活和玩法是特色小镇的一颦一笑。一项产业指的是特色小镇的主导产业，可以是具有地方特色的传统经典产业，也可以是信息技术、商贸物流、休闲养生等高新技术产业和新型服务业。一笔资金是特色小镇建设所需的投资。地标和主街指的是特色小镇的空间规划和设计。生活、气质和玩法强调特色小镇的文化定位、内涵风格和休闲娱乐。一个故事意指特色小镇的营销策划和宣传推广。

9.2 一个故事

9.2.1 为什么要有故事?

特色小镇的打造离不开形象定位和营销推广。在开发完毕进入运营模式的特色小镇,营销的作用更加凸显,在“千镇一面”和信息爆炸的时代局面中,营销做得好,就意味着品牌知名度和源源不断的客流,良好的现金流和更好的投资回报。

一个故事可以让特色小镇的特色被简要记叙和快速传播,使小镇的形象定位更加清晰明确。这一个故事背后应当有一个完整的宣传策划方案,故事的内容可以是一句宣传语,一个LOGO,一套视觉标识符号,一首主题歌曲,也可以是一个动人的故事,重点在于切合主题,同时具备吸睛能力,能够深入人心,口耳相传。随着营销意识的觉醒,各大城市纷纷推出自己的宣传语,但宣传成效参差不齐。典型案例如杭州的“最忆是杭州”,取自经典诗词,不仅极富历史文化底蕴,而且简明扼要、朗朗上口,直达受众心田又不失婉转。

特色小镇的特色必须要通过品牌化实现固化、加强。一个好的故事可以方便、快速地传播特色小镇的品牌形象和内涵,帮助树立品牌IP,形成品牌效应,从而集聚人气,激发活力,提升特色小镇的综合效益。

9.2.2 小镇故事多——如何挖掘最有价值的故事?

特色小镇的故事可以从地方历史文化资源中筛选,也可以从主导产业中挖掘,还可以从当地居民的日常生活中吸收灵感,故事不论年代久远,立意大小,重在切合特色小镇之特色。可以为特色小镇提供故事蓝本的素材包括但不限于神话传说、地方习俗、口述历史、产业资源等,凡是贴合特色小镇核心精神的、健康积极的故事素材均可以为我所用,作为特色小镇的一项资源加以发挥利用。

例如郎酒小镇重点围绕酒文化开展宣传策划,突出酒文化的源远流长。花卉小镇则紧扣绿色、美好、生活等主题,宣传花卉产品和小镇特色。

特色小镇的策划就是讲一个吸引人的故事，有故事的产业才是独一无二的特色。例如苏格兰的“逃婚小镇”就可以称为一个故事撑起的特色小镇。故事是这样的：在苏格兰与英格兰边境上，有一个可爱的小镇闻名天下，它便是格特纳格林（GRETNAGREEN）小镇——著名的逃婚小镇。几百年来，这里举行了成千上万的婚礼，为什么人们愿意不远万里来到这里举行婚礼呢？因为当年英格兰与苏格兰法定结婚年龄不同，英格兰是男 22 女 20 岁，苏格兰是男 20 女 18 岁，一些热恋的英格兰小青年想结婚，就会逃到这个边境小镇 GretnaGreen 来。如今时代已变，但葛特纳格林的婚礼风俗依然保留下来。每年有 4000 多对恋人从世界各地来到葛特纳格林结婚，占据了苏格兰婚姻的 13%，当然结婚的人大多已不再是私奔者。此外，每年还有 70 多万游客来此感受原汁原味的“葛特纳格林式婚姻”。可以说，这里已经成为名副其实的“婚礼小镇”。

9.3　一个产业

9.3.1　发展核心产业

“特色小镇”是一个集合产业、文化、旅游和社区之功能于一体的一个新型聚落单位，是以产业为核心；以项目为载体；生产、生活、生态互相融合的一个特定区域。真正的特色小镇先是区域的产业的特色，只有挖掘产业的内容及活力，制定产业的扶持及优惠政策，用产业的活力带动整个产业链的发展，形成良好的供需关系，这才是特色小镇的发展动力和可持续的基础。基于此因，那么一定要将区域内一部分人调动起来，参与产业中来，通过大多数人的参与、服务及传播，为大多数人带来各种红利，这也成为特色小镇为区域发展与建设带来的红利。

产业发展，带来的是人们生产与收入方式的变化，保证了农民离开土地后按照城镇方式生活的基础，产业一直以来被认为是城镇发展的背景与推动力。以特色产业本身为基础，在纵向维度上，往上向研发延伸，往下向应用、营销、管理、服务延伸；在横向维度上，与旅游、教育、会议等泛旅游产业广泛融合，实现全产业链聚集，形成小镇产业结构，从而构成人口与要素集聚的前提和基础。但由于小城镇产业要素支撑不足，产业发展非常困难。

浙江省2015年正式提出了“特色小镇”的建设目标，旨在通过建设一批产业特色鲜明、人文气息浓厚、生态环境优美、兼具旅游与社区功能的特色产业小镇，促进经济新常态下浙江省的区域创新发展，并作为推进供给侧结构性改革和新型城市化的有效路径。特色小镇建设的核心目的在于：针对浙江块状经济发达但产业转型升级滞后、传统资源要素丰富但高端要素聚合不足、城镇化速度较快但城镇景观缺少特色等问题，寻求一种促进浙江产业、空间双升级的新型发展空间平台。[1]

按李强省长在《特色小镇是浙江创新发展的战略选择》一文中的诠释，特色小镇不是行政区划单元上的“镇”，也不同于产业园区、风景区的“区”，而是按照创新、协调、绿色、开放、共享发展理念，结合自身特质，找准产业定位，科学进行规划，挖掘产业特色、人文底蕴和生态禀赋，形成“产、城、人、文”四位一体有机结合的重要功能平台。不难看出，特色小镇的核心在于产业发展，培育核心产业，推进“产城结合”是特色小镇建设的宗旨所在。

特色小镇是浙江省产业升级的3.0版本，可以视为一种升级版的“产业空间功能区”。特色小镇的“特”在于要具有明确的核心产业定位，一切围绕核心产业进行投资、建设、运营（产业投资占总投资额的比例不低于70%）。

浙江省目前所倡导的特色小镇，其本质是产业问题，特色小镇规划建设的逻辑起点在于产业的选择和创新驱动下的产业升级发展。并且，特色小镇应是“三生融合”的空间典范，关键在于以产业为核心，生产、生活、生态三者的叠加与融合，并不是所有类型产业都适合创建特色小镇。浙江明确提出，特色小镇聚焦信息经济、环保、健康、旅游、时尚、金融、高端装备制造等支撑该省未来发展的七大产业，兼顾茶叶、丝绸、黄酒、中药、青瓷、木雕、根雕、石雕、文房等历史经典产业。每个历史经典产业原则上只规划建设一个特色小镇。根据每个特色小镇功能定位实行分类指导。

发展特色小城镇应从产业抓起，依靠产业集聚人口、发展经济、提供服务。以产立镇、以产带镇、以产兴镇，实现产镇统筹和协调发展，促进从小

1 浙江省特色小镇创建及其规划设计特点剖析，规划师，2016年第12期，第57～62页。

镇资源到小镇产业，从小镇产业到小镇经济，从小镇经济到小镇发展。产业选择决定小镇未来，必须紧扣产业升级趋势，锁定产业主攻方向，构筑产业创新高地。定位突出“独特”。以“最有基础、最具潜力、最能成长、最有故事”为基本原则，做精做强特色主导产业。

9.3.2　产业耦合旅游，产业链 + 配套

特色小镇创建将围绕单个核心产业来打造完整的产业生态圈，以此培育具有行业竞争力的“单打冠军”，此所谓“产业特色”。我国产业平台从最初功能单一的工业区，到功能复合的开发区，再到功能综合的产业新城，大致经历了三个阶段。而瞄准精细化的万亿产业、提出有效投资指标、重视完整的产业生态、目标行业龙头，同时又强调生产、生活、生态融合的特色小镇，无疑将成为超越产业新城的更高阶段的产业平台。

特色小镇的产业发展必须走核心产业主导的路子，将主导产业做大做强，在此基础上延伸产业链条，形成原材料、研发、生产、销售、运输、利用各个环节紧密衔接的完整产业链。

同时，特色小镇与产业园区最大的区别在于强调生产、生产和生态相融合。在产业发展的同时配套完善的生活设施，形成具有生活氛围的居住社区，解决职住分离的问题，形成具有产业活力和生活魅力的特色小镇。

特色主导产业耦合旅游产业的模式实质是“生产” + “旅游”。浙江大部分省级特色小镇是以生产功能为主，以生产性特色产业为核心，按照景区配套服务标准，附加和特色产业相配合的旅游产业链，拉动旅游消费。

诸暨袜艺小镇位于中国袜业之乡诸暨大唐，是全球最大袜子生产基地之一，其袜子总量占全国的 70%、全球三分之一强。袜业产业链完善，全镇袜业生产企业达 3000 余家，配套企业 2000 余家——大唐是一个以袜业生产、设计和销售为特色的经济强镇。袜艺小镇核心区是以文化休闲、特色旅游、创意研发、商贸物流为主要功能，宜游宜业宜居，滨水风情特色鲜明的袜艺特色文化休闲街区。

此外，类似的案例有东阳木雕小镇和黄岩智能模具小镇等不少人家。

9.4 一种气质

9.4.1 气质是小镇精神的直观感受

气质如同人的气韵个性，于无形中给人以触动。小镇的气质其实就是小镇的文化，体现在物质形态和精神状态的各个方面。物质层面的气质表现诸如街道空间、建筑、绿化、自然环境、色彩、Logo、符号系统等；精神层面的气质表现包括语言、习俗、生活方式、流行文化等。特色小镇的气质培育是一项综合性的工作，从环境整治、景观设计到标识宣传，需在明确主题思路的前提下统筹考虑、协调开展。

特色小镇具有独特的历史人文气息或现代文化气息。特色小镇是高校毕业生等 90 后、大企业高管、科技人员、留学归国人员创业者为主的“新四军”创新创业地，将形成独特的人文气息。特色小镇是历史经典产业的传承新生地，将散发浓浓的历史底蕴。特色小镇是传统特色产业 + 互联网的发展新高地，将形成活跃的创新文化。是新产业新业态的孵化诞生地，将形成独特的产业文化。

9.4.2 如何养成小镇的独特气质

文旅空间构建和小镇特色塑造是特色小镇规划的“灵魂”。特色小镇的“色”在于空间品味与特色，特色小镇要求具有高品质的生产、生活、生态环境，并且要力争建设成为 AAA 级旅游景区。特色小镇要培养一种气质，就是要明确小镇的定位和精神内涵，结合小镇的特色定位，培养与之相辅相成的小镇气质，休闲的、宜居的、科技感的、蓬勃发展的等不一而足。农业小镇的气质应符合作物生长的自然环境，突出生态、绿色；文旅小镇的气质应该与其文化主题相契合，突出历史的厚重沧桑、文化的鲜活独特和生活的闲适惬意；以金融业、信息技术和商贸物流产业为主导的小镇应营造出高效、便捷的商务环境。在浙江，龙泉青瓷小镇让人联想到青瓷的历史悠远和莹润温婉，杭州的梦想小镇和云栖小镇则让人感受到蓬勃创新的互联网产业环境。

特色小镇建设要坚持特色统领，以小镇特色文化为主线，分析、提炼文化特色要素，在产业策划、建筑景观、空间序列、旅游线路和产品设计等各个角度进行有效融合。

首先要梳理小镇的空间环境，根据产业发展和生活居住需求进行美化改造，营造宜居宜业的物质和景观环境；其次，将具有特色的标识符号系统融入小镇的物质环境，强化视觉认知效果；最后，从产业文化和生活氛围这些精神情感层面进行特定内涵的培育和强化，达到物质和精神的融合。在文化内涵挖掘和文旅空间构建方面，规划应重点处理好乡村和地域文化的情景再构、物质文化资源的保护利用、非物质文化资源的整理转化以及现代产业文化、企业文化的挖掘、应用等问题，并将其转化为现代创新文化的素材。[1]

基于传统街区的特色小镇在建设过程中尤其需要注意保留传统建筑、历史景观要素等原有的文化符号。贞丰布依族土布小镇在改造中注意整理现有保存完好的布依传统木石材质民居，保留其外观特色，对内部功能进行改造完善，打造富有布依族特色、土布元素和生活品质的休闲娱乐配套设施，为游客充分感受乡土气息、民族文化提供空间。四川郎酒小镇的建设也面临传统建筑群的保护利用。二郎滩清末民初的建筑群落依山傍水，风格古朴，具有坡屋顶、小青瓦的传统民居特色，随着地形起伏排列，错落有致，采用古代干阑式和吊脚楼等建筑构架，并结合云贵地区穿斗式大宽屋面营造，目前形态较为完整，风貌较为统一，构成了古街特有的传统聚落空间和人文景观环境。设计方案从二郎镇的建筑景观环境中提取主要的色彩，提取红军街片区、二郎场镇片区、郎酒厂片区的色彩进行分析，并与整体环境色彩进行比较，找出不同分区建筑色彩上的问题所在，同时找出与环境不和谐的色彩。

标识系统是形象认知的重要媒介，统一、巧妙的标识设计可以提升特色小镇的形象品位，强化游客的认知印象和居民的文化认同。云南保山板桥村青龙古街的 LOGO 设计采用了“青”“龙”二字的繁体拼接，以古街街巷空间格局和特色的三进院落形态为灵感，重现了青龙街独一无二的街巷进院融合的街区意象，右上角以“茶马”为印章，使青龙街重重地烙上了茶马和马帮文化的印记，具有很高的识别度和文化特色。

1　浙江省特色小镇创建及其规划设计特点剖析。

9.5 一个地标

9.5.1 地标的意义

地标就像是LOGO和名片，是特色小镇的形象代表，是最易于铭刻于居民和游客脑海中的记忆符号。记忆对于地方认知的重要性无须赘述，特色小镇强调“特色”，除了要让特色产业做大做强做出特色，更重要的是要避免千篇一律，要突出自身特色，从千千万万的小镇中脱颖而出，让人铭记、让人好奇，进而产生吸引力，带动人口和客源的流入，激发经济活力。

特色小镇的形象包括柔性的文化氛围，也包括硬性的基础设施和景观风貌。基础设施配套的改善毋庸赘述。需要格外注意的是景观风貌的维护，特别是地标景观在特色小镇中的意义和价值。地标的标识作用由来已久。古代的城镇中，常用城门、钟楼等标志建筑，或码头、桥梁等交通节点，或者古木大树、高山大河等景观节点作为地标。此外，中国传统的地标还有牌坊、古井、鼓楼等，西式的地标还有雕塑、教堂、凯旋门等，这些地标在志书、地图中不可或缺，构成了一座城镇的象征[1]。

9.5.2 如何树立特色小镇地标

特色小镇的地标树立可以沿用传统的地标元素，如古建筑、古桥，也可以借鉴现代城市的思路，从特色建筑、标志雕塑、交通节点、广场、构筑物等多个角度综合考量，结合地方实际进行配置。地标的树立必须充分挖掘小镇特色，凸显小镇气质，其设计必须不落俗套、突出新意，具有高超的艺术水平。

特色建筑是现代城市惯用的形象塑造手法，地标建筑往往定义了城市的天际线，其外观设计不论美丑都让人过目难忘，但城市地标建筑的巨大规模和高额投资并不适用于特色小镇。特色小镇的地标建筑应根据实际需求和预算限制设定合理的规模，在此前提下结合小镇特色进行个性化设计，走“小而精”的路线。

1 参考《特色小镇孵化器》第150页。

相对建筑而言，雕塑和构筑物是造价较低、易于实现的地标，但因其缺乏实用性，受众对其要求集中在美观性和艺术性上，地标设计的优劣尤为重要。好的地标设计可以起到画龙点睛、锦上添花的作用，而拙劣的设计则是弄巧成拙、贻笑大方，不仅起不到美化宣传作用，还有损于小镇的形象和品位。2018 年 4 月 28 日，一座巨型“白菜”雕塑现身河北邯郸，成为新闻热点。该雕塑为玻璃钢材质，高 20 米，宽 8 米，重约 12 吨，造型逼真，号称目前全国最大的白菜雕塑。据称白菜谐音“百财”，该雕塑寓意“百财聚来”，引众人围观。邯郸为历史文化名城，城名源自春秋战国时期，可谓源远流长，坐拥深厚的历史，却以如此毫无品位和设计感的形象示人，不得不说是文化品位衰落的现实表现。

此外，大型公共建筑、广场这类市政设施也可以因地制宜，通过巧妙的设计，形成地标效应。例如，法国的埃菲尔铁塔、伦敦的大本钟、罗马的广场、美国的自由女神像，不少历史城市的广场和古建筑历经沧桑至今仍然是城市的著名地标，也是城市规划和设计领域的经典案例。

特色小镇用地规模有限，不宜采用新建大型地标建筑的做法，而是要在景观小品、公共空间和标识系统等方面多做文章，注重街道肌理和活动路线的梳理，结合游览动线因地制宜地设置公共空间和景观节点。景观小品的设置要具有小镇特色，凸显小镇的气质。

云南保山板桥村青龙街在广场设计中以马帮文化为主题，同主题的特色雕塑重现小镇昔日繁华场景，连接起过去和现在，作为历史的印记镌刻在观众记忆里。贞丰布依族土布小镇的广场则围绕布依族图腾进行设计，凸显地方和民族文化特色，给人耳目一新的感官冲击。大型公共建筑布依族土布博物馆的外观设计也吸纳了布依族服饰的特点，独特性和辨识度都很高。

9.6　一种生活

9.6.1　诗意地栖居

2015 年 4 月《浙江省人民政府关于加快特色小镇规划建设的指导意见》要求全省各地规划建设一批“小而美、特而强”的特色小镇，要融入青山绿水、传承历史文脉、凸显产业特色，谋求“三生”融合。[1]特色小镇是破解浙江城乡二元结构、改善人居环境的重要抓手，其特点在于产城融合、宜居宜业。居住和工作是城市的两大核心功能，营造宜居的生活环境和氛围是城市应尽的职责，独特而有魅力的生活方式是城市吸引力的重要来源。无论西东，诗意地栖居可谓是每个热爱生活的人永恒的梦想。营造一种美好的生活方式是特色小镇建设的应有之义。“小而美，特而强”的特色小镇规划面积和建设面积分别控制在3平方公里和1平方公里，决定了它没有所谓的“大城市病”，易于进行资源配置、完善生活配套设施，同时，独特的自然环境和历史底蕴为特色小镇提供了优美的自然和人文环境，让诗意地栖居成为可能。

中国传统的城镇本身具有浓厚的生活氛围和文化色彩，是小康之家的聚集地、安居乐业的象征。近代以来，中国传统的农耕和手工业经济形态逐渐瓦解，小城镇在现代工业的发展浪潮中处于劣势，人口不断外流寻求就业机会。对于小城镇而言，生活和工作成了难以两全的艰难抉择，小城镇本身成了“故乡”“乡愁”的代表。特色小镇的建设正是破解这一难题的关键，通过培育核心产业，解决就业问题，恢复城镇的产业活力和就业吸纳能力，让城镇居民实现职住平衡的同时，可以拥有生态和谐、文化丰富的生活氛围。“特色小镇”不是行政区划单元，不是产业园区，也不是“产业园＋风景区＋文博场馆”的拼盘，而是产业、文化、旅游、社区功能高度融合，让人愿意留下来创业和生活的新型发展空间。产城融合的特色小镇不仅成了工艺大师、创客和企业家的乐园，也为当地农民提供了家门口的就业岗位，让他们“挣钱顾家两不误”。住房城乡建设部对此充分肯定，称特色小镇建设“对探索新型城镇化之路有重要意义”。

特色小镇建设最主要和终极的目标就是要提升居民的幸福感，让他们在这里能够方便就业、幸福生活、尽情娱乐、安全居住、享受教育、陶冶情操。因此，在特色小镇的开发中除了要大力发展特色产业，解决人们的就业问题之外，还需要为他们配套多样化的公共服务设施、开发精品化的休闲度假项目、提供便捷化的公共管理服务、塑造文化精神领地，让人在此安居乐业。

1　浙江省人民政府关于加快特色小镇规划建设的指导意见（浙政发〔2015〕8号）[R]. 2015-04-22.

特色产业的发展带来了大量的长期居住型就业人口，泛旅游产业的发展聚集的是中短期流动性人口以及部分服务产业人口。人口的聚集必将产生生产、生活、休闲、娱乐、居住、教育、医疗等多种需求，由此便催生了商街、商业综合体、居住社区、度假社区、学校、医院、银行等系列生活配套设施以及公安、工商、市政等政府公共管理服务机构的产生，形成了基础设施配套完善、社会公共服务健全、城市管理人性、相关政策合理完善的宜居环境。

特色小镇规划区别于传统城镇规划的关键在于强调产业规划的核心地位，而区别于传统产业园区规划的关键在于强调对于环境、文化、资源的友好态度，以及对于社区、旅游功能的兼顾，实现“产、城、人、文”的融合。因此，特色小镇规划理念的创新主要体现在三个方面：一是强调产业在激发空间活力方面的作用，以产业规划、项目策划引领空间规划，避免“空城”“死城”的出现；二是强调功能的复合——产业 + 社区 + 旅游，打造宜居宜业宜游的活力功能体；三是体现人文关怀，通过生态保护、文脉传承及空间尺度的把握，营造真正人性化空间。

9.6.2　过客与归人

特色小镇不仅要满足当地居民的就业和生活需求，提升居民的生活品质，而且要按照景区的标准对景观环境和配套设施进行改善提升，以其独特的景观、文化魅力吸引游客前来观光休闲。对于以旅游业为主导产业的特色小镇，按景区标准建设的基础设施和经过治理的景观环境为当地居民提供了诗意栖居的外在环境，而当地居民闲适、惬意的生活方式和独特、悠久的文化传统也可以成为游客眼中的文化风景，具有独特的魅力，令人神往。例如，很多历史街区和古村古镇将传统手工艺的制作和产品售卖相结合，前店后居的作坊式生产生活模式得以复兴，同时游客也容易参与其中，获得最真实的体验。青龙街的规划方案正是采取了这种前店后居的生产生活模式，在古老的青龙街上布局了十余家老字号手工艺店铺，设计了近二十项体验活动，并配置了具有积分兑换功能的导览二维码，让游客借助现代技术更方便地参与活动，获取更丰富的文化体验。

对于生产制造和其他服务业为主导产业的特色小镇而言，旅游观光是产业链的外延，属于附属产业，其景观环境的提升不仅服务于游客，更多地服务于本地居民。小镇以其自身的景观和产业特色吸引外来人口观光休闲，而宜居的环境、美好的生活氛围将让人来了就不想离开，将过客变为归人。

特色小镇要体现“产业特色鲜明、人文气息浓厚、生态环境优美、兼具旅游与社区功能”“产、城、人、文”和谐一体，这也是浙江省在经济新常态下，对于破解浙江空间资源瓶颈、有效供给不足、高端要素聚合度不够、城乡二元结构以及改善人居环境的重要抓手。特色小镇应当是有山有水、有产业、有人文、有品位，是一个让人愿意留下来创业和生活的和谐家园。

9.7 一种玩法

9.7.1 “娱”为休闲旅游核心

旅游休闲的本质在于让人脱离日常的工作和生活，置身于一种异样的环境状态之中，其核心是放松、娱乐，愉悦身心。因此，“玩”是游客出行的根本动机，新奇有趣的玩法成为吸引游客的根本手段。娱乐的形式也多种多样，视觉的观赏、听觉的声色、味觉的品位、触觉的体验、嗅觉的气味，还有参与式、沉浸式的体验。玩法也要从上述各个角度全盘考虑，精心设计游玩项目，深入满足游客群体的娱乐需求。

同时，“玩”也是游客互动的重要环节，是深入体验旅游产品的契机。结合特色产业和产品有针对性地开发旅游产品，不仅深化了产业开发层次，延伸了产业链条，还让游客更加了解产品内涵和特质。借助“玩”的过程实现产品的自动推广，再配合线上销售网络，可以大大扩展产品受众市场，形成线上线下无缝衔接的产品营销网络，将游客的消费周期从有限的旅游期间拉长到旅游结束之后的日常生活，大大提升了产品的用户黏度。

9.7.2 让特色小镇变得有趣好玩

特色小镇首先要从感官上吸引游客，其中视觉是最普遍、最重要的体验方式，从建筑、空间、标识、地标等各个方面塑造小镇特色，形成视觉冲击效果，根据小镇的气质和文化定位，辅以其他感官的刺激体验，形成全方位的印象强化。

特色小镇除了具备观赏价值，还要具备互动性，让游客能够深入体验，获取不一样的感官认知。因许多影视和音乐作品而出名的取景地正是沉浸式体验的一种形式。当游客置身景点现场，影视中的情景与现实交错，这种体验是实地旅游独有的，是网络实景漫游和 VR 技术难以替代的。

粮画小镇将粮画制作过程设计为一项旅游体验项目是非常好的思路。粮画制作不仅可以让游客以多种形式参与其中，深入体验制作过程的趣味性，还拉近了游客与粮画产业的距离，丰富了游客对粮画作品的认知。

云南保山的板桥村在特色小镇的规划中设计了近二十项“好玩”的参与互动性活动，包括驿站文化体验、手工艺体验、集市等，均为结合当地非物质文化遗产资源开发的体验项目，让游客在深度参与中更深入地了解地方文化历史。此外，板桥村还设计了十余项深度历史故事体验活动，借助新技术构建导览体验系统，增强游客体验的舒适度。

“泛在技术”是指生活环境所涉及的范围内，借助计算机让人能够随时随地无意识地接收并利用最合适的信息的系统。具体做法是在各景点设置二维码，通过手机二维码扫描功能可以自由读取旅游信息、地理信息、生活信息和周边信息等。在云南省保山市板桥村，在街区中主要景点等地放置二维码，游客通过机扫描该二维码后可以连接到互联网获取该地的各种信息（旅游信息、历史人文、生活相关、美食推荐等），同时获得从起点到某位置相应距离应得的积分，走得越远，分值越高。而这些积分可以在当地作为货币使用，鼓励人们更加多样的活动轨迹。

9.8　一条主街

9.8.1　主街——特色小镇的主动脉

有层次的道路网络体系是提高路网效率的前提。从城市形态学的角度而言，一座城镇的道路必然是主次分明的，定位明确的。相对于着力提高城市交通通行能力，“以车为本”的“道”，“街”是“以人为本”，以非机动车交通为主，鼓励沿街商业。主街在特色小镇街道空间中占据着举足轻重的位置，也是人们对街区最主要的直观感受来源，对于街区功能定位、景观风格、业态分布等方面都具有决定性影响。

主街是小镇的重要功能区。特色小镇的系列活动在空间上都围绕主街展开，由主街将各个功能区块串联起来，形成便利的交通组织流线。特色小镇的主要功能必然会沿主街进行合理的分布和组织。主街的空间设计也会根据功能的差异和需求做出相应的变化和特点，以更好地实现各项功能。

主街作为主要的交通流线，是城镇景观的主要展示窗口。街道沿线建筑立面设计、街道装饰和广告招幌设计也需要根据景观风貌进行协调。

特色小镇的主街可以分为传统街道和新建街道两种类型。传统型的特色小镇往往有其历史悠久的主街，通常加以整治即可利用，并且古街两侧建筑颇具特色，老字号密集，是不可多得的文化宝藏。新规划建设的特色小镇则没有这种先天资源，但是有较强的规划自主性，所受的现实条件约束较少。主街的规划设计是整个特色小镇规划设计的重要部分，需按照规划的科学原理和主街的功能定位进行合理的布局，在此基础上设计营造特色空间、景观，添加特色标识和符号系统。

9.8.2 如何基于历史脉络激活主街

科学合理的规划布局，加上巧妙的创意设计，是激活街区的不二法门。很多特色小镇有一定的路网和街道格局基础，在此基础上进行特色小镇的规划设计时要注重延续历史脉络，吸取历史元素并加以活化利用，加入现代设计，使主街的空间和景观具有地方特色、传统底蕴的同时又符合现代审美和使用需求。

基于传统街区的特色小镇在营造过程中首先要梳理空间要素，分析小镇与区域的关系、交通条件、山水环境、地形地貌、人文资源、场地特征等，以便因地制宜、因势利导地组织空间。浙江杭州的梦想小镇巧妙地利用了粮仓、河道、仓前老街、城市干路等空间要素，分别安排了互联网创业村、天使（金融）村和商业区，使空间要素为功能生辉。

街道沿线各种年代、状况、用途的建筑物等历史元素混合分布，构成了街道空间的历史脉络和文化符号，也为小镇街道空间的多样性创造了条件。特色小镇规划建设过程中要注重以历史文化作为古村古镇发展的基底，挖掘历史文化资源，保护传统文化并在发展的过程中注重保护与利用相结合。以传统街区生活氛围为吸睛点，以高品质环境景观为依托，吸引人流盘活古镇活力，助力古镇发展。

以云南省保山市永子小镇为例，其完整涉及方案将在最后一章详细介绍，此处就永子小镇的核心区——青龙街及周边区域提升为例。此区域的核心范围为青龙街及其两侧院落，总长度 870 米，总面积 11.6 公顷，内含 4 处区级文物保护单位古建筑、3 处古井古树、若干传统院落，物质文化资源种类单一、品质一般，但非物质文化资源种类丰富，包括近十项省级、市级和区级非物质文化遗产以及“十子”文化代表的传统手工艺、丰富的民俗文化和历史传说。设计之初先对街区的肌理进行梳理，整理传统的院落空间和街巷肌理，对建筑的年代、结构、质量、高度、风貌进行评估。青龙街南段的石板、片石、软石铺地在 2016 年初的时候已经被全部破坏，局部地段已采用现代的条形地砖铺设，历史的印迹已被抹去。保存完好的青龙街两侧铺面形成的历史风貌景观正在被侵蚀，目前沿街风貌不协调的小洋楼有 10 栋，铺面背后高凸出来的新建筑也不在少数，居民保护意识较薄弱。

青龙街历史上商业非常繁荣，堂、店、号、记众多，繁盛时有 200 多家商铺，附近的村民每逢五日都来赶集，传统的棉布、日用杂货、锅碗瓢盆、糕点都很畅销。随着时代的发展，对于传统商品的需求大不如前，如今的青龙街仍在经营商业的铺面约 57 家，约占整条街铺面的 1/3。商业类型比较单一，以传统服务业为主，服饰、食杂日用百货等零售业占一半以上，除了赶集日外，平日里生意冷清，尤其是一些餐饮店铺，多半已是歇业的状态。青龙街维系了几百年的繁荣商业正逐渐走向衰弱。

一方面，历史风貌的完整性和真实性逐渐被破坏；另一方面，街道的活力日趋衰退。在此前提下，规划面临的主要任务是历史文化资源的挖掘与保护利用，街区环境的改善与品质提升，扩展业态类型，提升街区活力。依托青龙街及周边区域的资源条件，结合相关规划的要求，及多方发展的诉求，规划提出青龙街未来发展的构想与愿景，即一个充满市井文化气息、活力与乐趣的西南丝路古驿站型街区，基于此，综合分析当前旅游市场的发展趋势，按旅游资源和业态类型将青龙街的目标旅游市场锁定为历史文化探寻、传统街区观光、康体养生度假和特色工艺体验四大板块。

具体改造设计方案通过对沿街商业店铺建筑的开间、廊的研究，得到青龙街沿街建筑普遍以一、两开间的青瓦坡屋顶飞檐建筑为主，分布数量较多、较典型。通过对青龙街建筑符号的提炼，提炼出具有地方特色的屋顶、山墙、廊、台基、门、窗、装饰的类型，作为改造的元素。对主街沿线现存建筑分四类进行整治：重点保护修缮类建筑以保护为主，加固建筑结构，修缮地基与铺装，保留原有建筑风貌，整治与整体风貌不协调的建筑元素；一般整治改造类建筑以局部整治改造为主，通过对门、窗、建筑附加物（广告牌、雨棚等）的整治引导，保持与传统建筑风貌的和谐；重点整治改造类建筑以整治改造为主，降低建筑层高，翻修屋顶，以传统风貌整治立面样式，整治与整体风貌不协调的建筑元素；拆除新建类建筑以拆除原址重建为主。其重建模式有两类：一类是用传统的建筑材料复原，修旧如旧；一类是用相仿、和谐的现代材料根据新的功能业态新建，整体样式仿古、精致、耐看，并与周边传统建筑相和谐。

建筑保护修缮和改造整治的同时，依据历史资料对青龙街进行风貌修复，注重多种公共空间的设置，包括线性公共空间、纪念性公共空间、服务性公共空间和文化性公共空间等，在景观营造方面，注重收集整理老物件，如柱础、石墩、石磨、水缸、瓦罐等，作为庭院景观设计要素，提升庭院景观品质，并赋予地方特色文化内涵。打开次要景观敞空间，增加景观节点并串联成网。

在物质形态的改造设计之外，为了激发街区活力，必须对业态进行调整，对传统工艺遗产加以利用。规划以博物展览的形式，将板桥镇及其周边地区丰富的非物质文化遗产进行集中展示，做到资源挖掘的同时增强保护意识。以保护修缮手工作坊、老字号店铺的形式保护非遗传承人的工作环境，如乌铜走银、甲马木版画、锣猴儿茶馆等。通过旅游业态的植入，激活街区产业，促进从“路型观光”向长期停留的“体验型观光”和“发现型观光”转变。

9.9 一笔资金

9.9.1 特色小镇的建设资金来源

特色小镇的建设需要一笔可观的启动和运营资金，这是不言而喻的。在浙江，“特色小镇原则上 3 年内要完成固定资产投资 50 亿元（不含住宅和商业综合体项目)”，“信息经济、金融、旅游和历史经典产业特色小镇的总投资额可放宽到不低于 30 亿元，特色产业投资占比不低于 70%”。特色小镇的投资主体不局限于政府，也可以是各种市场化的投资主体。特色小镇的资金来源根据投资主体可以分为两类：一是中央部委和地方政府的政策支持资金；二是各种市场主体的投资。

1. 政策性资金

政策性资金的支持对于特色小镇的建设具有很重要的引导作用。《住房城乡建设部 国家发展改革委 财政部关于开展特色小镇培育工作的通知》（建村〔2016〕147 号）在组织领导和支持政策中提出两条支持渠道：一是国家发展改革委等有关部门支持符合条件的特色小镇建设项目申请专项建设基金；二是中央财政对工作开展较好的特色小镇给予适当奖励。目前为止，奖励尚未落实。实际上，特色小镇建设可获取的中央财政支持包括国家发展改革委的资金支持政策和农业发展银行的政策性贷款。

国家发展改革委资金支持政策：关于特色小镇建设项目申请专项建设基金，实际上在三部委文件出台之前在国家发展改革委申请专项建设基金的第 19 项“新型城镇化”一项里面，有“特色镇建设”等几个子项与特色小镇建设相关。2016 年 10 月 8 日，国家发展改革委《关于加快美丽特色小（城）镇建设的指导意见》（发改规划〔2016〕2125 号）表示将加强统筹协调，加大项目、资金、政策等的支持力度。

农业发展银行的政策性贷款：农业发展银行对于特色小镇响应最早，2015 年底就推出了特色小城镇建设专项信贷产品。中长期政策性贷款主要包括集聚城镇资源的基础设施建设和特色产业发展配套设施建设两个方面。2016 年 10 月 10 日，《住房城乡建设部 中国农业发展银行关于推进政策性金融支持小城镇建设的通知 》（建村〔2016〕220 号）进一步明确了农业发展银行对于特色小镇的融资支持办法。申请政策性金融支持的小城镇需要编制小城镇近期建设规划和建设项目实施方案，经县级人民政府批准后，向中国农业发展银行相应分支机构提出建设项目和资金需求。各省级住房城乡建设部门、中国农业发展银行省级分行应编制本省（区、市）本年度已支持情况和下一年度申请报告（包括项目清单），并于每年 12 月底前提交住房城乡建设部、中国农业发展银行总行，同时将相关信息录入小城镇建设贷款项目库。

地方政府的资金支持政策则因地而异，基本上全国各省级行政区均出台了相应的特色小镇建设支持政策。例如，浙江省规定新增财政收入上交省财政部分，前 3 年全额返还、后 2 年返还一半给当地财政；福建省规定，新增的县级财政收入，县级财政可以安排一定比例的资金用于特色小镇建设，发债企业 1% 的贴息，省地各承担一半，50 万元规划设计补助，省发展改革委、省财政厅各承担 25 万元；陕西省规定，重点示范镇每年省财政支持 1000 万元，文化旅游名镇每年支持 500 万元。

2. 市场化资金

特色小镇建设主要依靠市场投资和商业运营管理，其投融资模式主要包括以下几种：

1）PPP 融资模式

在特色小镇的开发过程中，政府与选定的社会资本签署“PPP 合作协议”，按出资比例组建 SPV（特殊目的公司），SPV 负责提供特色小镇建设运营一体化服务方案。

2）产业基金及母基金模式

这种模式根据融资结构的主导地位分三种类型：一是政府主导，一般由政府（通常是财政部门）发起，政府委托政府出资平台与银行、保险等金融机构以及其他出资人共同出资，合作成立产业基金的母基金。这种模式下政府对金融机构有稳定的担保。二是金融机构主导，由金融机构联合地方国企成立基金专注于投资特色小镇。三是由社会企业主导的 PPP 产业基金。由企业作为重要发起人，多数是大型实业类企业主导，这种模式企业的运营灵活性大。

3）股权投资基金模式

参与特色小镇建设的企业除了上市公司外，还有处于种子期、初创期、发展期、扩展期的企业，对应的股权投资基金基本可分为天使基金、创业投资基金、并购基金、夹层资本等。除天使和创投之外，并购基金和夹层资本也是很重要的参与者。

4）股权或产品众筹模式

特色小镇运营阶段的创新项目可以用众筹模式获得一定的融资，众筹的标的既可以是股份，也可以是特色小镇的产品或服务。众筹具有低门槛、多样性、依靠大众力量、注重创意的特征。

5）收益信托模式

特色小镇项目公司委托信托公司向社会发行信托计划，募集信托资金，然后统一投资于特定的项目，以项目的运营收益、政府补贴、收费等形成委托人收益。金融机构由于对项目提供资金而获得资金收益。

6）发行债券模式

特色小镇项目公司在满足发行条件的前提下，可以在交易商协会注册后发行项目收益票据，可以在银行间交易市场发行永（可）续票据、中期票据、短期融资债券等债券融资，也可以经国家发展改革委核准发行企业债和项目收益债，还可以在证券交易所公开或非公开发行公司债。

7）贷款模式

利用已有资产进行抵押贷款是最常见的融资模式，但特色小镇项目公司可以努力使得所运营项目成为纳入政府采购目录的项目。

8）融资租赁模式

融资租赁是指实质上转移与资产所有权有关的全部或绝大部风险和报酬的租赁，有三种主要方式：一是直接融资租赁，可以大幅度缓解特色小镇建设期的资金压力；二是设备融资租赁，可以解决购置高成本大型设备的融资难题；三是售后回租，即购买“有可预见的稳定收益的设施资产”并回租，这样可以盘活存量资产，改善企业财务状况。

9）资本证券化（ABS）

资产证券化是指以特定基础资产或资产组合所产生的现金流为偿付支持，通过结构化方式进行信用增级，在此基础上发行资产支持证券（ABS）的业务活动。

10）供应链融资模式

供应链融资是把供应链上的核心企业及其相关的上下游配套企业作为一个整体，根据供应链中企业的交易关系和行业特点制定基于货权及现金流控制的整体金融解决方案的一种融资模式。在特色小镇融资中，可以运用供应链融资模式的主要是应收账款质押、核心企业担保、票据融资、保理业务等。

9.9.2 特色小镇的资本运作管理——PPP 模式

浙江省的特色小镇在运营模式上要求“有明确的建设主体，由企业为主体推动项目建设”。政府、投资机构和产业运营商是特色小镇的建设和运营过程中三个关键角色，三者形成利益共同体，共同推进特色小镇的建设发展。投资主体为特色小镇建设提供资金支持并享受投资分红，政府为特色小镇建设做配套服务，专业的产业运营商负责特色小镇的产业经营乃至整个小镇的运营。[1]

特色小镇建设过程中应采取政府引导，企业主导，分工合作，各取所长的管理模式。政府要在规划编制、宣传推介等方面发挥积极作用，鼓励和支持企业参与小城镇建设和发展，充分发挥市场在资源配置中的决定性作用，使一些区位条件好、发展潜力大、资源环境承载力高的小城镇得到更好更快发展。特色突出、发展潜力大的特色小镇越来越受到战略投资者的青睐。战略投资者对小镇进行统筹规划和建设，可以有效防止小镇建设过程中的碎片化，因此，要尽可能地吸引战略投资者对小镇进行统一规划和开发。同时也积极吸引多元主体参与小镇建设，发挥多元主体参与小镇建设的积极性。

特色小镇在建设过程中，投融资模式及后续的运营管理方式，都不同程度地影响了特色小镇的建设。而融资约束是特色小镇建设的最大障碍。持续稳定的资金来源是特色小镇发展的关键，因此合适的融资模式对于特色小镇的发展是非常有必要的。目前 PPP 模式在中国各级地方政府得到广泛运用，但是投资领域绝大多数集中在综合管廊、地下管网、自来水厂等基础设施和公共服务领域，而 PPP 在特色小镇建设方面的运用尚未得到合理的运用。因此如何将 PPP 融资模式成功引入特色小镇建设过程中，用以解决特色小镇建设过程中的资金来源问题，成为资本运营下特色小镇的攻坚课题。

特色小镇 PPP 模式，是以特色小镇项目为合作载体，让实力较强的企业参与项目建设中，从而实现政府建设特色小镇的目的，与此同时为社会资本带来一定的投资回报率。通过这种合作过程，确保特色小镇建设效率和质量

1 参考《旅游特色小镇开发与运营管理》P118。

的前提下，适当满足社会资本的投资营利要求。其特征主要表现为。

1. 采用 PPP 模式的特色小镇项目是一种特许经营项目

特色小镇的财产权归政府所有，政府只是将特色小镇项目的建设、经营和维护交给社会资本。

2. 特色小镇的 PPP 模式是政府和社会资本之间的长期合作

由于特色小镇项目回报的长期性，其成功的关键在于项目的存续期内政府和社会资本如何能够保持稳定、良好的合作关系，其最终的目的在于提高特色小镇的长期效益。

3. PPP 模式的初衷便是一种利益共享，风险共担的机制

所谓利益共享是指政府和社会资本在共享特色小镇的社会成果之外，也可以使社会资本获得比较好的经济收益。但是这种投资收报绝对不是超额利润，否则从根本上难以做到利益共享。利益与风险的匹配性，在项目双方共享利益的同时承担相应风险是必须具备的。

特色小镇建设 PPP 模式的交易架构。重点是社会资本就特色小镇项目应成立项目公司，由项目公司负责对项目进行融资，这其中包括融资金额和目标、融资结构、确定项目资金的结构，并签署相关协议。

要大力发展该类模式在特色小镇中的应用，就需要政府从政策、法律、税收和金融等方面提供更多的支持，才能进一步推动特色小镇的建设。

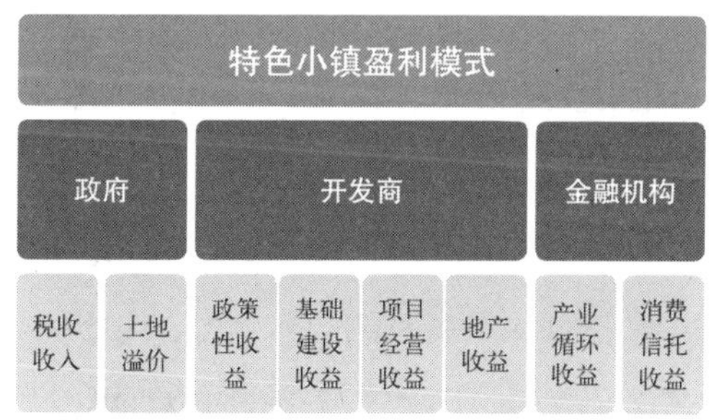

图 9.9.2-1　特色小镇盈利模式图

以杭州玉皇山南基金小镇为例，该小镇根据金融人才国际化、精英型的特点，坚持市场化运作、产业链招商、生态圈建设的模式，通过联合政府性

行业组织、龙头企业和知名中介，开展海内外招商及合作业务，快速推动私募金融集聚发展，一批涵盖股权投资、商品期货、固定收益等方面的金融精英汇聚小镇。自 2015 年玉皇山南基金小镇正式揭牌之后，已经有 1000 多家对冲基金和私募基金在小镇注册，资金管理规模达 5800 亿元（约合 840 亿美元）。由于一般的基金公司都可以得到 30% 的税费补贴，更增加了其吸引力，玉皇山南基金小镇现在已然成为上海、北京和深圳之外中国最大的对冲基金聚集地。2015 年税收超过 4 亿元，而 2016 年第一季度税收就超过了 3 亿元，实现了爆发式增长。其与杭州云栖小镇一样都是由政府主导开发和经营环境，通过特色产业（玉皇山南基金小镇以对冲基金为主导产业，云栖小镇以云计算为主导产业）培育、主导产业企业聚集、产业优惠政策和优质环境塑造，使小镇经济迅猛发展，税收猛增，并带动小镇及周边土地的溢价。

华侨城深圳甘坑客家小镇项目是由深圳市龙岗区政府、华侨城集团公司和深圳市甘坑生态文化发展有限公司三家公司，以 PPP 模式合作开发的，总投资额 300 亿元。该项目将以新型文化创意产业为特色，尤其是导入和培育具有高科技含量和高艺术水准的原创文化内容产业，形成高端文化创意产业园区，带动“文化 +”相关的科技、旅游、商业、生态、农业、教育、家居等现代新型城镇化产业的转型升级和快速发展，以“文化 + 旅游 + 城镇化”发展模式驱动，通过三至五年时间初步将其建成中国内容文化创意产业的示范基地，实现年产值突破百亿。甘坑客家小镇重点规划五个功能区，包括华侨城（甘坑）文化旅游小镇、中国文学部落、绿道主题鲜花农庄、山水剧场公园和华侨城艺术家园。其收入来源由“门票收入 + 租金 + 销售分成”构成，项目中旧厂房经华侨城改造后，租金可从每月每平方米 15 ~ 20 元提高到 50 ~ 60 元，与门票一起构成项目的长期稳定收入。而销售分成，则是指在小镇中开发的农产品、餐饮服务、培育的一些产品的销售等。此外，项目中的地产板块在小镇声名鹊起之后，亦将为企业带来巨额收益，弥补企业前期发展文旅产业的巨大投入。

第 10 章　特色小镇类型分类及工作重点

10.1　特色小镇分类标准

按主导产业、地区位置、规模、资源、历史文化进行分类，可以分为 10 个类型。分别是生态旅游型、历史文化型、城郊休闲型、资源禀赋型、新兴产业型、高端制造型、特色产业型、金融创新型、交通区位型、时尚创意型。

10.2　类型解读及创建要点

10.2.1　生态旅游型特色小镇类型解读

图 10.2.1-1　生态旅游型特色小镇

打造生态旅游型小镇，一是要小镇生态环境良好，宜居宜游；二是产业特点以绿色低碳为主，可持续性较强；三是小镇以生态观光、康体休闲为主。

案例：仙居神仙氧吧小镇、武义温泉小镇、宁海森林温泉小镇、乐清雁荡山月光小镇、临安红叶小镇、青田欧洲小镇、景宁畲乡小镇、杭州湾花田小镇、万宁水乡小镇、龙江碧野小镇、廊下田园小镇、莲麻乡情小镇、锦洞桃花小镇、联溪徒步小镇、丽江玫瑰小镇。

10.2.2 历史文化型特色小镇类型解读

打造历史文化型小镇，一是要小镇历史脉络清晰可循；二是小镇文化内涵重点突出、特色鲜明；三是要小镇的规划建设延续历史文脉，尊重历史与传统。

案例：莲都古堰画乡小镇、越城黄酒小镇、龙泉青瓷小镇、湖州丝绸小镇、上虞围棋小镇、南浔善琏湖笔小镇、朱家尖禅意小镇、奉化布龙小镇、天台山和合小镇、古北水镇、平遥古城、茅台酿酒小镇、粮画小镇、石鼻古民居小镇、湘西边城小镇、三都赛马小镇、永年太极小镇、新兴禅意小镇。

图 10.2.2-1　历史文化型特色小镇

10.2.3　城郊休闲型特色小镇类型解读

打造城郊休闲型小镇，一是要小镇与城市距离较近，位于都市旅游圈之内，距城市车程最好在 2 小时以内；二是小镇要根据城市人群的需求进行针对性的开发，以休闲度假为主；三是小镇的基础设施建设与城市差距较小。

案例：安吉天使小镇、丽水长寿小镇、太湖健康蜜月小镇、黄岩智能模具小镇、永嘉玩具智造小镇、下城跨贸小镇、临安颐养小镇、瓯海生命健康小镇、琼海博鳌小镇、旧州美食小镇、花桥物流小镇、小汤山温泉小镇、大路农耕文明小镇、龙溪谷健康小镇、钟落潭健康小镇。

图 10.2.3-1　城郊休闲型特色小镇

10.2.4　资源禀赋型特色小镇类型解读

打造资源禀赋型小镇，一是要小镇资源优势突出，处于领先地位；二是小镇市场前景广阔，发展潜力巨大；三是对小镇的优势资源深入挖掘，充分体现小镇资源特色。

案例：青田石雕小镇、定海远洋渔业小镇、开化根缘小镇、西湖龙坞茶小镇、桐庐妙笔小镇、磐安江南药镇、庆元香菇小镇、仙居杨梅小镇、桐乡桑蚕小镇、泾阳茯茶小镇、双阳梅花鹿小镇、陇南橄榄小镇、怀柔板栗小镇、通霄飞牛小镇、金山麻竹小镇、宝应莲藕小镇、花都珠宝小镇。

图 10.2.4-1 资源禀赋型特色小镇

10.2.5 新兴产业型特色小镇类型解读

打造新兴产业型小镇，一是小镇位于经济发展程度较高的区域；二是小镇以科技智能等新兴产业为主，科技和互联网产业尤其突出；三是小镇有一定的新兴产业基础的积累，产业园区集聚效应突出。

图 10.2.5-1 新兴产业型特色小镇

案例：余杭梦想小镇、西湖云栖小镇、临安云制造小镇、江干东方电商小镇、上虞 e 游小镇、德清地理信息小镇、余杭传感小镇、秀洲智慧物流小镇、天子岭静脉小镇、枫泾科创小镇、新塘电商小镇、太和电商小镇、黄埔知识小镇、朱村科教小镇、福山互联网农业小镇、菁蓉创客小镇。

10.2.6　高端制造型特色小镇类型解读

打造高端制造型小镇，一是要小镇产业以高精尖为主，并始终遵循产城融合理念；二是注重高级人才资源的引进，为小镇持续发展增加动力；三是突出小镇的智能化建设。

案例：萧山机器人小镇、宁海智能汽车小镇、长兴新能源小镇、江北动力小镇、秀洲光伏小镇、海盐核电小镇、江山光谷小镇、新昌智能装备小镇、南浔智能电梯小镇、城阳动车小镇、中北汽车小镇、路桥沃尔沃小镇、窦店高端制造小镇、爱飞客航空小镇。

图 10.2.6-1　高端制造型特色小镇

10.2.7　特色产业型特色小镇解读

打造特色产业型小镇，一是要小镇产业特点以新奇特等产业为主；二是小镇规模不宜过大，应是小而美、小而精、小而特。

案例：大唐袜艺小镇、吴兴美妆小镇、嘉善巧克力甜蜜小镇、桐乡毛衫时尚小镇、玉环生态互联网家居小镇、平阳宠物小镇、安吉椅业小镇、温岭泵业智造小镇、东莞石龙小镇、信阳家居小镇、文港笔都工贸小镇、亭林巧克力小镇、吕巷水果小镇、王庆坨自行车小镇、秀全珠宝小镇。

图 10.2.7-1　特色产业型特色小镇

10.2.8　金融创新型特色小镇解读

打造金融创新型小镇，一是要小镇经济发展迅速的核心区域，具备得天独厚的区位优势、人才优势、资源优势、创新优势、政策优势；二是小镇有一定的财富积累，市场广阔，投融资空间巨大；三是科技金融是此类小镇发展的强大动力和重要支撑。

案例：上城玉皇山南基金小镇、梅山海洋金融小镇、富阳硅谷小镇、义乌丝路金融小镇、西溪谷互联网金融小镇、拱墅运河财富小镇、乌镇互联网小镇、房山基金小镇、南海千灯湖小镇、万博基金小镇、花东绿色金融小镇、新塘基金小镇。

图 10.2.8-1　金融创新型特色小镇

10.2.9　交通区位型特色小镇解读

打造交通区位型小镇，一是要小镇交通区位条件良好，属于重要的交通枢纽或者中转地区，交通便利；二是小镇产业建设应该能够联动周边城市资源，成为该区域的网络节点，实现资源合理有效的利用。

案例：建德航空小镇、萧山空港小镇、西湖紫金众创小镇、新昌万丰航空小镇、九龙山航空运动小镇、安吉航空小镇、宁海滨海航空小镇、北京新机场服务小镇、人和航空小镇、千年敦煌月牙小镇、深沪海丝风情小镇、博尚茶马古道小镇、秦栏边界小镇。

图 10.2.9-1　交通区位型特色小镇

10.2.10　时尚创意型特色小镇解读

打造时尚创意型小镇。一是小镇以时尚产业为主导，并与国际接轨，引领国际时尚潮流；二是小镇应该以文化为深度，以时尚为广度，实现产业的融合发展；三是小镇应该打造一个时尚产业的平台，促进国内与国际的互动交流。

案例：余杭艺尚小镇、滨江创意小镇、西湖艺创小镇、江干丁兰智慧小镇、大江东巧客小镇、安吉影视小镇、兰亭书法文化创意小镇、乐清蝴蝶文创小镇、杨宋中影基地小镇、宋庄艺术小镇、张家楼油画小镇、狮岭时尚产业小镇、增江街 1978 文化创意小镇。

图 10.2.10-1　时尚创意型特色小镇

第 11 章　案例分析

11.1　隐形文化的显性化和产业化：浙江天台山和合小镇

（此项目获得 2016 年浙江省优秀规划设计二等奖）

11.1.1　项目背景

天台县位于浙江省东部，台州市北部，因境内天台山得名。天台山在文化积淀、旅游资源、生态禀赋方面具有得天独厚的优势。作为中华三教第一山，历史人文资源深化，历经两汉、魏晋、隋唐、两宋时期的发展，逐步形成了“佛释道”三教充分和合、兼容、并蓄的独特地域文化——“和合文化”。作为国家级重点风景名胜区，旅游资源禀赋极佳，天台山是以游览观赏、休闲度假、宗教朝觐和文化体验为主要功能的心灵福地。天台山和合小镇选址于天台县城北郊，位于国家 5A 级旅游景区天台县国清寺门的南部入口区，处于天台城区和天台山风景名胜区（北片）的过渡地带，是城区通往景区的必经之地，距离县城中心 4.5 公里左右。小镇以国家级文化论坛——天台山中华文化论坛为龙头，以“和合文化”为灵魂，以人文体验与自然风景旅游为主体，以非物质文化遗产和养生文化传统为特色，打造集旅游、文化、创意、养生多功能于一体，具有完整社区功能、富有浓郁人文气息的旅游特色小镇。

和合小镇取名“和合文化”。其中核心承载为国清寺，是中国佛教第一个本土宗派天台宗的创始地，是韩国、日本佛教天台宗的祖庭，在海外宗教界有着极高的影响地位。“和合”是中国思想文化中被普通接受和认同的人文精神，它纵向贯串于整个中国文化发展的全过程，横摄于各个时代、各家各派思想文化之中，是中国思想文化中最完善、最富有生命力的精髓。天台山历史源远流长，始于两汉、魏晋至隋唐，盛于两宋之后，后形成了“和合文化”。

唐代著名诗僧——寒山子，隐居天台七十余年，期间与国清寺高僧——拾得结成挚友，流传下众多的典故、诗篇、事迹，经后人收集整理后形成《寒山拾得问对录》《寒山子诗集》等著作，被广为传颂。历史上佛、道、儒三教均推崇寒山、拾得。佛教称他们为“和合佛”，道教称他们为“和合二仙”，儒教奉他们为“和合二圣”。清代雍正皇帝敕封寒山为“和圣”、拾得为“合圣”，由此确立了天台山中华和合文化的符号象征。而在民间，寒山、拾得被当作喜神、财神，是家庭、社会和睦的象征。寒山的诗篇及“人与自然和合、人与人和合、身与心和合”的和合精神，后被传播至日本、欧美、东南亚等地，掀起一阵阵的“寒山热”。习近平总书记高度重视优秀传统文化的传承与弘扬，曾对“和合文化”有过精辟的解读，我们的祖先曾创造了无与伦比的文化，而“和合”正是这其中精髓之一。“和”指的是和谐、平中等，“合”指的汇融联。这种“贵和尚中、善解能容，厚德载物、和而不同”的宽容品格是我们民族所追求的一种文化理念。

按照天台县建设“佛宗道源地、心灵瑜伽园、品质天台城”和打造旅游休闲胜地的总要求，立足天台山“佛宗道源、山水神秀”的地域特色，天台山和合小镇将以国家级文化论坛——天台山中华文化为龙头，以“和合文化”为灵魂，以人文体验与自然风景旅游为主体，以非物质文化遗产和养生文化传统为特色，打造集旅游、文化、创意、养生多功能于一体，具有完整社区功能、富有浓郁人文气息的旅游特色小镇。

由此可见“和合文化”是小镇的核心标识，也是小镇独一无二的IP。因如果此文化特色自然是小镇诸多特色中最突出的部分。但将文化作为核心所带来的挑战是如果将文化和产业嫁接，换句话说，就是回答如何做好和合文化的展示和利用的问题？一方面是将隐形文化进行显性表达；另一方面是将传统文化时代化，让当代人容易接受。摆在设计团队面前的核心任务就转译为在讲好“和合”故事的基础上，与现代产业进行嫁接并形成特色产业，同时通过空间特色强化和合内核，通过功能特色丰富小镇功能。

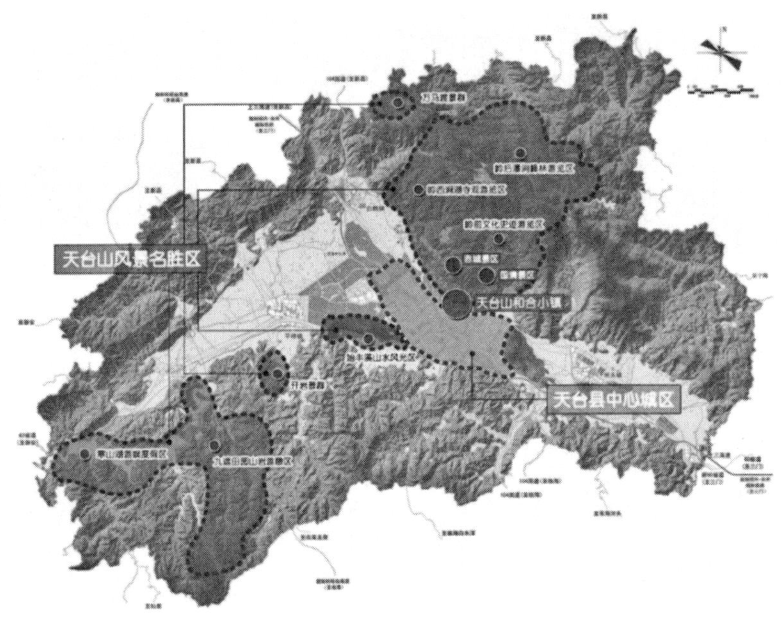

图 11.1.1-1　和合小镇区位示意图

11.1.2　核心思路

1. 小镇定位

在明确“和合文化”为核心特色的基础上，将小镇定位为：以独特的自然山水和精深的文化底蕴为依托，将天台山和合小镇打造成为具有世界影响力的“和合文化”中心，极具地域特色的中华人文地标，集文化、旅游、养生于一体的国家 5A 级精品旅游特色小镇。

2. 产业特色

（1）主导产业

合小镇重点集聚发展以“和合文化”为核心的特色产业体系，并着力强化产业特色突出、关联互补，通过整合优化，加大投入力度，提升“和合文化”整体影响力，以及对地方经济社会发展的带动作用。

充分依托现有产业基础和优势资源，紧扣和合文化主题，找准四个方面的市场需求点、社会认同点和价值对接点，分别为“和合姻缘经济、和合非遗文创、和合教育传播、和合修心度假”。并基于市场主导、企业主体的项目落地要求，强化产业主题化和项目集群化组织，以此引导功能架构与空间布局。

其中，和合姻缘经济弘扬和合美德、传承地方文化，依托和合人间文化园，建设婚俗婚庆园、和合堂等项目，定期举办“中华和合婚俗婚庆节”，重点发展寓意家庭夫妻和合的婚俗礼仪体验、汉婚创新设计、礼服礼品制作和婚俗婚庆策划等，打造全国首个和合姻缘产业和合婚俗体验基地。

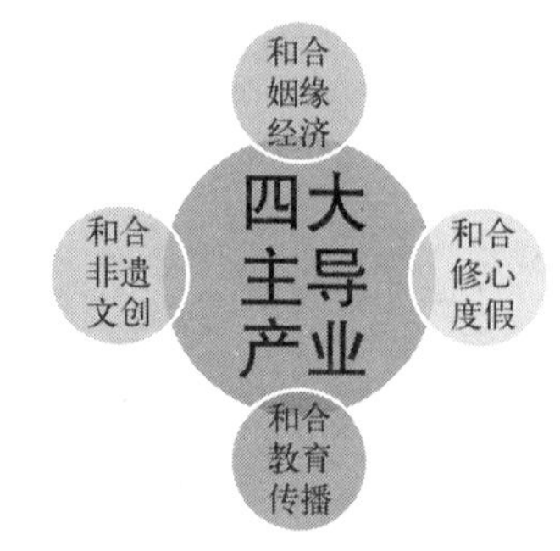

图 11.1.2-1 主导产业体系构成

和合非遗文创以天台一根藤、佛雕等独特的和合工艺为依托，挖掘中国传统非物质文化遗产的和合精神，突出非遗博物馆、和合梦工坊、拾得集等项目建设，通过策划东方非遗产业联盟项目网罗创新、创业人才，打造全国最具影响力的和合工艺创作、展示、销售、拍卖、交流基地。

和合修心度假充分发挥天台山丰富的养生文化资源优势和养生保健品产业优势，深化养生文化资源的挖掘、整理、弘扬，彰显“和合文化”和睦相处、互忍互让环境氛围，唱响“养眼、养肺、养胃、养脑、养心、养神”六养之地和“天下养生源天台”的口号，聚焦发展佛道禅修、修心旅居、养生度假等业态，打造成为长三角知名的和合修心度假基地。

和合教育传播挖掘和合文化的普世价值，重点发展会议会展、教育培训和论坛经济，通过建设寒山书院、世界和合论坛、和合文化研究中心等项目，成为传播东方和合哲学、探讨全球和平进程的国际知名论坛小镇。定期举办相关文化会议，吸引相关文化人士、国际友人的聚集，同时辅以商业街、酒店等设施，使之成为会议论坛经济集聚区。

（2）旅游产业

整个小镇的核心就是基于国清寺这一旅游胜地，所以旅游产业有较好的基础，与四大产业也有天然的关联性。重点做大文化旅游，做好观光旅游，开发乡村旅游。围绕和合文化主题，深入挖掘与之相关的名人文化、儒佛道宗教文化以及富有传统特色的民居、民俗等文化。依托天台山国家 4A 级旅游景区建设，加强景区联动，进一步丰富旅游目的地开发，加大森林、植被、水体保护，提高自然景观质量。高标准推进乡村旅游设施建设和规范运营，特色化改造小镇范围内现状的村庄，开发经营精品民宿、特色旅舍、生态休闲农场等乡村旅游项目，打造小镇建设的特色亮点。

同时，将旅游产业再耦合进主导产业中，体现产业体系的双轮驱动。以“和合人间”文化园等一批文化创意园、艺术村、文创区项目为主要平台，培育发展以“寒山拾得”“九龙造天台”“刘阮遇仙”等和合文化为主题的影视、动漫设计开发，特色手工艺品和纪念品设计开发，加强活动谋划，延伸发展教育培训、会展、主题节庆等文化服务产业。

利用天台山优质生态资源，彰显“和合文化”和睦相处、互相忍让的环境氛围，重点聚焦发展护理康复、中医保健、度假养老等服务业态。推动康复护理、老年护理等多样化护理服务发展，努力提高规范化、专业化服务水平。鼓励发展以体质辨识为基础的中医预防保健服务，支持开展推拿、按摩、针灸、刮痧、艾灸、保健咨询和调理等服务。鼓励开展各类度假式养老服务，积极推出农业观光、文化休闲、生态休闲等各类老年人休闲养生度假产品，推动形成具有“和合”特色的专业老年化旅游服务品牌。

3. 功能特色

围绕“文化地标、旅游门户、非遗基地、养生基地、创新社区”五大功能定位，研究确定了 21 类功能构成和功能空间形式，如表 11.1.2-1：

和合小镇功能空间设置一览表　　表 11.1.2-1

功能定位	功能构成	功能空间形式
国际“和合文化”传播中心	• 文化研究 • 文化展示 • 文字交流 • 文字体验 • 文化传播	• 商务会议会展中心； • 文化博物馆； • 文化体验区； • 主题文化馆； • 国学书院
天台山“中华名山”旅游门户区	• 旅游集散 • 观光游览 • 休闲度假 • 住宿餐饮 • 娱乐购物	• 旅游集散中心（保护游客接待、旅游巴士、停车服务）、景区观光游线、慢步系统等； • 特色“农居乐”、品牌中西式正餐、中西式简餐、时尚主题餐饮等； • 星级酒店、精品度假酒店、快捷酒店、精品旅舍、特色民宿等； • 宗教朝觐、风景观光、商务旅游、人文体验等； • 生态休闲林场、亲子活动乐园； • 旅游产品购物、品牌商品零售、文化创意产品购物； • 温泉、茶馆、酒吧、野营、休闲娱乐等

续表

功能定位	功能构成	功能空间形式
浙江文化创意产业创业基地	● 创意、创造、创新 ● 展示、交流、体验 ● 公共配套服务	● 艺术家工作室； ● 影视制作、创意设计等创意工坊； ● 民俗文化、非遗文化、和合文化等博物馆、主题展示馆； ● 创作展示、交流中心； ● 主题会所、沙龙，配套休闲、住宿、商业设施
浙东“慢生活”休闲养心谷	● 休闲游憩 ● 养生居住 ● 康体配套服务	● 宗教静修研习社； ● 休闲养生园； ● 养老养生社区； ● 疗养度假村； ● 配套医疗康复机构
天台新农村社区创新示范区	● 品质居住 ● 自治管理 ● 社区服务 ● 社区就业 ● 商业配套	● 旅游特色村； ● 农房聚集区； ● 环境整治村； ● 社区公共服务中心； ● 社区商业中心

功能布局方案充分考虑场地自然条件，紧扣“功能复合、集约利用，立足场地、优化布局，根植环境、生态优先”的布局思路，采用“动静分区、有机融合”的方式，组织和合小镇各类功能要素的空间布局，总体上形成“一核两翼”的布局结构。三大功能板块，自东向西逐步塑造由“静谧”向“动感”过渡的特色小镇景观风貌，隐喻表达“和合文化”中“出世”与“入世”的和合、兼容。功能板块间通过交通、景观和公建设施体系的组织，实现紧密串联。

“一核”，和合文化中心区。依托现状的中华佛教城、“和合人间”文化园（在建）、天台县博物馆等项目，整合布置大型文化公共服务设施和文化创意产业设施，重点发展“和合文化”的研究、展示、体验、交流、传播等文化功能，以及与文化活动密切相关的文化创意、文化旅游功能，构筑天台山和合小镇的形象地标中心，成为展示和合小镇特色风貌的“小镇客厅”。**“西翼”**，天台门户旅游区。围绕在建的天台山旅游集散中心项目，以旅游集散、游客接待、交通服务、商贸购物、住宿餐饮、休闲娱乐等旅游综合配套服务功能为重点，兼顾观光、休闲、游览等休闲旅游功能，营造“繁华动感”的旅游门户区氛围，打造成为天台山和合小镇与天台山风景名胜区的重点门户旅游景区。**“东翼”**，和合天堂养心谷。立足保育良好的自然生态环境，将天台本地“佛宗道源”所蕴含的养生传统与当今倡导的“慢生活”健康生活方式相结合，利用本区“幽静山谷”区域环境特质，营造“静谧安逸”的生态休闲度假区氛围，打造以“和合天堂”为品牌的休闲养心谷地。

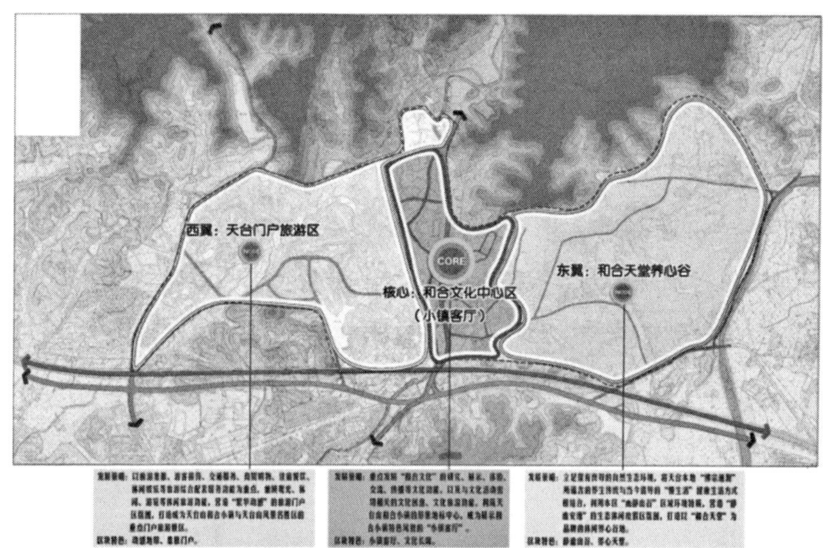

图 11.1.2.-2　和合小镇布局结构图

在此基础上，对核心区、东翼、西翼三大片区功能构成进行进一步的细分。核心区总面积约 0.5 平方公里，北侧（国清路与国赤路交汇处），新建“和合文化”国际交流中心，结合已建的中华佛教城、天台县博物馆，构成“和合文化”研究交流平台，承担地域文化传播功能。其中“和合文化”国际交流中心将作为“天台山文化高峰论坛”的永久会址。中部（天台山旅游集散中心东入口处），布置“拾得”广场和“寒山”公园，建设一批集中反映“和合文化”的雕塑群、景观小品、户外文化展示设施，打造文化主题广场（公园），并结合赭溪滨水绿廊建设，构成完整的小镇形象地标中心。赭溪两侧，沿岸布置连续的绿色滨水长廊，贯穿整个和合文化中心区，形成主要的滨水景观长廊。东南侧（国清路以东），布置“和合人间”文化园、“尚和”艺术村、民俗工艺制作区，发展由“和合文化”延伸而来的文化创意产业，包括设计咨询、影视制作、传统工艺制作、艺术家工作室、传统文化主题馆等。

西翼总面积约 1.1 平方公里，中央是天台山旅游集散中心，中心内，主要布置集散广场、特色商业街、游客中心、特色文化街、主题酒店、管理办公区和生态停车场。东西向沿特色商业街——特色文化街，沿线布置体现“和合文化”特色的展示区、雕塑、小品等，形成主要的人文景观轴线，与小镇客厅相呼应。天台山旅游集散中心周边，围绕黄眉奥水库、西牧场水库、大湾水库三个水体和周边山体，布置 4 处生态休闲游憩区。对周边现有的居民点原址进行整治改造，打造下松门、墙头曹 2 个旅游特色村。

东翼总面积约 1.4 平方公里，整体打造为“和合天堂”养心谷，以禅修养生、“慢生活”度假为主题，利用现有地形，分为南、北两个谷地进行布置，并通过内部道路进行串联。南谷以“慢生活”主题，依托峧头村设置“慢生活”区，安排精品民宿、特色旅舍、主题会所、西餐咖啡、主题酒吧、时尚餐馆、山顶餐厅、农家乐等多种业态；“慢生活”区北侧，结合谷底，设置生态休闲农场，发展观光、休闲、体验型农业。南谷西侧入口，结合和合文化中心区的“和尚文”艺术村，设置菩提文创产业区，重点发展以佛像精雕等天台传统手工艺为主题的文化创意产业，集聚一批大师（名师）工作室、文创企业总部，开展传统技艺的传承、创作、交流、体验、旅游等活动；东南侧入口处（老 S60 省道），设置文化艺术品市场，开展佛雕等文化艺术品的商贸与展示。北谷以“禅修

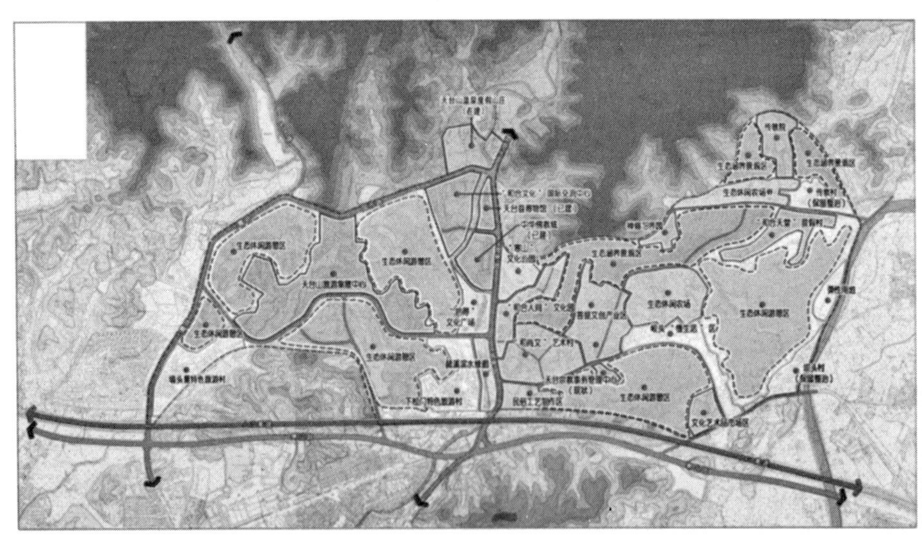

图 11.1.2-3　和合小镇功能布局图

养生”为主题，依托建的“传教院”项目，布置 2 处“佛道”禅修习养园；中部利用现有农田，设置 1 处生态休闲农场；南部结合布置“和合天堂”度假村，采用德清裸心谷等高端特色度假村的开发模式，“依山就谷”布置精品旅舍和休闲度假会所群，打造“和合天堂谷”养心、休闲、度假家园的旅游品牌。南、北谷之间的山林，在生态保护的前提下，开辟森林慢步“绿道”系统，契合“慢生活”主题，建设生态休闲游憩区，开展生态休闲旅游活动。规划皎头村进行特色化改造，建设“慢生活”为主题的街区；保留坝头、传教两村，原址进行控制和整治，作为农家乐等形式，为周边新开发区域提供基础性的餐饮、商业配套服务。

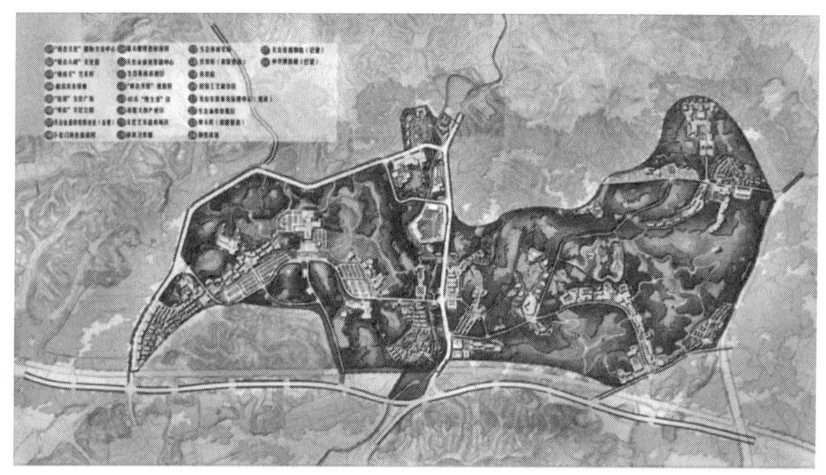

图 11.1.2-4　和合小镇建设示意图

图 11.1.2-5　和合小镇核心区效果图

4. 生态和空间特色

良好的生态环境不仅是支撑和合小镇主导产业的重要内容，也是小镇本身的核心特色之一。在打造小镇发展空间的同时，始终秉承着“三生融合”和“生态优先”的理念，打造生态型小镇。生态小镇强调以人的行为主导、自然环境系统为依托，资源流动为命脉，社会体制为经络，是一个“社会—经济—自然”的复合系统，系统中的各部分都应协调 和可持续地发展。从生态环境角度出发，生态小镇不仅要有良好的自然生态系统，较低的环境污染，良好的城市绿化，还应有完善的自然资源可循环利用系统。和合生态小镇的构建必须在尊重现状生态环境的基础上进行，使得人与自然和谐共处，将自然元素完美的融入人类生活中，并实现生态小镇的可持续发展。实现生态特色和空间特色主要通过以下途径：

（1）构建安全的小镇生态格局。根据前期的环境基底分析确定具有良好空间布局的安全小镇生态格局，充分利用水体和绿化进行功能区的分割，修复主要的栖息地，疏通主要生态廊道，打通小镇生态资源与区域生态资源的生态通道，维护生态过程的健康与安全。

（2）建立完善的小镇基础设施。生态小镇各项基础设施的完善不仅可以提升居住环境，也利于环境保护，建议生态小镇规划设计“环境友好型”市政水系统，对水资源进行综合管理；并有效处理污染物，对水环境进行综合规划与治理。

（3）规划良好的小镇生活环境。建立完善的公共卫生设施，有效控制各种污染物提升水体水质，并建立相应的危机处理机制，如防洪排涝等。

（4）打造绿色低碳小镇。新能源的利用不仅可节能，而且可以减少长期运营成本，降低碳排放量，生态新城应积极开拓新能源的利用，将低碳的理念贯彻到基地规划设计的全过程和小镇开发建设的每一个环节，如小镇建筑应尽可能采用低能耗环保建筑材料。

（5）构建生态廊道。主要有万松径古景廊和立体绿廊，不仅利于动物迁徙，也助于小镇通风和降温。第一生态廊道为万松径，保护水生植物、水生动物（鱼类、水生昆虫）及依附水体栖息的动物（两栖类、水鸟）等。重点吸引的水鸟包括鸊鷉类、鸭类、雁类、鸥类、鹭类等。第二生态廊道利用连续的立体廊道为鸟类创造栖息地；同时利用不同海拔的林地，吸引多种林鸟，例如雀类、鹛类、鹟类等。

图 11.1.2-6　和合小镇整体鸟瞰图

11.2　传统工业园区的转型之路：江苏南通启东滨海智创小镇

11.2.1　项目背景

启东滨海工业园（现已更名为启东滨海高新区）位于启东市东部的近海镇，距离上海市中心的直线距离约 70 公里，始建于 2005 年，是启东全面对接上海产业转移的排头兵，已建成园区面积 11 平方公里。2008 年 1 月，启东市人民政府和上海外高桥（集团）有限公司签订战略合作协议，在滨海工业园内创立上海外高桥集团（启东 27）产业园，从而开创了苏沪两地联合开发、共建园区的新模式。目标是要打造成为上海都市圈北翼的高科技产业和先进制造承载区。园区现状集聚企业 300 多家，已投产企业 293 家，主要为装备制造、生物医药、电子电器等，企业平均产值规模为 1428 万元。依托现有的产业集群基础、与上海的产业合作关系、周边充足的发展空间等优势，有望打造成为启东市东部的花园式滨海新城，是启东新一轮产业转型升级的战略重地，但同国内大多数工业园区一样，也面临很多共性的发展困境。

园区首先表现为产城融合度不足。作为典型的工业园区体现为产大城小，城市服务功能偏弱，生产性服务功能和生活性服务功能都严重不足，人流、物流、金融流、信息流的汇聚度不足，难以支撑产业的持续发展。

其次，园区产业创新力不足。园区现状龙头企业数量、体量和能级上均不足，以劳动密集型加工组装为主的装备制造业，缺乏上游研发设计与下游销售增值服务；现状产业核心技术主要依赖境外引进和母公司授权。

再次，人才吸引力不足。创新平台、人居环境、服务设施的品质不足，难以吸引高端人才。作为创新能力的核心要素，人才是园区可持续发展的根本保证，但现状硬环境和软环境都缺乏对人才的吸引力。项目组在调研中发现，许多企业的高管都住在上海，并抱怨园区内生活娱乐极为不便。

最后，经常被工业园区发展所忽视的是缺少灵魂。本规划区原是江苏沿海重要的盐场，是启东江海文化、围垦文化、滩涂湿地文化的典型区域。但现状园区的空间特色、产业特色、文化特色、生态特色都不足，既没有对所在地的文化传承，也没有形成自身的特点，是一个让人无法记住的城市。

在这一大背景下，园区管委会希望借助开辟特色小镇区块作为解决问题的抓手。园区已经形成了成熟的产业门类，所以小镇的产业特色将是四个特色的核心组成。起初管委会给小镇定名为智造小镇，以体现通过小镇建设推动园区从“制造”向“智造”转型，设计团队接收任务后首先做出对“智造”进一步升级定位的建议，将“智造”改为“智创”，向创新创业方向进一步延展。这一建议得到了管委会的认可，也进一步明确了小镇的发展核心。

基于以上分析，智创小镇的核心是要建设成为滨海工业园区的科创动力源、品质服务核、休闲人居湾，以汇聚高端产业要素，推动产业转型。

11.2.2 核心思路

1. 项目策划

传统制造业需要走改革之路已受到全世界的重视。美国等发达国家都试图通过实施“先进制造业伙伴计划”“工业 4.0”“再工业化”等战略来强化在全球制造业分工中的控制地位。发展中国家也在加快承接产业和资本转移，推进工业化进程。我国在这一大趋势下，国务院出台制造强国中长期发展战略规划《中国制造 2025》，全面部署推进制造强国战略实施，坚持创新驱动、智能转型、强化基础、绿色发展，加快从制造大国转向制造强国。本案整体策划需要根据小镇的现状融入国家战略，打造一智造和科创为核心的产业小镇。

智造小镇将成为激发工业园区整体活力的造血机制，极大提升整个板块的土地价值，其目标不仅成为智创产业生产研发高地，还应借助智能制造、创新基地的打造，不断吸引国内外高端人才与企业。 因此，本次小镇建设必须坚持生产与生活要素并重，环境与产业共融，打破先前单一传统工业园开发思路，解决地域服务水平偏低和生产生活配套层级低的弊端，配置高端复合的服务功能来满足不同层级人的需求，形成“研发智创 + 生产配套 + 生活配套”三类业态的有机组合。基于此，智创小镇的总体定位为：

创新升级的“智创小镇”：新科技产业的理想聚集地；

多元复合的“活力小镇”：产城人融合的引领示范区；

滨海休闲的“生态小镇”：滨海慢生活的最佳实践者。

2. 产业特色

在产业定位上以集聚面向机械装备、电子电器、生物医药的智创服务产业为核心目标，突出“价值、生态、协作、品质”四元互动的产业生态链要求，重点打造“智造研发 + 科创孵化 + 配套服务”的智创产业体系，成为整个滨海高新区的造血引擎，实现园区从“加工车间”到“研发智核”的华丽转身，最终推动滨海从“滨海制造”到“滨海智创”的转变。

小镇产业体系中的主导产业要做出特色，主要是对以机械装备、电子电器、生物医药为核心的智造模块加以延伸，如图 11.2.2-1 表现为工业化、分工专业化、龙头引领化、智造品牌化、资源集聚化和生活品质化的延伸。

重点打通创新链与产业链、金融链的链接，关注小镇生活链的建设实现四链融合，推动形成创新型优质中小微企业孵化支撑体系，制造供应产业链上下游延伸体系，高新技术人才支持体系，逐步实现园区的产业转型。

特色小镇产业体系的构建离不开双轮驱动中的旅游产业，也是提升小镇人气和品质的核心。但由于小镇主导产业为智能研发，需要相对安静、清洁

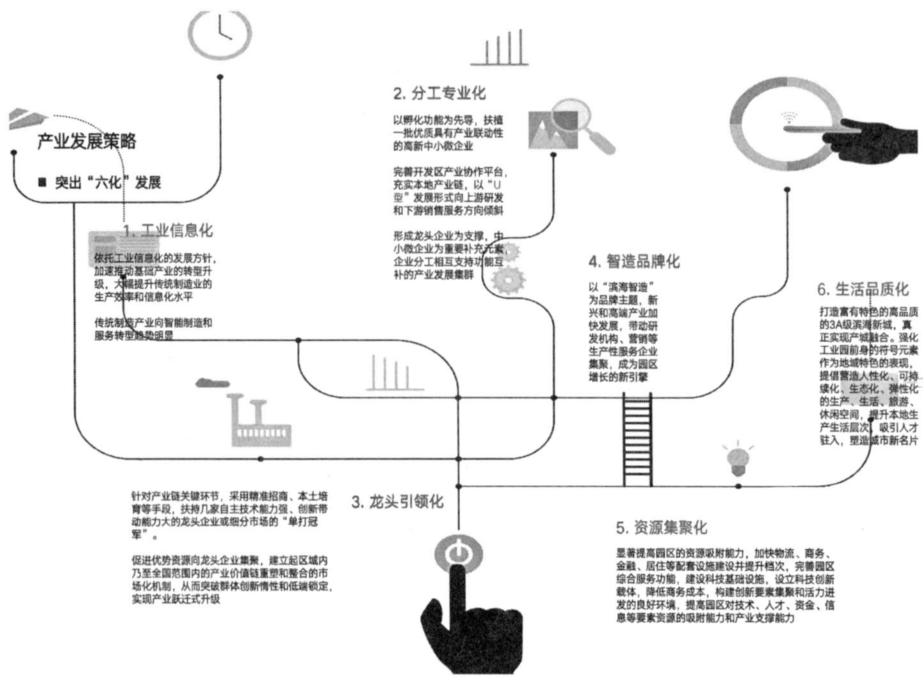

图 11.2.2-1　产业发展策略

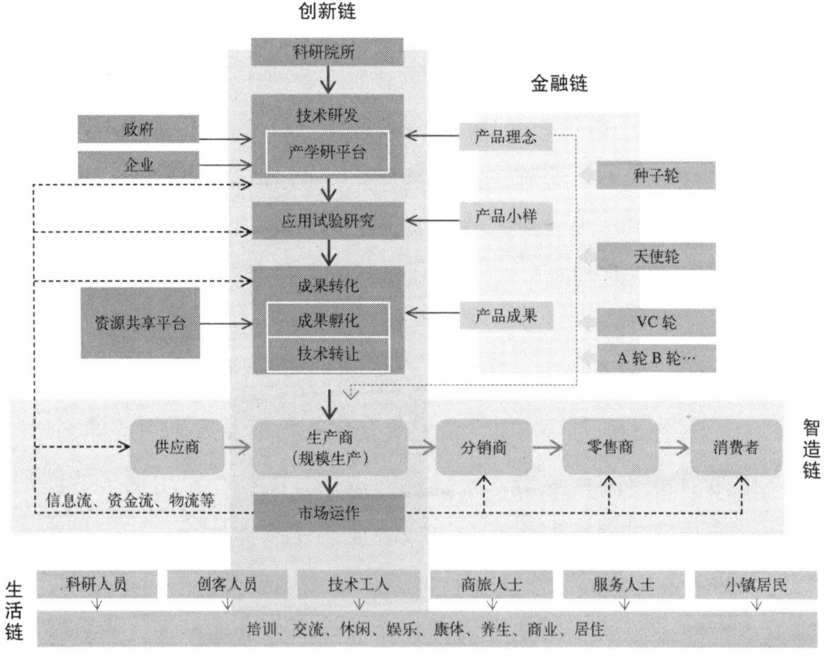

图 11.2.2-2　四链融合体系

的办公环境，所以工业游与园区内部的结合不适用。因此旅游板块规划的挑战主要是营造旅游氛围和营造 IP 项目。基于此，设计团队针对旅游氛围的营造主要通过沿街立面的改造，体现智造文化氛围。IP 项目的打造主要是通过充分利用 T 形滨水空间，打造滨水公园和滨水风情街。

图 11.2.2-3　滨水空间效果图

滨水公园布置“启东之眼（摩天轮）”将娱乐和滨海地域特色融合，通过空中彩虹桥营造休闲的滨水体验，通过一系列水上游乐设施突出水上游乐作为“一种玩法”形成对游客的吸引力。另外，还注重滨水空间夜景打造，突出夜游的乐趣。风情水岸通过公共开放空间和商业水街打造独一无二的滨水休闲。功能上布置书吧、咖啡馆、小型健身馆、休闲会所等滨水设施。景观上形成现代园林景观、滨水活动、音乐喷泉等特色空间体验。

3. 功能特色及布局

1）核心功能空间布局

作为以智创为主题的特色小镇，产业功能为小镇的核心功能，同时围绕产业展开的生产性服务功能和生活性服务功能也是小镇功能的重要组成部门。产业空间布局以“研发——孵化——协作——生活”的发展路径为主要功能环，以西、北片区智能研发功能、东部片区生活休闲功能、南部创业孵化功能及沿主路南海路分布的商业公服功能为多点依附主要发展片，以聚合之势环绕金融服务为主的协作平台和小镇客厅会议展览核心，形成群星捧月之势的产业空间布局。

本案在各功能板块的空间布局上围绕小镇的核心功能展开，采用从定量到定位的反推形式。首先根据小镇集聚的企业和人口确定用地量和比重（图11.2.2-5），再根据各功能板块对区位的需求确定在案内布局（图11.2.2-4）。

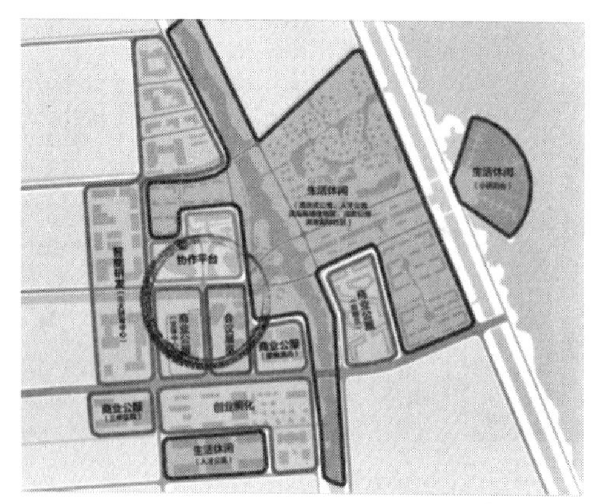

图 11.2.2-4　产业功能空间布局

图 11.2.2-5　产业功能结构配比

2）总体空间结构

总体空间结构的设计上，突出三生融合，集成智创、文旅、人居、生态四种功能空间，总体形成“一心一环、一轴三带两片”的空间结构。一心，为小镇的公共活动中心，集文体活动中心、小镇客厅（公共展示、品牌推广、

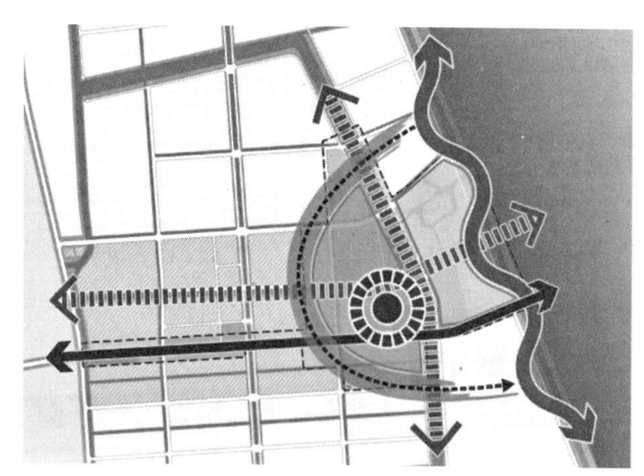

图 11.2.2-6　空间结构规划图

商务 洽谈、科创服务）滨河公园、高档主题酒店等功能于一体。一环，为高新产业科创孵化环，布局装备制造、电子电器、生物医药三大研发中心，一个中小微企业孵化创业园。一轴：为南海路智创大道，突出智造小镇标志门户、科技示范体验走廊、东西空间联动等功能。三带：沿海沿河构筑小镇生态空间本底，规划滨海休闲游憩带、振海河生态景观带、通海河生态景观带。两片，科创公共服务区和国际人才住区。

3）功能分区细化

重点打造小镇品质服务核，科创孵化环，休闲人居湾三个功能板块。其中品质服务核，包括小镇中心、智创服务协作中心（科创金融、品牌创意、工业设计、电子商务、中介服务等）两个功能组团。科创孵化环，细化为三大研发区、1 个创业园。休闲人居湾，细化为海滨度假社区、智慧生态社区、时尚购物区、小镇阳台、十里滨水长廊、智汇公园等功能组团。

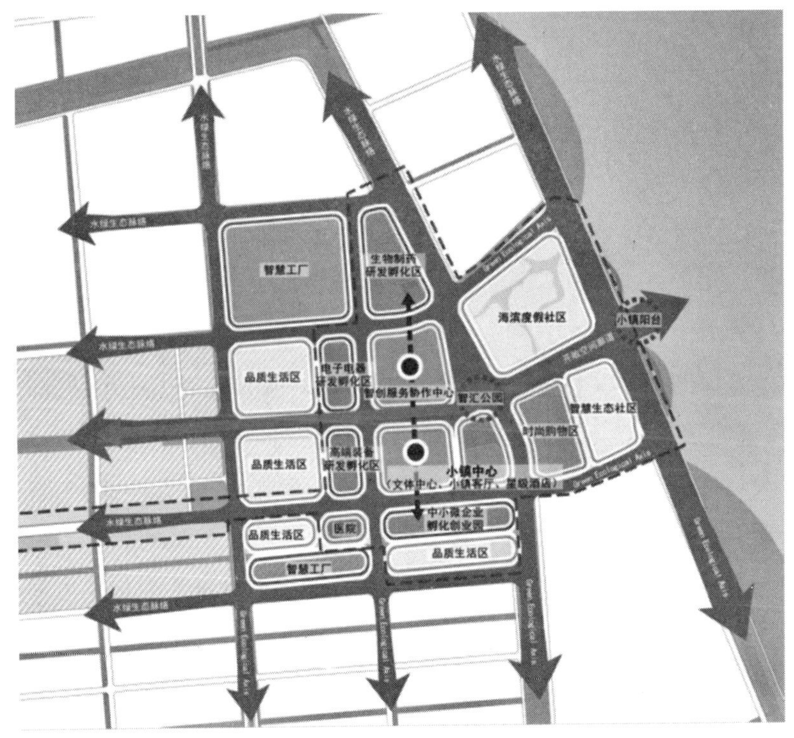

图 11.2.2-7　功能分区规划图

图 11.2.2-8 总平面规划图

4. 文化特色

文化氛围的营造上努力将小镇打造成为智创博览园，以体现地域文化和产业文化。

首先，增加体现工业文化、江海文化的展示馆、景观节点。通过建设小镇客厅（会展中心），全方位展示机械装备产业发展历程，提供设计、制造、检测等多方面的工业文化体验；通过公共节点的摩天轮、工业小品等的设置，展现浓郁的工业文化氛围，也使参观者深刻体会小镇的江海文化特色。

其次，将每一条街道和绿带都体现产业的智能化演变。沿南海路景观轴线和绿地绿带系统，设置机械装备、电子电器等产业相关的雕塑、小品和体验设施；结合交通流线、游憩路径、景观视廊等，系统性布置展品模型，使主要的道路景观轴线和绿地绿带系统成为体现工业文化的历史长河。

此外，建设具有文化意义的建筑物和构筑物。如果小镇入口的雕塑就是小镇的文化符号之一。如图 11.2.2-9 所示，入口小镇形象雕塑有三个层面的象征：第一，是象征小镇所承载的使命。2017 年 3 月，时任江苏省委书记的李强在南通调研时强调“南通是江苏的南大门，而启东是大门的门柱子”。所以整个雕塑以高耸的柱型结构为主体，是自身使命的体现；第二，柱形主体是由 13 扇门旋转上升组合而成，小镇做好对接上海，做好门户的信心；第三，整个雕塑近前仰视又像一本打开的书，象征小镇以知识和技术为核心竞争力的体现。

图 11.2.2-9　小镇入口效果图

最后，每一个企业都拥有自己的历史，整个小镇展现出浓郁工业文化和江海文化。预留企业临重要道路游线界面一侧的空间，作为企业提供品牌文化和成长历史展示空间，同时鼓励企业内部设置对外开放的体验展示空间。设计小镇统一的对外宣传形象和标语，展现整体的文化风貌。

5. 空间特色

营造小镇的空间特色除了通过街景和建筑风格凸显小镇的文化特色之外，最大的难点是利用好小镇的滨海地貌特色，处理好小镇和海的关系，构造海城一体的融合特色。为达到这一目的，设计团队分别在宏观层面和建筑单体层面进行了尝试。

首先在宏观层面引海入城，将海景最大限度的变为小镇风景。通过小镇鸟瞰图上可以直观地看到小镇在宏观层面的设计处理主要通过打造视觉通廊和建筑高度体量的控制。小镇客厅是整个小镇公共空间的核心区域，是人流和公共活动的集中区。小镇客厅位于智造小镇核心区域，左邻文体中心，右接星级酒店，将小镇中的展览、会议、文娱、旅游、商业、办公等小镇功能进行组合，并在各部分间建立相互依存、相互助益的能动关系，从而形成一个多功能、高效率的综合体。小镇客厅设计为拥有流动的建筑布局，能够引导出自然流畅的空间，与周边景观形成完整的视觉通廊。对周边建筑界面进行控制，形成连续的、有节奏感的建筑空间。在重要位置设置景观节点，成为流线转折点或视觉中心，保证公共地区的视觉体验。从小镇客厅向海边延伸经过滨水公园、商业水街到达游船码头，形成一条开敞的景观通廊，将海景引入小镇纵深内部和活动核心区。

规划主要以三种建筑肌理尺度来缝合现状工业建筑与现状村落建筑之间的尺度关系，分别为大尺度的工业建筑肌理、中等尺度的小镇肌理、小尺度的居住区肌理，以形成小镇氛围，同时满足工业制造实际需求，以此奠定整体的图底关系。大尺度建筑（裙房＋高层）采用高层退进，裙房高度与周边建筑相协调；中尺度建筑采用立面加入细节进行分割；小尺度建筑采用组团形式，融合在大场地中。同时建筑高度上采用阶梯下降，远离海岸方案的建筑高度普遍较高，以保证小镇内建筑最大限度的享有海景。

图 11.2.2-10　小镇规鸟瞰图

在微观尺度，小镇内的主体建筑也都经过科学设计以适应小镇所处的地域生态环境。以企业家俱乐部的设计为例：在建筑功能上，企业家俱乐部集世界智慧，引进全球先进商办理念，整合市场有力资源，致力于企业高效发展，助力解决企业发展难题，为企业家提供了一个思想交流、合作互助的平台。所以建筑要保证一定的体量以满足功能需要。在建筑处理上一方面通过退层扭转的方式以保证多角度的海景界面，另外建筑整体形态才用弧形的造型，以适应近海海风较大的气候特色，另外在弧度处理和界面的朝向上也充分考虑常年风向的影响。

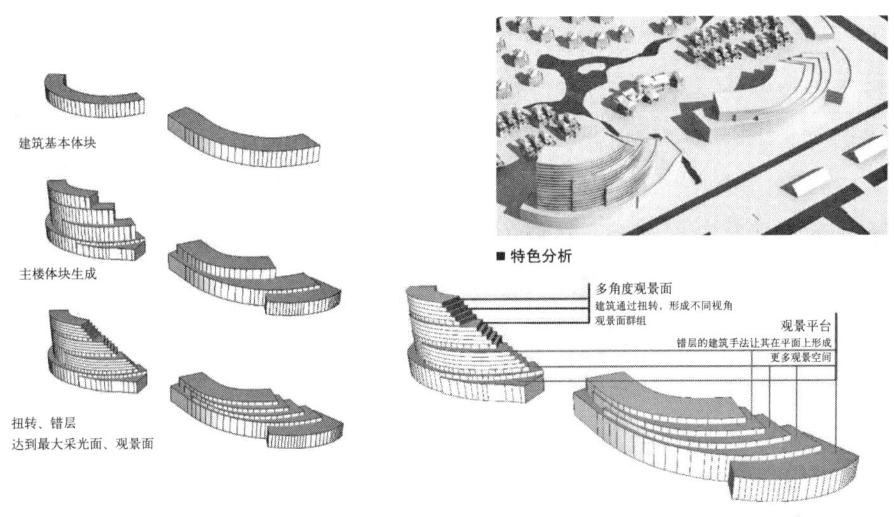

图 11.2.2-11　企业家俱乐部设计效果图

11.3　民族文化和特色手工业的再生：贵州贞丰县土布小镇

11.3.1　项目背景

贞丰县位于贵州省黔西南地区，总面积 1511 平方公里，人口 41 万（2012 年）。近年来随着贵州省高速公路、机场等交通基础设施的不断完善，其交通区位渐渐显现，距离贵阳 3 小时车程，兴义火车站 1 小时的车程，兴义飞机场 1.5 小时车程。“十三五”期间，各州地市政府纷纷把旅游业作为支柱产业或服务业龙头和重点来培育，提出了“旅游活州”“旅游兴区”“旅游兴市”“旅游强县”

等具有全局意义和战略高度的发展思路；各地相继制定出台了支持旅游业加快发展的相关政策文件，如《贵阳市促进旅游产业发展办法》《贵阳市促进旅游产业发展奖励措施》等。新的发展时期，贞丰意图在全域旅游中全面开启旅游业转型升级的新征程，增加和完善一部分旅游设施作为贞丰全域旅游的重要补充和组成部分。

本案就是在这样的背景下，依托现有一块的完整未利用地，以布依族民族手工业和民族文化为核心，借助贵州省和全国特色小镇建设的政策机遇，打造布依族土布小镇。在确定土布产业为支撑之前，设计团队和投资方及当地政府经过了几轮磋商，将以旅游业为核心产业的最初思路转变为以民族手工业为支撑的产业体系。设计团队做出这一判断首先基于对特色小镇核心内涵的把握。浙江特色小镇的核心经验是依托产业支撑小镇经济。虽然旅游业也是部分小镇的核心产业，但主要是针对旅游已经成熟且已经形成产业化的地区。其次，这一判断是基于对场地现状的把握。本案场地现状为未利用地，没有任何发展基础，更无已有特色可言，所以盲目打造旅游小镇很容易陷入房地产开发的短期逐利，或山寨景区的尴尬境地，难以形成吸引力，更难以带动当地百姓的参与与致富。第三，基于对当地土布产业的初步判断。贞丰布依族掌握着多种高超娴熟的土布靛染工艺，具有很高的艺术价值和研究价值。同时土布产业在当以有很有的产业劳动力基础，布依族聚居家家会纺线，户户会织布，土布纺织、印染、刺绣有很好的群众基础。而且，土布代表着健康和原生的自然生活理念，符合当代人的生活追求，具有很好的市场前景。因此，设计团队坚持将小镇的产业支撑由“旅游”变为“手工业＋旅游”的体系，并最终得到了投资方和政府的认可。

找到了核心抓手，小镇就找到了方向，但新的挑战也应运而生。土布产业之前都是作为当地布依族百姓利用闲散时间从事的相对粗糙的家庭小作坊行为，生产能力有限，更欠缺的是生产附加值有限，更多是作为生活用品在当地进行消费。但是要作为小镇的支撑，就需要充分激发土布生产的活力，延伸产业链和价值链，并和现代化生产理念、生产工艺相衔接，真正将土布产业打造为当地的明星产业。而特色小镇的核心理念就是通过高端要素的高度集聚推动产业的升级，符合土布小镇的产业发展需求。所以本案可以作为传统手工业依托特色小镇打造进行转型的案例代表。

11.3.2　核心思路

1. 项目策划

（1）小镇定位

小镇定位基于对土布产业和布依族民族文化的充分挖掘之上，同时考虑到整个小镇基于手工业和少数民族文化，所以在挖掘整理和文字表达上也都注重营造小镇质朴、匠心的气质。我们充分认识到每一种布料都来自于当地千百年来的传承，像农作物一样从这片土地里生长而来，时光流转，但布的图样和织法都不曾改变，气息与当地人如出一辙：温暖质朴，不细腻却经得起风雨和时光的磨砺。因此本案应打造集土布工艺研究、土布产品研发实践、土布商品发布交易、手工织布交流等民族手工布产业活动于一体的中国土布产业文创基地；同时也要打造集品牌文化创意、乡村艺术集会、布依民族体验、田园休闲观光等旅游活动为一体的世界民族特色村落旅游目的地。

土布小镇发展目标为：国家级民族文化产业旅游示范区、世界级手工艺工匠文化保护地。小镇的发展一方面要注重品质性、地域性、民族艺术性、文化体验性、产业驱动性乡村旅游典范；另一方面要凸显工匠精神、传承民族技艺精华、融合现代审美的世界级土布之都。

（2）产业特色 + 文化特色

土布小镇的产业策划围绕“土布产业 + 旅游产业”双轮驱动构建产业体系，一方面做强做大主导产业；另一方面将旅游产业耦合进主导产业体系。

（3）主导产业策划

在主导产业的构建上主要是将传统以手工制造的单一生产环节进行充分延伸，并加入现代化的生产工艺和产业链环节，完善土布产业链和价值链。其中主要策划四大产业板块，包括数码视觉展销、艺术展示、文化创意，以及生产研发和培训。

数码视觉展销功能，主要策划土布交易中心，借助高科技交易手段和互联网销售方式，提供线上实时的土布交易和线下会展中心直销，同步的提供各类土布布料、商品的交易展销。同时策划土布新品发布秀场，本地土布品牌的服装、家居、生活创意等产品的新品发布活动举办场地，重要的品牌宣传展示渠道，提升本地土布商品认知度，接轨国内国际市场的重要渠道，现代国际审美，融入本地布依元素的秀场布置，彰显浓厚地域主题和品牌特色。通过策划手工布 VR 视觉体验空间，打造国内首家传统手工布艺主题 VR 体验馆，通过虚拟现实技术，展现以土布为代表的传统手工布织造工艺，亲历土布的织造过程，感触从古至今土布质感的变化，以及贞丰土布小镇独家研发对土布进行技术改良后的细腻手感与高端品质。策划土布大数据应用研发中心，借助大数据储存、分析、搜索、系统整合等功能，建立土布产业数据库，坚持传统手工织造工艺的同时，以大数据引导前置开发，结合市场需求、客户反馈，通过每个直营店终端传回的大数据，确定适销对路的商品和品牌宣传方向。同时策划土布信息服务中心，小镇对外综合信息展示平台，展示方面包括小镇宣传片、电子沙盘、设计理念、产业发展理念、主打产品展示、代表工匠团队等，信息服务方面包括一系列智能标识导引、设备使用、电子地图、产业及旅游服务等。

艺展功能，主要策划土布故事馆，展现土布的历史渊源，发展历程和生长脉络，从一朵棉花一根棉线的记忆开始，展现从一种传统民族手工艺走向产业化的演变过程。通过策划土布非遗文化博物馆，展示布依手工匠人的织布过程展现土布所蕴含的深厚艺术文化价值和精湛技艺，回归崇尚自然，本真的生活理念。通过策划土布工艺美术馆，对土布工艺的艺术性和可能性进行再挖掘，邀请设计师、工艺美术家等艺术工作者布设土布艺术展，对传统土布进行工艺改良和再设计，赋予新的功能与形态。

产出及研究培训功能，通过策划土布文化综合产业园，建立土布纺织培育基地，以公司形式负责土布工艺升级改造、收购及销售，并培训、扶持农村带头人成立“土布工匠坊”，同时根据销售订单将初级布匹原料及半成品分包到户，实现以“家庭生产，企业收购、平台销售的代工包销一体化的新模式”，为产业落地解决原料生产、用工及原料供应的源头问题。同时策划土布产业国际研究院，以土布手工艺、土布服饰设计、产业研究为主；研究方向涉及区域土布文化产业发展、土布文化产业市场、土布文化产业投融资管理、产业发展与管理，土布文化产业项目策划、文化市场等多个方向。同时开展多层次的非学历教育。面向全国及东南亚地区招生。

文化创意商业功能，主要通过策划土布文化创意街区以品牌商铺和独立设计工作室为主，对土布产品的类别进行拓展，与现代日常生活相结合，展销朴素自然，格调高雅，富有设计感的土布优品，发挥对外销售展示，提升土布小镇品牌形象，丰富小镇业态活动，营造小镇设计艺术氛围的功能。

（4）旅游产业策划

旅游产业的核心是和主导产业相耦合，真正做到双轮驱动的产业，避免产业发展和旅游两张皮。要做到这一点首先要对主导产业深入的挖掘，去发现植入旅游的机会与空间，所以设计团队对土布生产工艺深入解剖，将生产工艺分为从赶花到纺布的 9 个工序，并分别对应植入旅游功能，形成产业旅游。

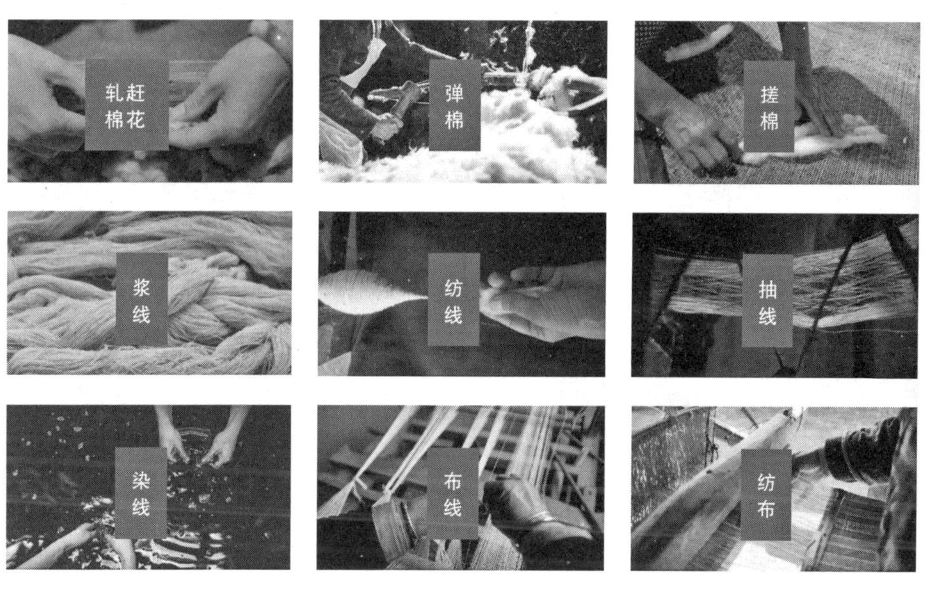

图 11.3.2-1　土布生产的工序分解

每个生产环节都可作为展示和体验进行旅游产品化包装，让游客不仅可以领略传统工艺的魅力，更能深度参与生产过程中，增加对土布产品的认知，提升土布产品的接受度。在游线设计上，将工序的前后衔接与换线组织相结合，同时和亲子活动、传统文化教育、文创教育培训相结合，增加旅游产业链的深度和宽度。

除生产环节的旅游产品化之外，旅游板块在吃住行、游购娱重点围绕布依族传统生活展开。策划主题餐厅，主营当地布依族特色美食，风格以原生布依族风情乡土为主，布依元素体现在餐厅各个细节，提供富有特色别具风味的美食体验；及主题酒吧，主营各类糯米酒、饮品和布依特色便当酒，也可融入土布体验，如布艺沙龙酒吧等。传统农耕结合民族元素也能成为极具吸引力的人气旅游活动。游客可以与布依族人一同收获糯稻，做一桌喷香美味的糯米佳肴。此外，包装布依族传统节庆，如三月三、六月六可在小镇开敞空间举办庆典活动，游客可身着土布布依族服饰参与其中，与族人同乐。

2. 功能特色及布局

项目整体空间结构归纳为“一核、两带、三片区”，一核为小镇的核心文化展示建筑，土布文化博物馆，两带为场地中心保留的台地绿带和场地内扩大的水系。三片区包括土布产业功能区，土布生产工厂、培训、宿舍及产业和产品研究院、酒店及办公楼；休闲商业区即文创产品销售、餐饮、娱乐，创意工坊区是围绕土布展开、延伸的各类手工艺品的生产、销售、体验、办公、展示于一体的综合产业区，面向独立设计师的小型加工作坊，提供个性化设计体验服务。在此基础上整个片区又被划分为十个业态分区，包括：土布文化商业区，打造以土布及相关产品为主题的文创商业街区；浣沙广场，基地入口广场，是土布小镇标志性景观节点；美食商业街区，主打布依族及地方乡土特色美食；浣沙湖公园，基地内原有低洼地内部蓄水成湖，形成基地核心景观资源；土布文化展览区，土布文化展示中心和布依族老宅共同成的土布文化综合展示区；土布文化公园，保留原有梯田地形及自然植被，形成贯穿场地的景观绿带；创意艺术工坊区，土布及手工艺制品设计制作、销售一体的工作室；土布产业园区，办公、培训、产业研究院及产品工厂共同组成的土

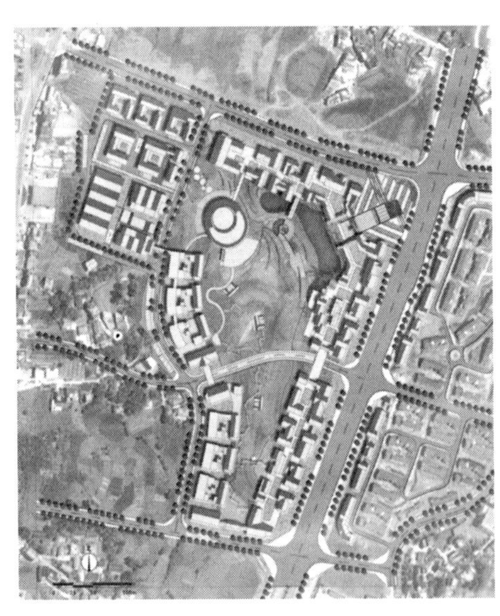

图 11.3.2-2　总平面规划图

布产业园区；特色商业展销区，特色旅游商品销售展览区域。

3. 空间特色 + 文化特色

对于空间和文化特色的塑造首先体现为对地块的切割上。从图 11.3.2-3 可以直观地看出建设用地和储备用地通过内部道路的切割形成阴阳的图形，同时将标志性建筑土布博物馆放置在阴鱼的鱼眼上，更突显了整体地块的阴阳造型。阴阳图形的创意一方面来源于当地布依族对鱼图腾的崇拜，形成了朦胧的阴阳造型——双鱼圆月；另一方面来源于小镇所在者相镇的传说。相传三国诸葛亮“平南”时在此筑城操练兵马，故取名为“宰相城”，亦称“孔明城”，后因讳“宰”，清嘉庆年间更名为“者相”。而诸葛亮在各种传说中是运用阴阳八卦的高手，所以就有了如兰溪市诸葛八卦村对阴阳图形的崇拜。

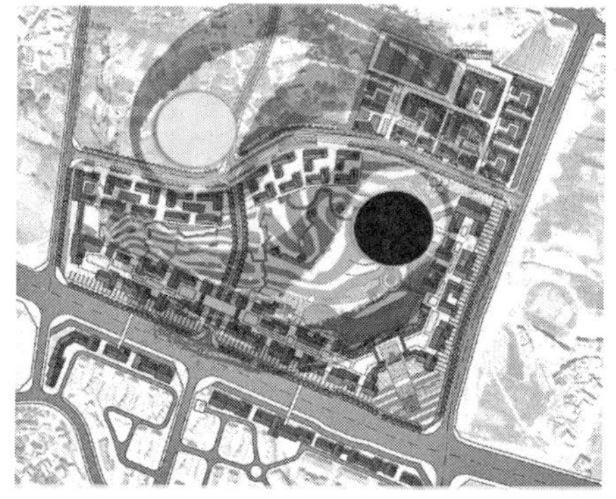

图 11.3.2-3　阴阳图形的创意

从场地现状照片可以看出小镇所在地块竖向复杂，地块内还有沟渠和水塘，地块大部分位于低于周边道路的海拔，给设计带来了很大挑战，但同时复杂的地形地貌可以塑造独一无二的空间特色。

图 11.3.2-4　场地现状

设计团队在空间平面布局构思上反复思考如果通过合理的布局凸显竖向地形和地貌的特色。从图 11.3.2-5 可以看出设计方案的演变，从园林式的早期布局土地利用程度较高，但对地形的破坏较大；修改为中期流动式的布局，尊重地形地貌形成空间特色；到进一步完善流动式布局，减少在高差较大的位置放置建筑，增加在的地势平缓处设置人流汇聚点。

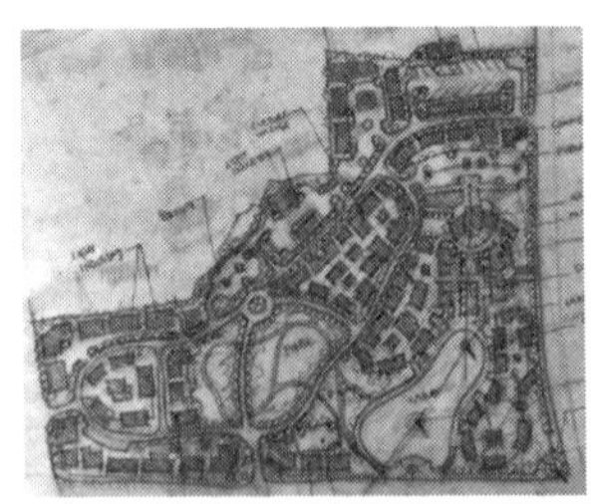

图 11.3.2-5 设计方案演变

从鸟瞰图中可以更直观地感受到本案所塑造的空间特色。建筑排布采用流线型环绕场地，坡底开阔地设置入口广场，坡顶开阔地布局大体量的商业办公和厂房。沿街建筑采用布依族传统的干栏式建筑，在建筑选材上也最大限度的还原当地传统布依族民族。此外保留场地原有水渠水塘和梯田，一方

图 11.3.2-6 空间鸟瞰图

面体现布依族田园生活，逐水而居的文化传统，另一方面营造了小镇诗画田园的风貌特色。在梯田中种植一部分棉花和染料植物，让游客直观地感受生产流程中从种植一直到成品的全生命周期链条。此外，在梯田中还点缀了从当地村落中抢救出来的传统民居，增加了整个场地的历史厚重感，同时将民族作为文创工作室和匠人工坊，增加对艺人的吸引力。

除了总体空间布局对空间特色的营造，标志性建筑的设计也基于对布依族传统文化美学的挖掘。如图 11.3.2-7 位于本案核心位置焦点的土布博物馆，作为标志性建筑，就是根植于对布依族女性缠头的造型理解。对于女性形象元素的强调一方面凸显出女性作为土布产业主要的传承角色和从业角色；另一方面也体现出布依族发展历史上所经历过的母系社会的尊重。用现代建筑的表现形式对女性缠头的转译和重构，塑造了地标建筑作为整个地块的视觉焦点，也提供给游客拍摄“到此一游”照片的机会。

图 11.3.2-7　女性缠头的造型建筑

11.4　产业发力，星星之火可以燎原：河北邯郸粮画小镇

11.4.1　项目背景

河北省邯郸市馆陶县寿山寺乡寿东村北、南紧邻新、老 309 国道，距青兰高速出口 4 公里，与 106 国道都 2.5 公里，对外交通方便。寿东村被评为 2015 年度“中国十大最美乡村”之一，是河北省唯一入选村，按照“乡村风

情城市品质”的目标要求和“六位一体”的运行模式，寿东村被打造“无处不精致、无处不精细、无处不文化”的特色小镇，一跃成为“第四届全国文明村镇”“河北省美丽乡村”“河北省文明村”，还是央视美丽乡村中国行的拍摄地。声名在外，寿东村完善的乡村基础设施和整洁优美的村庄环境都是未来乡村进一步发展提升的强大支撑。

但几年之前，寿东村还是一个典型的名不见经传的普通北方乡村，传统种植和养殖业作为支柱产业，村落整体环境较差。通过前期调研，规划区域从整体上来看，属于资源贫瘠的北方农村，农业生产资源欠佳：土地、种植、技术等缺乏；发展资源短缺：没有工业基础、旅游资源等；生态环境较差：缺乏山水等自然景观；文化资源不够：既不是历史文化名村也不属于传统村落。产业以传统村庄农业为代表：农业发展以种植小麦玉米为主，种植效率低；果树和经济作物种植缺乏技术支持，产量低、品种少；养殖发展不成规模，同时也违背村庄生态建设要求；缺少技术、规模和销售支持，蔬菜大棚种植难以形成规模。因此村民对于农业种植的积极性普遍不高。

随着新农村建设的开始，规划设计团队在村内调研时发现了当时还是一个个人手工作坊的海增粮艺工坊，虽然当时的生产技艺还粗糙，生产能力有限，但是设计团队发现了这个产业的巨大潜力，也在规划中将当时的美丽乡村设计方案围绕海增公司和粮食画进行包装打造，在短短几年内，寿东粮画产业声名鹊起。而今粮画是寿东村的支柱产业，目前村里粮画创作生产分为龙头企业和私人作坊两种形式。海增粮艺公司作为龙头企业，集粮画制作、加工、体验、教学、餐饮等功能于一体的综合性粮画创作生产，在规模、工艺、收益和影响力方面，都发挥着重要的示范作用。目前已有工人 120 名，年生产能力达到 1000 幅，在唐山、太原、郑州等地设立销售网点。现在寿东村粮画加工户已近 70 户，辐射带动周边 10 多个村庄约 300 户村民从事粮画产业。依托美丽乡村建设，寿东村每日接待游客 500 余人，高峰期能达到 2000 人，特别是春节期间游客接待量超过 5 万。

所以“粮画小镇”的诞生就是一个由小作坊的挖掘而来，形成了特色产业。然而，现有的产业发展层次低、旅游客源单一成为乡村发展的制约因素。首先，现状粮画产业链较短，缺乏前后延伸，造成一三产之间联系不紧密，无法实现互相促进带动作用，旅游项目层次低，可玩可看项目少，留不住游客，难以引发消费，旅游开发具有强烈的季节性，不利于本地旅游产业的可持续发展。其次，产业集聚效应低，粮画主题挖掘不够，主题元素不鲜明，造成本地粮画产业规模化程度低，难以营造粮画主题和艺术创作的整体氛围，对游客的吸引力不够，难以放大本地特色产业优势，辐射更大范围的市场。所以寿东村决定利用特色小镇的发展理念，用高端要素的集聚突破产业和经济发展瓶颈。

11.4.2　核心思路

1. 项目定位

粮画小镇的发展主题由于主导产业定位明确而清晰，但当时设计团队就意识到只有产业还不足以构成全面发展的小镇，还需要有宜居功能，以及良性的社会治理。本来完成已经早在 2016 年，现在看来当时的构思已经具有了新时代“乡村振兴”战略的朦胧思维，对应着乡村振兴战略中提出的“产业兴旺、生态宜居、乡风文明、治理有效、生活富裕”。设计团队对小镇的总体定位为：“世界粮画之都、四季乐活田园、共产共荣典范”。

以农旅融合为突破，以生态为引领，实现粮画产业链延伸和本地特色产业体系构建，从而推动产业结构优化升级，带动本地经济并辐射周边打造乡村艺术和特色小镇的品牌，成为具有代表性的生态优越、环境宜人、特色鲜明、生活品质好、艺术氛围浓、乡土气息保存完整，本地文化引人入胜的世界粮画之都。拔高区域和产业层次，梳理粮画产业链，营造独特地域艺术文化，扩大粮画产业影响力。打破季节性桎梏，回归乡村本土，以多元化的乡村旅游项目开发打造乐享、富有生活气息的氛围，真正实现乡村生活城市品质。并通过乡村产业转型提升，农旅融合及第六产业发展的样本，壮大村集体经济，加强基层共产合作，实现共同富裕。

2. 产业特色

（1）主导产业策划

产业策划针对核心问题，紧扣粮画主题和粮画支柱产业，向上延伸至农业和加工业，农业以提升现有种植业发展现代农业以及打造粮画原料试验田为方向，加工业以粮食加工和粮画原料初步加工为主；向下延伸至围绕粮画主题的多元化旅游线路和产品开发，以形成一二三产联动高，各产业分工明确，主题统一的本地特色产业体系。产业发展以农旅融合为突破，以生态为引领，实现粮画产业链延伸和本地特色产业体系构建，从而推动产业结构优化升级，带动本地经济并辐射周边。同时，打造乡村艺术和特色小镇的品牌，成为具有代表性的生态优越、环境宜人、特色鲜明、生活品质好、艺术氛围浓、乡土气息保存完整，本地文化引人入胜的世界粮画之都。并贯彻“一业、两网、三化”即“第六产业、互联网物联网、新型农业化、新型城镇化和服务现代化”的发展方针，使本地产业借助现代化手段实现新的腾飞与增长。以粮画制作为中心进行突出强化，引进一系列传统手工艺，在村庄整体环境和产业布局上进行优化，形成传统手工艺荟萃，艺术创作氛围浓厚，产业集聚效应强，同时保留乡村原生态和乡土风情的特色小镇。明确粮画小镇产业提升的目标受众，多元化发展创造多样化的就业机会吸引本地村民一转二、转三，多元化的发展提供多样化的服务以满足多层次的消费群体需求，加强对不同经营形式的管理和引导。

粮画产业作为主导产业，通过深挖产业链和价值链，整合提升各个关联环节，从原料供应、工艺流程、主题创意、销售模式几个方面提出了全方位立体化的产业提升策略，壮大主导产业，增加主导产业附加值。

首先，从源头出发将原料供应本地化，力图不依赖于外地原料，使粮画生产从源头开始就本地化，并且能够生产出高质量，色彩丰富，种类充足的粮画原料。通过建立优选良种基地建立优选良种基地，采用现代化机械化技术手段筛选播种，全程监控生产过程，确保产出种子的高质量，能够用于粮画制作的优质种子占比高对基础原料（黍米、芝麻、玉米、菜籽）和进阶原料（豆类、谷物、彩色植物种子）进行培育，实现原料供应的本地化。另外，建立专种培育实验室与基地，不需要规模化种植生产，专门培育本地无法生产的彩色粮食种子，以专供粮画制作所需，使之成为本地粮画的独到之处。此外，将种子和其他粮食艺术原材料种植与农田景观相结合，发挥种植的多元功能。

二是加工流程把关，将处理工艺标准化。本地粮画拥有高效、安全、独到、优质的处理工艺，从而能够保证无论企业还是私人的作品都高质量，保证口碑。按照企业和私人作坊分别进行处理工艺标准化培训。现阶段处理基本流程包括选粒、浸药、蒸熏、风干、晾晒、阴窖。针对基本流程，对企业进行处理工艺的安全系数的提升和更高质量的要求，对私人作坊进行处理流程的统一和安全质量的基本要求。主要体现在环保、无毒、经济，防虫蛀、防腐坏、防发霉、抗氧化，不变形、不褪色、不热胀冷缩等方面的分级要求。与旅游相结合，处理后的种子可以用小包装的形式单独出售，并搭配设计好底板，让游客带回体验。

三是完善制作流程，将加工制作精细化。加工工艺更明确，实现高质量原料、加工的升华，做出高标准富有艺术价值的商业产品和艺术品。现阶段加工工艺流程：磨板、摹字、仿形、粘接、封面、装框。做精细化要求，明确企业和匠人不偷工减料和精益求精是粮画产业推崇工匠精神和培养精通匠人的重要追求。完全的人工手艺，是前两个阶段高质量选材、处理的延续和升华。企业制作形成统一标准的流水线，私人作坊恪守加工工艺流程并融入个人创意。引入专业设计创意团队，延伸出粮画底板用材色彩设计工序，丰富现阶段粮画的种类，更加迎合市场需求。通过将独有的原材料加工技术有选择的对外展示，营造粮画制作氛围，对接小镇旅游。

四是重视艺术创作，将主题多元化、人员广泛化。营造围绕粮食画的艺术创作氛围，吸引不同背景、层次的艺术家进驻。建立不同形式的粮食画培训学校，打造粮食画艺术培训中心。策划对接艺术院校，将小镇作为其实习基地。打造艺术创作街区，营造创意文化产业氛围。引入高层次和世界级粮食画创作大师，配套相关政策建立其大师工作室，提升艺术创作档次。此外，通过强化艺术原创，打造粮食画会展经济，同时通过培训学校延伸文创产业盈利链条。

五是创新销售模式。通过信息化手段扩大市场和品牌效应，创新体验式产品营销模式，增加产品生产与消费者互动，激发粮画产业的活力与生命力。目前销售以线下销售为主：零售、展示、定制、分销商等，手段单一。规划中设立品牌官网，在天猫、京东等大型电商平台设立官方网店，主要以企业为供货对象进行产品销售推广，销售产品以各类商品粮画为主，并接受定制、展会的服务。并通过大众点评、美团等娱乐消费手机 APP 进行粮画体验活动、粮画餐厅等本地粮画相关娱乐项目的优惠推广，扩大客户群。在淘宝、微信等电商及社交平台设立独立设计师网店，以创意粮画作品、艺术粮画作品为主，还涉及其他粮食手工艺术品的定制，增加产品生产与消费者互动，激发粮画产业的活力与生命力。打造农村淘宝线上线下一体化的营销模式，形成专业运营团队，通过模式复制推广盈利。

（2）旅游产业策划

乡村旅游游线的设计主打“艺术游享之旅”和“粮食蜕变之旅”两大主题。粮食蜕变之旅开放粮画生产制作产业链供游客参观体验，包括：①种子培育实验室；②种子种植基地（乐园，此处可引入亲子或儿童游乐项目）；③处理工序以动画片的形式（动画剧场）或者开放其中一至两道工序的参观；④粮画底板设计手稿画廊；⑤艺术家小作坊（主要进行面向游客的粮画体验，团体授课，匠人制作工艺展示）；⑥官方纪念品商店（印有粮画小镇 LOGO 的明信片、邮票、文具、书签、T 恤、购物袋、钥匙扣等）。

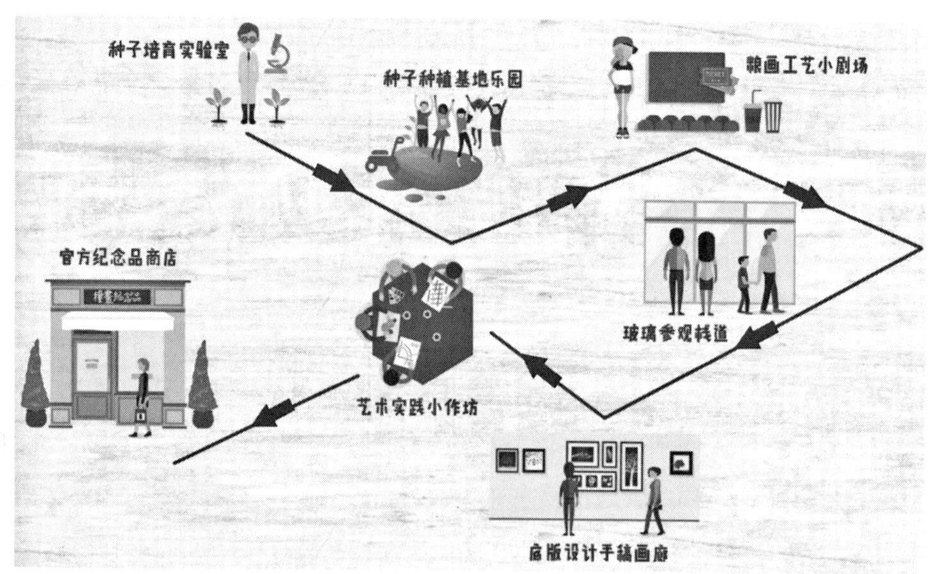

图 11.4.2-1　粮画生产制作产业链

通过产业链的体验展示，将复杂无趣的生产过程变成处处可看可玩的旅游项目，将粮画产业链的前后延伸都通过旅游项目落地，将游客切实的引入到整个粮画的生产工艺中去，增加游客体验性，让游客感受到粮画工艺过程的复杂与精妙，对粮画艺术品的认同和价值的认同都会得到提升。

“艺术游享之旅”是通过对村落中部沟谷和其两侧的民居进行整体设计，将其转变为生态谷湿地景观环绕的手工艺街区。在生态沟谷的改造方面，充分利用沟内现有树木植物，进行艺术和视觉的补充完善，可以打造室外艺术展区，将树木变成天然的展板展架，悬挂作品进行展示。沟谷可以充分依托现有高低落差，打造高低起伏的栈道步桥和休憩小平台，并将步行路线延伸到沟两边的艺术街区内，引入——叶脉型街区体系概念，通过独特且优越的步行环境来引导游客进行深入体验，达到生态、艺术、活动的充分交互。沟谷两侧的民居改造方面，引入包括粮画在内的各种手工艺（麦秆画、羽毛画、瓷盘画、沙画、烧陶、葫芦画、糖画等）工坊和体验，主题民宿、主题餐厅等，艺术院校的学生展厅和工作室，以及其他地方的民间艺术匠人和艺术家等多种业态。

在旅游服务体系方面，围绕“吃、住、玩”三个关键词，设计了粮画主题有机餐厅、健康美食商业街、乡村民宿以及手工文化生态体验和粮画产业链观赏体验几类主题业态。

粮画主题有机餐厅，是以五谷杂粮、有机蔬菜、生态家禽、新鲜水果为原料，融入粮画和饮食艺术的新式主题餐厅，餐厅为顾客设置体验片区，购买食材，挑选食具，进行自主创作烹饪品味融合乡村有机市场的功能，提供特色农产、特色菜品的销售服务。

健康美食商业街，在现有小吃、零食、手工艺品商业街基础上发展而来，是带动本地村民参与热情和创造收入的旅游经营项目。结合目前寿东村主街的移动商铺经营状况，在现有基础上加强统一管理和引导，通过成立流动商业管理小组，完成统一铺面设计、引导经营业态、实施餐饮卫生监督等方面的工作。

在旅游产品的销售方面，策划了具体的旅游项目。其一，采用游线套票（包含整条游线的所有收费项目和免费赠送特色饮料零食，包含一次粮画 30×30

的制作体验，制作的粮画可以带走，不包含超出 30×30 的粮画体验项目或额外体验项目）；另外，针对单体项目单独收费，包括：①种子乐园（基于农田的儿童游乐项目、杂粮小零食、五谷饮料、五谷冰淇淋等）；②手稿自主设计 + 粮画制作套餐（在画廊设计好自己想要的底板，去作坊在师傅指导下进行种子挑选，自主制作，并可以带走，尺寸限制 30×30 以内，价格包含免费五谷饮料）；③粮画制作体验（使用官方统一模板，可以有好几种选择，尺寸 20×20 以内，制作完成的粮画可以带走）。

3. 空间特色

空间特色的打造主要围绕小镇中心水沟展开。北方乡村中基本都有水沟或水塘，是古人应对季风气候智慧的体现，通常用作防洪功能使用。但通常景观风貌不佳，杂草丛生、垃圾横行，尤其是旱时更成为整个村落的破败点。在规划中，设计团队将现状村庄整体艺术空间感进行提升，水沟改造后作为开敞空间植入，结合艺术景观节点的打造，艺术类活动的引进，将生态环境与传统手工作坊完美融合，强化粮画小镇与众不同的艺术氛围。

图 11.4.2-2　现状水沟改造意向

在改造设计中突出湿地景观的打造，引入干湿景观的概念，打造旱季雨季不同景观的公共空间，艺林代表了此处是村庄艺术与手工艺集中展示的地方。字面上看是要打造一个多彩的艺术生态空间，面向村民生活、游客休闲的公园区域，而英文借用 reborn 和 ribbon 发音上的共通，意指生态沟的重生焕发新的生机，由原先的垃圾沟蜕变为现在优美的艺术河谷，ribbon 不仅是彩练的意思，还表现了空间形态上，沟谷蜿蜒曲折的形态。沟谷可以充分依托现有高低落差，打造高低起伏的栈道步桥和休憩小平台，并将步行路线延伸到沟两边的艺术街区内，引入——叶脉型街区体系概念，通过独特且优越的步行环境来引导游客进行深入体验，达到生态、艺术、活动的充分交互。

沟谷两边进行民居功能置换和改造——引入包括粮画在内的各种手工艺（麦秆画、羽毛画、瓷盘画、沙画、烧陶、葫芦画、糖画等）工坊和体验；引入主题民宿、主题餐厅等；引入艺术院校的学生展厅和工作室；引入其他地方的民间艺术匠人和艺术家。充分利用沟内现有树木植物，进行艺术和视觉的补充完善，可以打造室外艺术展区，将树木变成天然的展板展架，悬挂作品进行展示。

11.5　巧借临近产业助力一条古街的复兴：云南保山永子小镇

永子围棋小镇位于云南省保山市隆阳区板桥镇。板桥镇自汉代以来作为进入永昌的第一大驿站，逐步繁荣发展起来，民国时期板桥集镇形成了区域

青龙街北段铺地

南段铺地现状

沿街传统建筑

新建建筑

青龙街风貌现状

图 11.5-1　青龙街现状风貌图

性的商品加工集散中心，“逢甲巳五日一街，入市约四万余人，繁盛为全县之冠”，被称为“迤西第一大集市”，是云南省省级历史文化名镇。首先是街道的历史原真性、空间完整性正在被破坏。由于缺乏文物保护意识，2016 年年初，青龙街南段的青石板、片石、软石铺地被全部破坏，此事也变成了重大新闻，引起了社会关注。此外，青龙街两侧商铺形成的历史风貌景观正在被侵蚀，目前沿街风貌不协调的小洋楼有 10 栋，商铺背后高高凸起的新建建筑也不在少数，居民保护意识较薄弱。

其次是街道的活力大不如前。青龙街历史上商业非常繁荣，“堂，店，号，记”众多，盛时有 200 多家商铺。随着时代的发展，对于传统商品的需求大不如前，如今的青龙街仍在经营商业的铺面只有 57 家，约占整条街铺面的 1/3。商业类型比较单一，多是日用杂货和餐饮，占一半以上。除了赶集日外，平日里生意冷清，尤其是一些餐饮店铺，多半已是歇业的状态。青龙街维系了几百年的繁荣商业正逐渐走向衰弱。

图 11.5-2 青龙街沿街商业现状

青龙街沿街建筑功能数量分布

80
70
60
50
40
30
20
10
0
57
72
35
商业（户）
居住（户）
破旧居住（户）

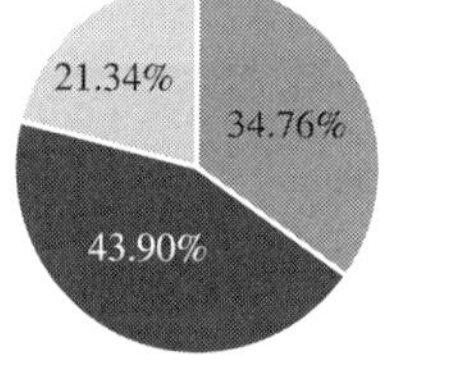

图 11.5-3 青龙街沿街建筑功能占比图

此外，随着人口的增长，青龙街两侧建筑的承载空间越来越有限，院落被划分的越来越小，居住环境越来越差。再加上传统商业的衰弱，街上一些年轻人开始选择外出打工谋生，留下老人、小孩在此居住、营生，老龄化、空心化现象日渐凸显。目前街上长年失修、破败严重的建筑有 35 家，约占 21.3%，有些已经倒塌，有些常年闭门，人去楼空，街道的活力大不如前。

青龙街上的老年人

部分院落内部居住情况

图 11.5-4　青龙街街道活力

为了能够及时抢救老街环境，必须在发展的基础上保护，避免博物馆式的静态保护。所以当地政府期望借助打造特色小镇为契机，为老街注入活力。该项目的立项背景在前文中已经有详述。在策划方面的核心是以青龙街为核心的老镇区，通过巧借临近金鸡乡的“永子”围棋产业，构建产业体系，融入老街环境。

11.5.1　产业特色

永子即永昌所产的围棋子，以保山南红玛瑙、黄龙玉、翡翠和琥珀等为原料，采用保密配方和绝技熔炼、传统手工制作而成，入手圆润，冬暖夏凉，品质上乘，产量极为有限，是古往今来举世公认的棋中圣品，素有“永昌之棋甲天下”的美誉。2013年云南围棋子（永子）制作技艺已申报国家级非物质文化遗产代表性项目。

图 11.5.1-1　非物质文化遗产永子

图 11.5.1-2　永子生产工艺流程图

永子围棋小镇因永子制作技艺、永子文化的唯一性和独特性，以及基于永子文化开展的围棋培训、比赛、交流等系列活动日益增多，越来越受到国家、社会公众的关注，文化产业发展优势明显。永子围棋小镇整体形成永子文化展示区、体育赛事场馆区、工艺礼品加工体验区、休闲慢生活体验区、自然生态体验区、城市功能区七个功能区。其中核心区包括永子文化展示区、体育赛事场馆区、工艺礼品加工体验区、休闲慢生活体验区五个功能区。

基于青龙街的休闲慢生活体验区是永子围棋小镇的历史文化核心载体，是小镇的启动区，也是历史文化名镇的核心区，板桥镇建设新型城镇化试点的示范区，其保护与发展同国内大多数传统街区一样，面临诸多困境。

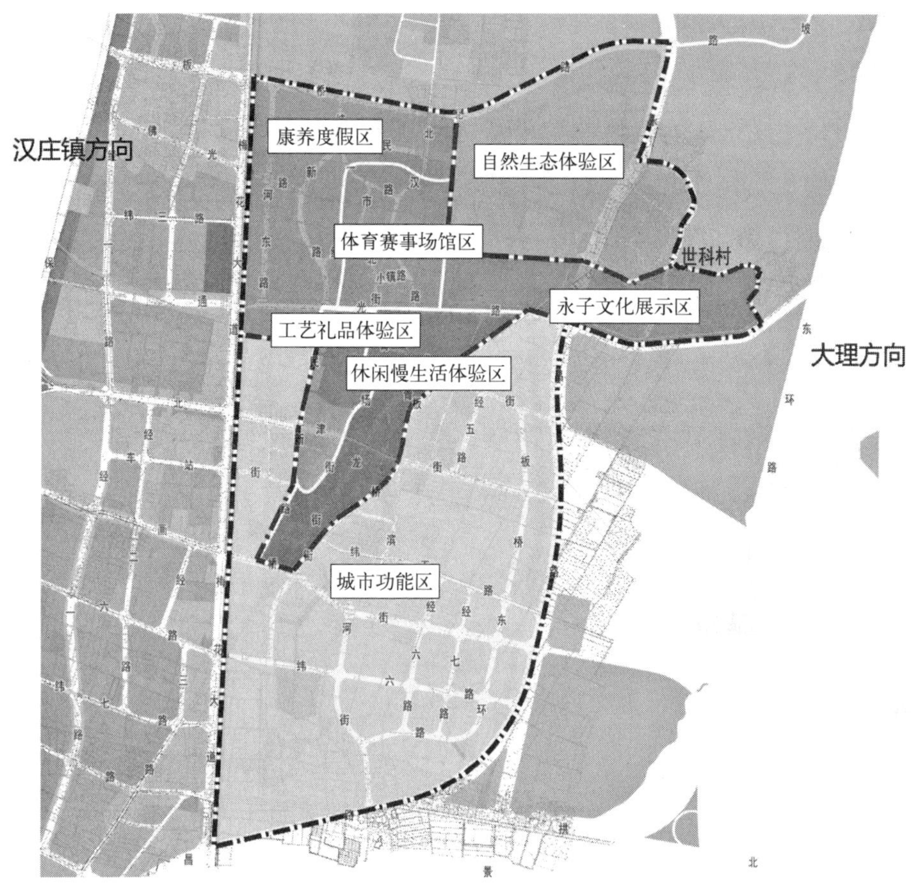

图 11.5.1-3　永子围棋小镇功能分区图

11.5.2　核心思路

1. 整体构思

作为传统文化的重要载体，历史建筑、历史街区的保护越来越受到人们的重视。从国外的实践经验来看，历史文化遗产保护主要经历了 3 个阶段：一是单体建筑的保护，用整修的方式应对建筑的现有功能；二是环境与街区的完整保护；三是历史街区的振兴、功能复兴与经济复兴。本案在充分借鉴国内外经验的基础上，本着特色为底、文化为魂、产业为本的原则，以街区振兴、功能复兴与经济复兴为目标，打造以休闲旅游体验为引导的集养生、休闲观光于一体的特色小镇核心区。

（1）三大诉求

诉求1：历史文化挖掘与资源保护

以历史文化作为青龙街古镇发展的基底，挖掘历史文化资源，保护传统文化，并在发展的过程中注重保护与利用相结合。

诉求2：街区环境改善与品质提升

以传统街区生活氛围为吸睛点，以高品质环境景观为依托，吸引人流，盘活古镇活力，助力古镇发展。

诉求3：拓宽业态类型带动经济活力

以旅游、康养产业为新的经济增长点，植入好玩的、体验型、创新型的业态，构建可以享受生活乐趣的慢生活街区。

（2）发展定位与愿景

一个充满市井文化气息、活力与乐趣的西南丝路古驿站型街区。

有着时代的烙印，文化的积淀，生活的氛围，舒适的环境

时而闹腾，各色人群，川流不息

时而安静，炊烟袅袅，鸟语花香

……

（3）保护与发展策略

- 重现历史文化环境——通过保护最宝贵的、不可再生的物质文化环境要素，重现历史风貌，突出古驿站形象定位。
- 呈现活力空间氛围——通过营造最有魅力的、舒适宜人的传统街区生活空间氛围，盘活古镇活力。
- 发现市井生活乐趣——通过植入最好玩的、轻松惬意的康体养生、休闲度假旅游业态，打造慢生活街区，吸引人、留住人。

2. 亮点与特色

（1）空间特色：明确保护内容，注重场所与文化保护

青龙街的保护因缺乏明确的保护边界和保护措施而遭到不同程度的破坏。本案梳理了青龙街重点保护要素，包括文保单位、传统民居、历史文化景观三类，并明确了保护内容与措施。其中需要保护的文保单位包括万氏祖祠、万家大院，魁星阁三座有明确边界的建筑外，重点对青龙街古道做了明确的

范围界定及修复方案。

图 11.5.2-1 青龙街历史照片

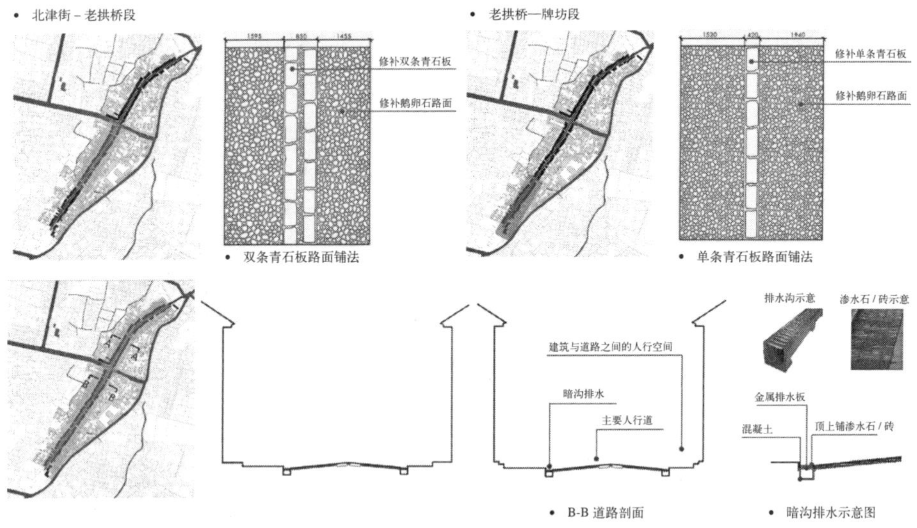

图 11.5.2-2 青龙街古道修复方案

传统民居的保护分两部分，一是对青龙街街道两侧建筑界面的修复设计，根据现存较好的建筑立面式样和相关资料，整理绘制了若干标准建筑立面图，对门窗和建筑细节进行了规定。二是对街区内现存风貌格局保留较好的民居院落进行了梳理，根据其平面形式将其分为三家合院落、三坊一照壁和四合五天井三类，再分别从建筑单体、院墙、墙面装饰三个方面指导传统民居的更新改造。

历史文化景观的保护包括民居院落的庭院空间，街道界面景观细节，如街道家具、景观小品、街头广场绿地等，及水系、水景环境营造。将收集整理的老物件，如铺地、石槽、石磨、石墩、柱础、水缸、瓦罐等作为景观设计元素重新利用到这些空间里，营造具有历史感和地方特色的场所，恢复部分历史文化场景，保护历史文化景观。

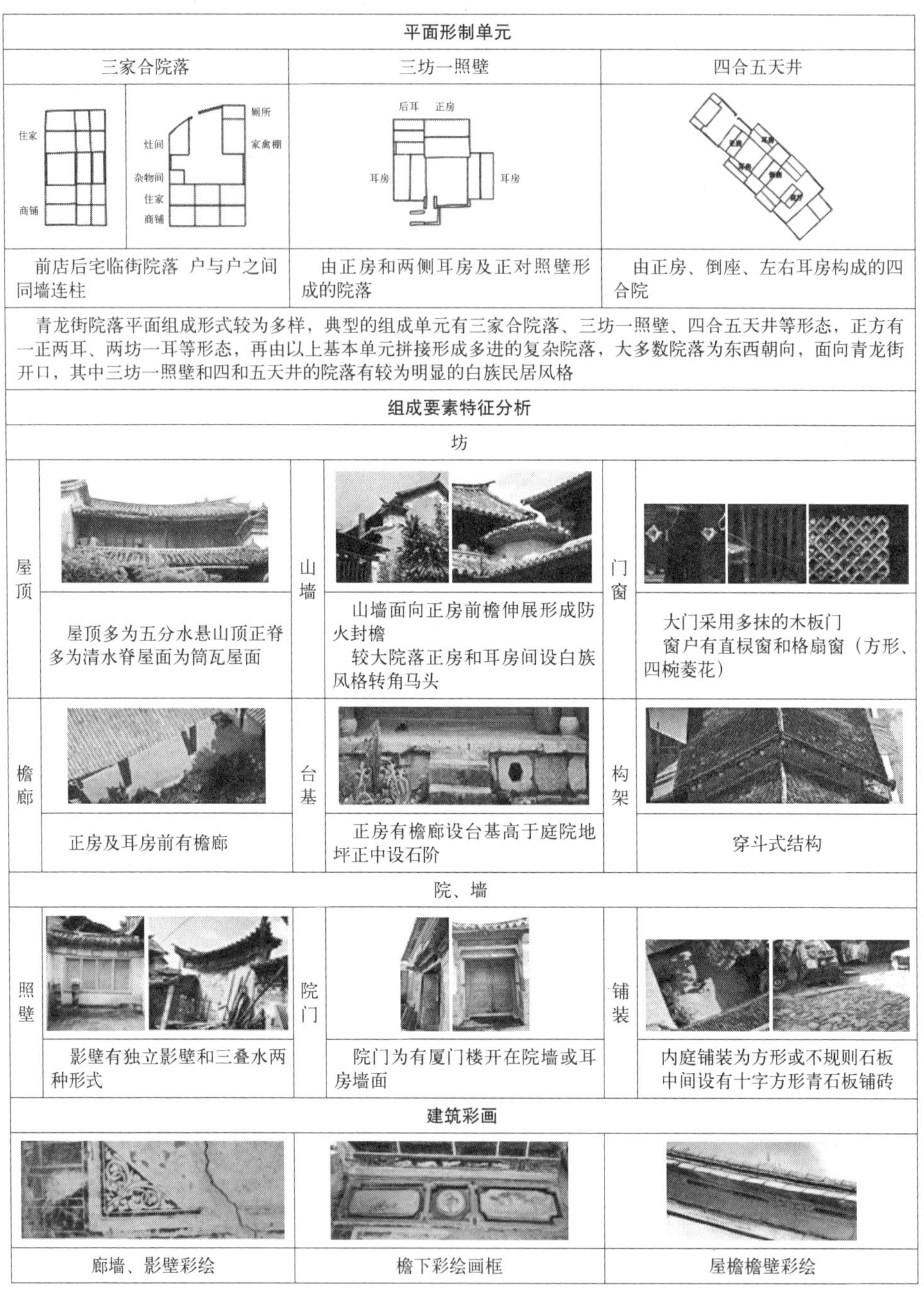

平面形制单元		
三家合院落	三坊一照壁	四合五天井
住家 商铺 ｜ 厕所 灶间 家禽棚 杂物间 住家 商铺	后耳 正房 耳房 耳房	
前店后宅临街院落 户与户之间同墙连柱	由正房和两侧耳房及正对照壁形成的院落	由正房、倒座、左右耳房构成的四合院
青龙街院落平面组成形式较为多样，典型的组成单元有三家合院落、三坊一照壁、四合五天井等形态，正方有一正两耳、两坊一耳等形态，再由以上基本单元拼接形成多进的复杂院落，大多数院落为东西朝向，面向青龙街开口，其中三坊一照壁和四和五天井的院落有较为明显的白族民居风格		

组成要素特征分析					
坊					
屋顶	屋顶多为五分水悬山顶正脊多为清水脊屋面为筒瓦屋面	山墙	山墙面向正房前檐伸展形成防火封檐 较大院落正房和耳房间设白族风格转角马头	门窗	大门采用多抹的木板门 窗户有直棂窗和格扇窗（方形、四椀菱花）
檐廊	正房及耳房前有檐廊	台基	正房有檐廊设台基高于庭院地坪正中设石阶	构架	穿斗式结构
院、墙					
照壁	影壁有独立影壁和三叠水两种形式	院门	院门为有厦门楼开在院墙或耳房墙面	铺装	内庭铺装为方形或不规则石板中间设有十字方形青石板铺砖

建筑彩画		
廊墙、影壁彩绘	檐下彩绘画框	屋檐檐壁彩绘

图 11.5.2-3　传统民居保护与修缮依据

图 11.5.2-4　传统民居保护与修缮依据

(2) 功能特色：民宿助力老街的复兴

对青龙街而言，它是板桥省级历史文化名镇的核心载体，保护是第一位的，但保护的方式是值得探讨的。从现状资源保护价值评估来看，非物质文化资源的种类和价值远远超过以文保单位为主的实体物质资源。非物质文化大多以传统手工制作自主，虽然制作技艺和产品品质得到重视与保护，但由于缺乏开放性保护思维，经营成效不佳。非物质文化是保护对象，但更是生活的一部分，应融入生活，才能更好地发挥其价值。基于此，本案提出了“一宿一品”的保护与发展设想。即利用青龙街现有保留较为完好的传统民居与传统手工制作作坊相结合，同时结合文旅市场需求，植入住宿、餐饮、手工体验、休闲养生等业态，在保留原有商业功能的同时通过业态植入换发新的活力，适合时代发展的需求。

本案重点梳理了染坊、皮具、版画、木器、草编、围棋、制茶、中医食疗、古书斋、土锅酒、豆腐、烘焙十二个业态作为发展“一宿一品”，包含了手艺、技艺、养生、特产四个门类，以“品味生活”为主题，传承文化、留住技艺、沉淀时间。

“一宿一品”在空间上采用前店、中厂、后宿的模式，充分利用了青龙街狭长的三进、五进院落空间的特点，扬长避短，延伸纵向功能，将现状单一密不透风的街道打开，形成多条主题的小街。

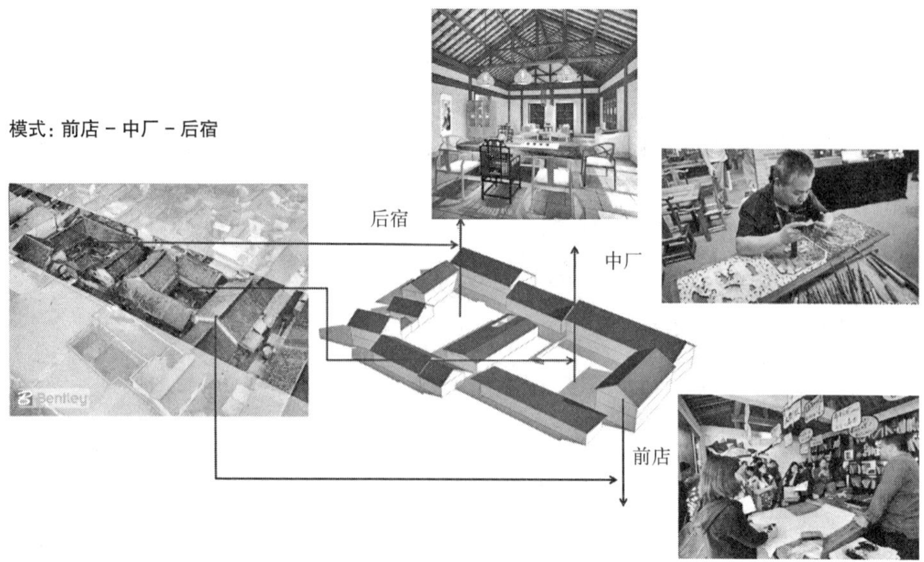

图 11.5.2-5 “一宿一品”的空间模式

“一宿一品”在管理上采用统一、标准化管理。引进具有专业管理、运营能力的公司，由其通过购买、租赁等方式对十二栋民宿进行统一建设、管理。以游客接待中心为民宿接待服务中心，提供集中服务，包括住宿办理、客房服务等。

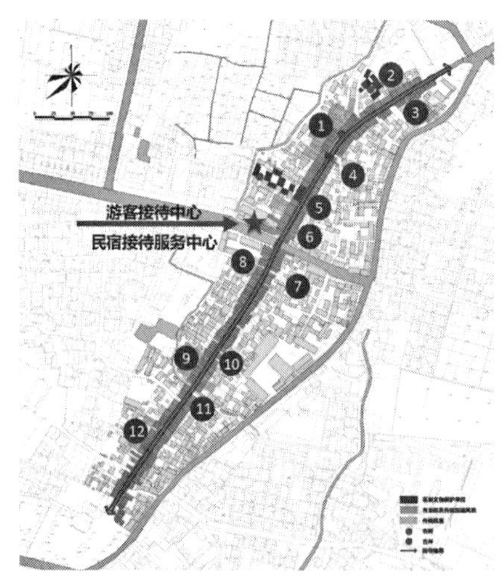

图 11.5.2-6 特色民宿空间分布图

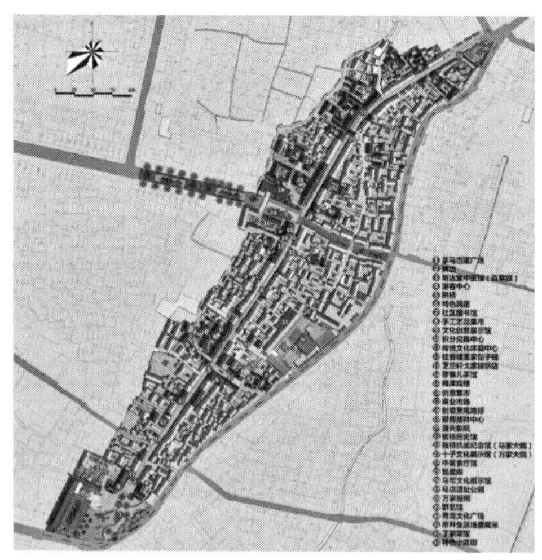

图 11.5.2-7 青龙街总平面图

（3）空间特色：注重空间序列

青龙街全长 870 米，道路笔直，走完一遍用不到 20 分钟。为了增加停留的时间，丰富游客体验度，依托现状水系、开敞空间、公共建筑等，将空间进行了重新梳理，规划设计了一条内部环线及多个节点，整体形成了“两轴、一环、一心、多点”的空间结构。其中两轴指东西向的北津街和南北向的青龙街两条商业街，一环指街区内部的休闲水景与外部的水街形成了一个亲水休闲环，一心即位于两条商业街交叉口的公共活动中心，也是青龙街的中心，集旅游集散、节庆活动、休闲娱乐、公共服务于一体，多点即多个空间节点，打造不同功能与视觉体验，包括传统院落空间、文化创意空间、街道水系景观空间、文化廊道空间等。

环线与青龙街相交，将其分为三段，在铺地上有明确的区分，中间段为双条石板铺砌，上、下两段为单条石板铺砌，整体序列感较强。同时以驿站文化、市井文化为依托，展现生活场景，以生活化、趣味性为主旨，本案策划了“青龙十景”，依次包括下棋、拴马、版画、打水、喂养、茶馆、手艺、教书、装货、碾药十处市井生活场景，平均 100 米便有一处，移步异景，充分感受市井生活乐趣。

（4）创新功能——“泛在技术”推动小镇旅游现代化

“泛在技术”是指生活环境所涉及的范围内，借助计算机让人能够随时随地无意识地接收并利用最合适的信息的系统。具体做法是在各景点设置二维码，通过手机二维码扫描功能可以自由读取旅游信息、地理信息、生活信息和周边信息等。

在街区中主要景点或标识标牌处设置专属二维码，通过手机微信或支付宝扫描，便可链接到相应的界面，如图 11.5.2-8，通过扫描魁星阁处二维码，就可以获得魁星阁相关信息，修建年代、建筑风貌，曾经发生过的故事，举办过的民俗活动等介绍，以及参观体验的内容的说明，及手机上的互动小游戏等。

此外，通过扫描二维码还可以获得有效积分，等同于货币，可兑换纪念品或在青龙街内消费使用。在游客服务中心可以免费领取二维码布点图，犹如游戏地图，玩家每到一处便可打卡，通过小游戏互动还可以获得更多的积分，比如按照指定的pose拍照上传分享变可活动积分；通过解密各种经典棋局获取积分，难度越大，积分越多等。通过场景设计，借鉴游乐场的运营理念，积极调动游客的参与热情，适合多元客群的活动需求，充分体验市井生活乐趣。

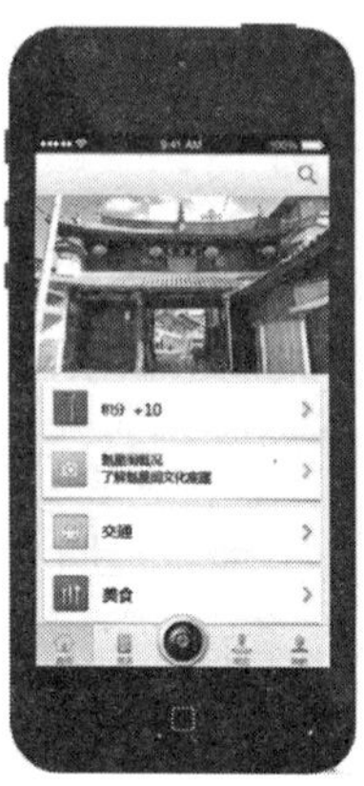

图11.5.2-8 “泛在技术”运用

11.6 发挥生态优势，讲好小镇故事：平顶山黄柏山特色小镇

（此项目获得2018年浙江省优秀规划设计二等奖）

11.6.1 项目背景

黄柏山特色小镇位于河南省平顶山市中心城区，处于老城区-高新区-化工城-叶县县城的地理中心区位，坐拥各大城市主要生活区、产业区的环抱，同时又是宁洛高速出口的交通门户，无论从功能区位还是交通区位上来说，都具有极为重要的潜在价值。地块现状基本为村庄和农用地，本案地块被选中打造特色小镇主要是考虑平顶山的主要水系——沙河穿过，流经本案地块形态蜿蜒曲折，形成多道河湾宛如飘带，形成了良好的生态环境。笔者清晰的记着第一次和小镇主管领导和投资方接触，交流中介绍小镇的基本情况充满了自豪感，认为小镇的优美自然环境可以作为小镇的特色支撑。笔者的回应给领导们先泼了一盆冷水，诚然在北方地区有很有的水资源特色是比较难得之处，在平顶山内也会是非常具有开发潜力的地块，但跳出平顶山市，河

南省横跨海河、淮河、长江、黄河，境内有 1500 多条河流纵横交织，更不要说西部水资源丰富的云南、贵州等地区，类似地块这样有优美水景的地方何止千、万，所以风景并不构成，而要挖掘小镇人无我有、人有我精的过人之处。另外要把握特色小镇对特色产业的核心要求，从产业端着手，将产业的文章做足做深。

随着设计团队深入了解小镇，发展小镇的历史文化更具特色，也是真正可以形成独一无二特色的核心。但以历史文化为核存在着较大的挑战，如前文中的和合小镇，会面临文化向产业传导并形成特色产业体系的困难。问津小镇在区位上，位于高新区南部，是未来高新区管委会所在地。因此，不仅在空间上属于高新区的有机组成部分，在产业发展上，如何促进高新区在经济新常态、中国制造 2025 背景下，实现产业转型升级，提升整体竞争能力，实现可持续发展，承担产业引擎重要功能。这一点和前文启东滨海智创小镇类似，通过特色小镇助力开发区的功能完善，尤其是创新功能和人才吸引功能。平顶山国家高新技术产业开发区总体定位为中原电器城，重点发展电力装备智造、尼龙新材料、物流等产业。但如多数开发区一样面临产城融合度不足，产业创新力不足，人才吸引力不足，城市识别度不足成为限制其发展转型的壁垒。本案特色小镇的建设也被寄予厚望，通过小镇高端要素的集聚帮助解决开发区面临的发展壁垒。综上可见，本案的核心挑战和特点即是，凝练文化特色形成小镇核心特色支撑，进而构建围绕核心的特色产业，同时服务于开发区的需求。

11.6.2　核心思路

1. 文化特色

基地文化脉络清晰，主要包括儒释道文化、红色文化和农耕文化。儒释道文化以孔子问津处、小南国和人亘之祖为代表：春秋时期，长沮和桀溺两位有学位的大家隐居于此，过着农耕生活，孔老夫子一行来此讲学，留下“孔子问津”和“晒书台”的美谈；小南国则是平顶山作为妙善观音故里，佛文化昌盛，衍庆庵道观内供奉妙善观音，其大殿被尊为小南国，以感其为父治病献手献眼的大善之孝；黄柏山作为道教圣地，山上有衍庆庵，供有人亘之祖盘古、伏羲、女娲尊上古始祖。红色文化则是为纪念 1929 年由石嘉云、李子健等在这里建立鹰城第一个地下党组织，后为国捐躯建立黄柏山革命英雄纪念碑。农耕文化以文王化行南国和黄柏牙隐居为代表：在周文王灭商过程中把中原地区的先进生产技术和宗法礼教等介绍和推行到此处，使得本地经济文化得到进步，政治上归附于周，这就是历史上所称的“文王化行南国”；相传东汉时期，黄柏牙和严光隐居在此，黄柏牙助刘秀取得历史上著名的以少胜多的昆阳之战。

文化典故和遗存丰富一方面是优势条件，但总体来看缺乏脉络，显得破碎凌乱，也难以形成文化 IP，这就迫切需要设计团队在众多的历史文化中需要梳理出文化名片。从产业链的视角来思考文化的价值高度可以得到全新的启示。不论是佛教、道教、红色文化，还是黄柏牙典故，都只是历史某个剖面的一个节点，没有在主流文化体系中占有特别的位置。打个比方来说，这些历史文化就像手工作坊里产出的某个产品，并不在主流生产线上。相比之下，孔子问津的典故则在整个如家文化中占有重要的地位。当时孔子被隐士提点后，反省出了“鸟兽不可与同群，吾非斯人之徒与而谁与？天下有道，丘不与易也”，也产生了“指点迷津”的成语。所以孔子和弟子再次的经历对儒家思想的发展起着重要作用。这也就将该地块的文化价值提升了主流文化价值链中占有一环的地位。因此，小镇的文化特色围绕孔子的问津典故，小镇也因此得到一个花名“问津小镇”。同时，以“问津”串联小镇的发展核心：

（1）文化上——问儒释道文化融合之津

小镇内含有儒释道文化要素，三家文化的融合不应是简单的文化拼合，应是在统一定位和主题下的有机融合。体现在问津小镇的空间上就是以儒家文化设施为主体，兼容道教和佛教文化设施，展现和谐、共存的空间场所特征。

（2）空间上——问文化与生态共生之津

问津小镇最大的资源特色是儒教文化、衍庆庵以及沙河。沙河体现了小镇内优越的生态环境和景观环境质量。问津小镇以孔子问津、晒书等文化遗迹为代表的儒家文化为核心，以儒释道文化融合为特色，与沙河在景观、生态特质上取得融合，是小镇特色的重要来源。

（3）产业上——问产业转型与发展之津

问津小镇在区位上，位于高新区南部，是未来高新区管委会所在地。因此，不仅在空间上属于高新区的有机组成部分，在产业发展上，如何促进高新区在经济新常态、中国制造 2025 背景下，实现产业转型升级，提升整体竞争能力，实现可持续发展，承担产业引擎重要功能。

2. 小镇定位

根据小镇核心文化特色，本案将小镇定位为“银沙三合湾，问津智慧城”，体现为文化生态融合之湾，人与自然融合之湾，产城融合之湾。

儒家智慧之彰显，三养融合之典范。作为平顶山高新区文化生态融合之湾，问津小镇重点发展以养生、养心和养智组成的颐养产业体系。其中养生重点发展医养结合的调养养生、药物理疗；养心以儒家文化、佛教文化、道教文化为核心的心灵净修、文化创意等产业；养智重点发展儒家游学教育、研发办公等产业，打造养老、养心和养智的全产业链，形成三养融合发展的示范基地。同时注重挖掘特色小镇内部的儒家文化、佛教文化、道家文化、红色文化，以文化为基础，加强相关项目开发，进一步强化文化生态融合之湾的文化底蕴。

3. 产业特色

作为一座新兴工业城市，平顶山以第二产业为主导的带状产业空间格局明显，全市第三产业发展迅速，2016 年第三产业比重达到 40.7%，产业发展呈现出二、三产业齐头并进的趋势。但是第三产业主要集中在老城区，黄柏山片区及周边产业区配套十分欠缺，质、量均发展不足。但是黄柏山片区作为平顶山市服务、补充周边三产配套服务的重点区域，发展什么类型的企业以及定位什么水准的设施，仍然存在较大的想象空间。

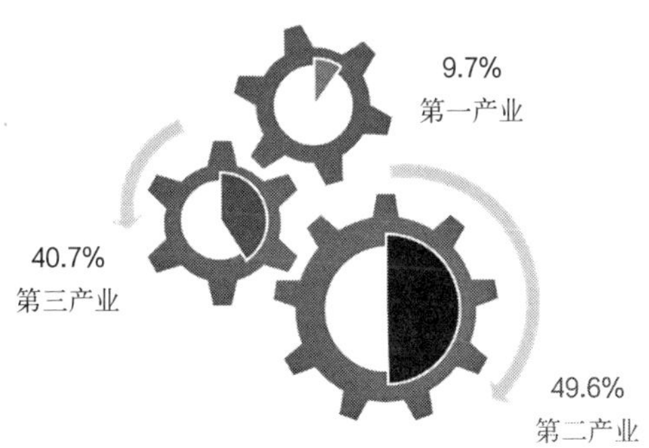

图 11.6.2-1　2016 年平顶山市三次产业比例

为解决黄柏山特色小镇产城融合度不足、产业创新力不足、人才吸引力不足的问题，实现小镇向工业 4.0 时代转型的要求，规划提出了以集聚面向机械装备、电子电器、能源材料的智创服务产业为核心目标，突出“价值、生态、协作、品质”四元互动的产业生态链要求，重点打造“智造研发 + 科创孵化 + 配套服务”的智创产业体系，成为整个滨海高新区的造血引擎，实现园区从“加工车间”到“研发智核”的华丽转身，最终推动滨海从“滨海制造”到“滨海智造”的转变等综合性的产业发展定位。其中，智造研发产业主要包括企业技术中心、研究院、产品中试基地、检测检验中心、产业联盟等，科创孵化产业主要包括，孵化器、加速器、创业园、协同创新中心、科创金融等，配套服务产业包括面向生产类和面向生活类两类配套产业，其中前者包括展示交易、工业设计、品牌创意、电子商务、会议论坛、教育培训等配套产业，后者包括酒店餐饮、商业休闲、生活娱乐、高端公寓等配套产业。重点打通创新链与产业链、金融链的链接，关注小镇生活链的建设实现四链融合，推动形成创新型优质中小微企业孵化支撑体系，制造供应产业链上下游延伸体系，高新技术人才支持体系，逐步实现园区的产业转型。

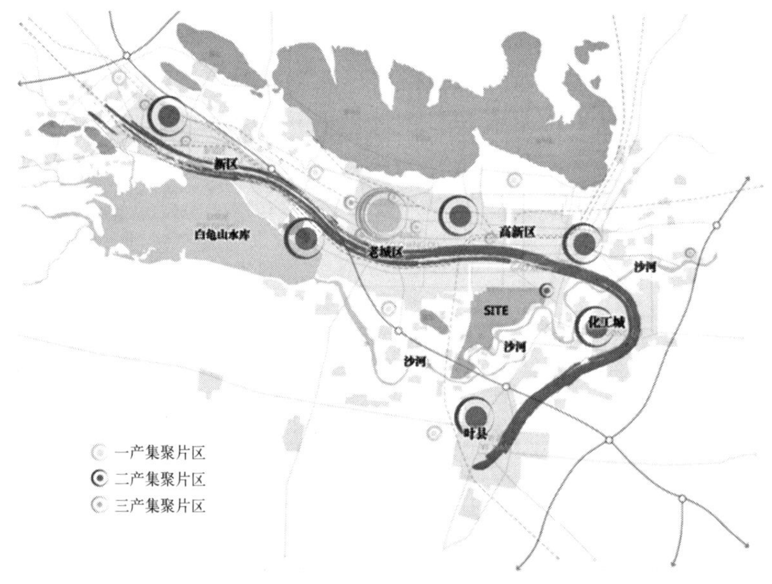

图 11.6.2-2 产业空间示意图

整个小镇将通过打造智慧之源、文明之根、产业之擎和生态之区四大产业板块。其中智慧之源将发展成为全国知名的以展示观音文化、道教文化为特色的文化旅游风景名胜区；文明之根则通过对文王遵化、孔子问津和孔子晒书，展示华夏文明历史源头的形象；通过打造以装备制造、新材料、尼龙化工、新型建材为代表的平顶山高新区重点发展产业，促进产业转型升级；同时优先保护沙河生态，塑造生态化的办公、居住、购物、娱乐及旅游环境，发展成为知名的生态、低碳发展展示示范区。

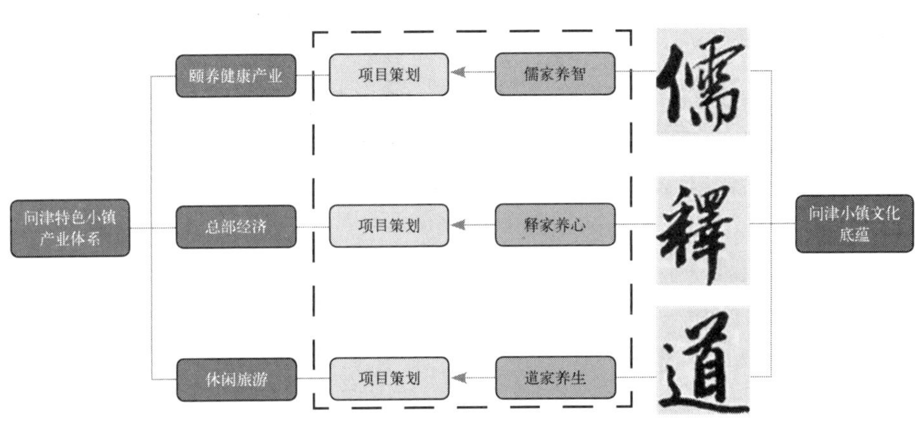

图 11.6.2-3　问津小镇产业体系图

小镇核心业态以孔子儒家思想为根本，将儒家思想贯穿到住、食、观、娱等各个方面。孔子文化博大精深，体现在生活的各个方面，如儒家特色建筑、儒家特色饮食 - 孔府菜、儒家特色演出和儒家特色活动等。因此特色小镇的儒家文化应该体现在小镇的各个方面，进而从各个方面彰显儒家特色，体现儒家思想。建设具有儒家特色的街道建筑、引进具有儒家文化的特色饮食、策划开展反映儒家思想和儒家基本生活的特色演出以及开展具有儒家特色的相关活动等。以儒家思想为根基，采用泛化的理念，将儒家思想贯穿到特色小镇开发的各个方面，真正实现对儒家文化各方面和全方位的传承。真正将特色小镇打造成为中原儒家文化之源泉。

问津小镇养生产业主要包括医养结合综合服务中心、养生浴场汤池、运动养生、天年社区。医养结合综合服务中心即以体检医疗、康乐活动、老年

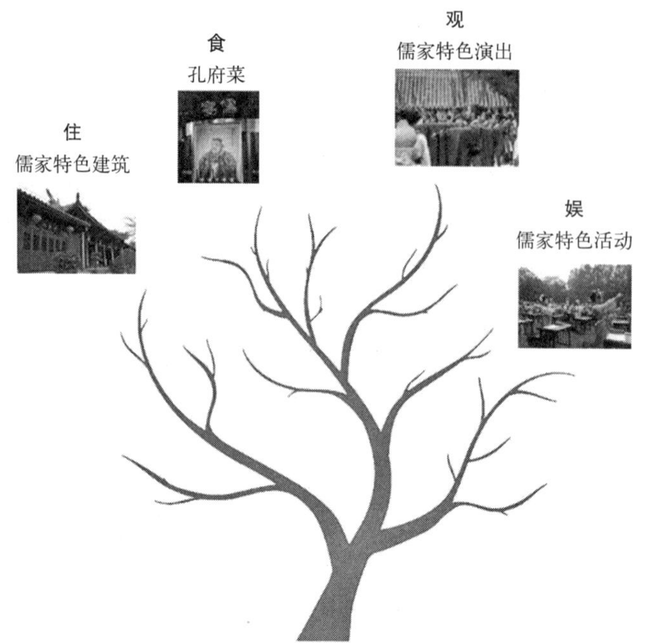

图 11.6.2-4　小镇养智文化业态策划图

教育、特色商业、医疗救治、卫生监督、养老服务、妇幼保健和残疾人康复九大板块为主要内容，建设医养结合综合服务中心。养生浴场、汤池通过建设福海盐浴主题度假村、五彩盐池浴场、养生药浴汤池等养生浴场，作为养老养生、非药物理疗的重要组成部分。运动养生建设健身运动中心，如水上运动中心、室内健身中心、太极湖等，开设健身运动相关课程，开展健身运动相关培训等。天年社区则以建设天年社区、颐养庄园等高顿老年社区，配备完善的老年活动、医疗、娱乐设施，发展高端社区养老产业。

问津小镇养心产业主要包括问道堂、禅修院等心灵禅修，博物馆集群，文化创意，主题性产权休闲度假区、心灵度假等业态。问道堂、禅修院等心灵禅修以儒家文化、佛教文化和道教文化为基础，建设问道堂、禅修院等心灵禅修场所，发展朝圣、灵修等相关业态。建设中华儒史馆、儒学博物馆、晒书台遗址博物馆、半岛之心（问津史迹陈列馆），形成博物馆集群，以博物馆为载体开展心灵教育。文化创意重点围绕儒家文化、佛教文化、道家文化开展相关创意产品生产、制作以及零售，形成文化创意特色商业街区。主题性产权度假休闲区、心灵度假以儒家文化、佛家文化、道家文化为基础，建设主题性产权休闲度假区，发展儒释道特色住宿、特色景观表演等，开展心灵度假。

问津小镇养智产业包括创智研发中心、智科中心，三教融合讲堂，老年大学和建康职业培训学校等。建设创新研发中心、智科中心，重点发展总部经济、科技创新等产业，打造低密度生产性服务业产业集群。三教融合讲堂借助孔子晒书等典故，发扬儒家教育精神，打造儒家国学游学基地。建设老年大学，发展老年教育，开展老年技能培训，如围棋、健身、养生等课程。健康职业培训学校主要开展健康管理、医疗护理、健康养生、康复理疗、养老护理等培训。

旅游产业的发展还重点考虑场地夜生活策划。问津小镇以产业发展为引领、以文化为底蕴、以项目为依托，通过相关反映儒释道文化的项目的策划，促进儒释道文化底蕴与产业的融合发展。策划“问津”和“孔子晒书”的实景演出，以再现“问津”和“孔子晒书”的历史经典，突出孔子崇尚知识、崇尚教育的理念。以实景演出来重现孔子的经典典故，以进一步强化项目的吸引力，和与曲阜孔子仪式感较强的“祭孔大典”错位发展。另外为了留住游客，增强问津特色小镇的吸引力，促进“月光经济”的发展，建议实景演出安排在晚上进行。借助子路问津、孔子晒书实景演出，以实景演出来促进问津小镇月光经济的发展。

4. 空间特色

空间特色的核心营造主要是体现对现有水系的继承和延伸，对现有水体的处理主要是增加水系的亲水性。此外，增加水系进一步强化水的特色资源。

规划范围东至问道路、南至沙河湾北岸、金标路、北至文王路，规划总用地面积 3.4 平方公里。规划以自由灵活的布局手法，将山、水、谷、路、功能组团有机组织。规划以基地中部人工山体和黄柏山为中轴，向南北延伸，形成整个小镇的空间景观主轴，同时构建三教文化融合发展轴。水是小镇的灵气生态元素，外有沙河水系的大气，内有新月湾、太极湖等水系的婉约，两水相得益彰，各显气质。功能空间上，以北部首脑半岛、中部融合湾、南部问津半岛为重点地段，外围周边以水为脉，依次展开创智商务办公区块、颐养天年老人社区、生态宜居片区等拓展功能片区。

小镇内含有儒释道文化要素，三家文化的融合不应是简单的文化拼合，应是在统一定位和主题下的有机融合。体现在问津小镇的空间上就是以儒家文化设施为主体，兼容道教和佛教文化设施，展现和谐、共存的空间场所特征。

问文化与生态共生之津：问津小镇最大的资源特色是儒教文化、衍庆庵以及沙河。沙河体现了小镇内优越的生态环境和景观环境质量。问津小镇以孔子问津、晒书等文化遗迹为代表的儒家文化为核心，以儒释道文化融合为特色，与沙河在景观、生态特质上取得融合，是小镇特色的重要来源。

三大产业功能分区：科创商务养智片区、天年健康颐养片区、三教融合养心片区。

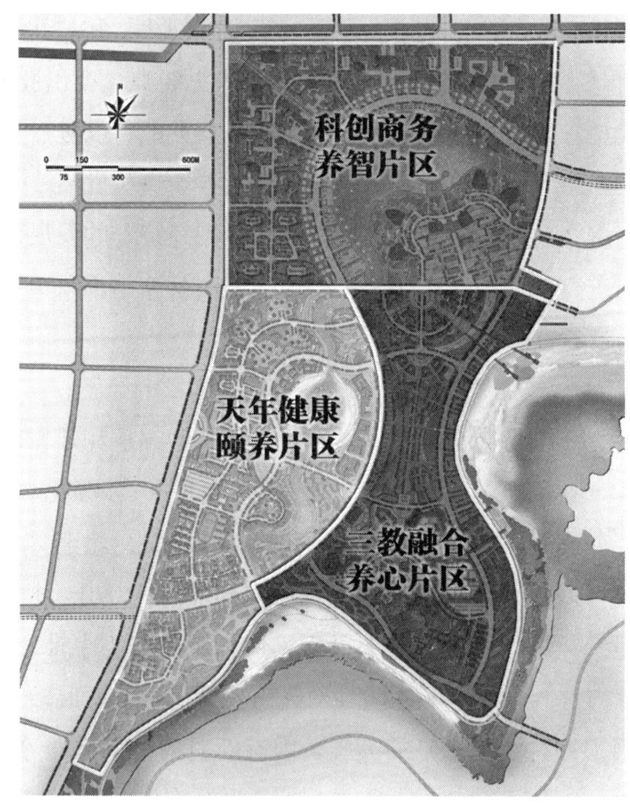

图 11.6.2-5　问津小镇三大产业功能分区图

科创商务养智片区：在问津小镇北部布局建设总部经济产业组团，重点发展总部基地、科技创新、文化创意、互联网金融、职业培训等五大产业，布局相关项目，形成问津小镇低密度的科创商务养智片区。

天年健康颐养片区：在问津小镇左下方以医养综合服务中心、天年社区等医疗、养老、养生设施为核心，布局颐养健康产业组团，重点发展医疗护理、健康养生、社区养老、老年教育等四大产业，形成问津小镇天年健康颐养片区。

三教融合养心片区：在问津小镇右下方以福海盐浴主题度假村、五彩盐池浴场等为核心布局休闲旅游产业组团，重点发展旅游度假、游学体验、朝圣灵修、体育锻炼等四大产业，形成问津小镇三教融合养心片区。

在整体空间的塑造上，依托平顶山高新区优良的自然资源，针对文化生态融合之湾、人与自然融合之湾、产城融合之湾的三湾融合的总体定位，以及产业、空间形象定位，整体勾勒出一个集功能板块、发展轴线、生态保护、道路交通以及业态布局等要素为一体的空间规划结构体系。

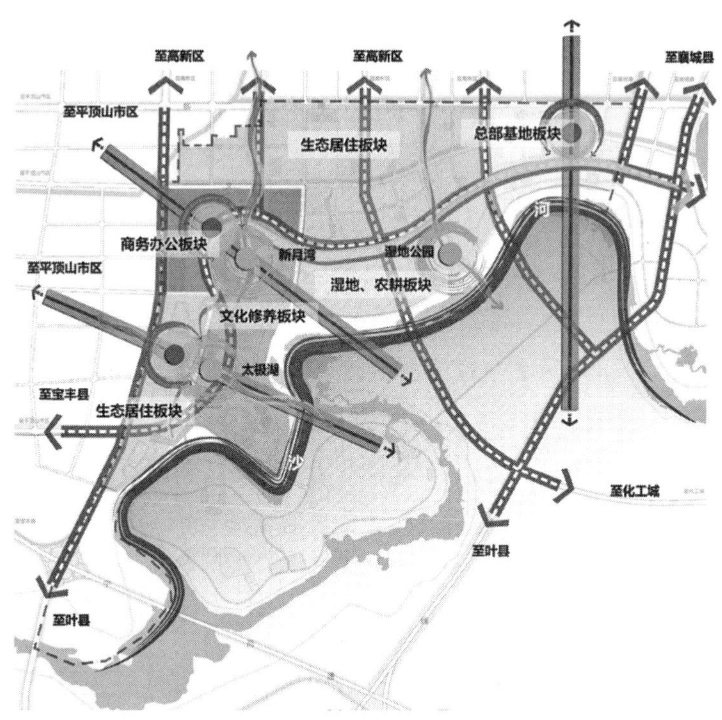

图 11.6.2-6　空间结构规划图

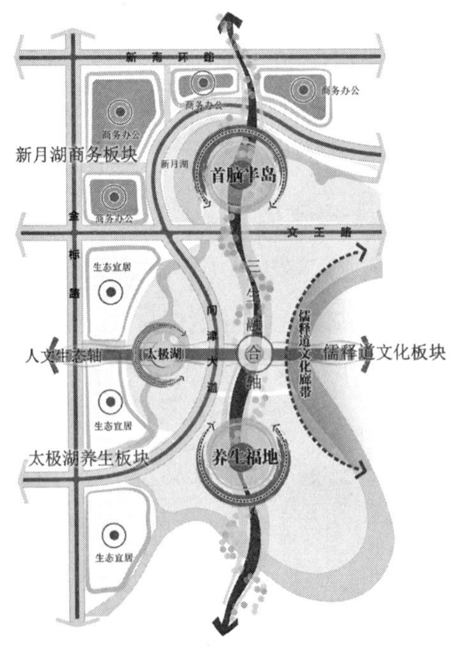

图 11.6.2-7　规划构思图

图 11.6.2-8　规划总平面图

11.7　品牌再造和生态营造：四川古蔺郎酒小镇

11.7.1　项目背景

二郎镇位于四川省泸州市古蔺县，四川省盆地南部边缘，坐落在赤水河畔，处于“中国白酒金三角”和川黔渝“金三角”旅游圈核心腹地，因红军四渡赤水及当地生产郎酒而得名，致力于打造中国特有的“白酒名镇”，也是有名的旅游胜地。二郎镇是中国两大酱香型白酒核心产地之一，支柱企业郎酒坚持运用“古蔺郎酒传统酿制工艺”（国家“非遗”），纯粮固态发酵酿造，经天、地宝洞恒温储藏及天宝峰露天储存而成，先后荣获中国驰名商标、中华老字号等荣誉。

项目基地位于二郎滩片区，位于镇域的北部，与贵州省习酒镇隔河相望。规划范围东、北均至镇界，西至二陡岩，南至天宝峰，北以赤水河为界，用地面积共计约 8.2 平方公里。规划区属峡谷山地地形地貌，区内海拔高差较大。

整个区域地势西南高，东北低，海拔最高处约 986 米，最低处约 325 米。

2017 年 2 月，四川省发展改革委发布了《四川省“十三五”特色小城镇发展规划》，提出在“十三五”期间，四川省将以旅游休闲、现代农业、商贸物流、加工制造、文化创意、科技教育等方向为重点，大力培育发展 200 个左右类型多样、充满活力、富有魅力的特色小城镇，引领带动全省小城镇发展和建设。特色小镇的建设，对二郎镇发展的影响将是深远的，将会起到缓解突出矛盾、增强发展后劲、丰富发展内涵的独特作用。有利于推进新型城镇化发展，加快脱贫致富步伐，促进配套服务设施的完善，以及提升二郎和郎酒的品牌价值。

虽然二郎镇以郎酒而闻名，尤其是近年来随着郎酒宣传攻势不断发力，酒业品牌带动小镇不断，但其实二郎镇的资源非常丰富。境内有载入吉尼斯世界纪录的“世界三最”景点，分别是世界最大的摩崖石刻—“美酒河”摩崖石刻、世界最大的天然储酒溶洞—天宝洞、世界最大的露天陶坛酒库—天宝峰露天陶坛酒库，18 处国家、省、市级文保单位，还有堪称“小三峡”的美酒河风景区、“中国红色第一漂”的国际漂流基地、石笋石林和丰富的民俗文化活动等。

所以本案的一个核心目标，也是最大挑战就是通过特色小镇的打造助力郎酒品牌的进一步提升，通过对郎酒集团的互动和功能发挥，可以大大增强小镇的发展后劲，加深二郎和郎酒的品牌价值体现，提升整体经济实力，同时助推酱香酒谷的集群发展。二郎镇作为酱香酒谷的双子核心之一，特色小镇的建设可以进一步促进酱酒文化的品牌宣传和知名度的认可，并带动周边村镇的发展，和茅台镇共同推动酱香酒谷的集群发展。

11.7.2　核心思路

1. 目标定位

以“郎酒”为核，以“酱酒文化、红色文化、盐运文化”为魂，以“赤水河、红军老街、郎酒生产设施”为基，以“立体交通、立体产业、立体空间、立体景观”为手段。坚持“世界视野、中国高度、酱酒特色”，紧紧抓住“酱酒文化”特色资源，树立“原乡”的包容共享理念，通过建设酱香名酒品鉴地、千年古法传承地、长征精神弘扬地，将二郎镇打造成为中国酱香酒谷核心区，成为酱酒原乡特色鲜明、酱酒时尚产业融合、酱香文化韵味独特、绿色生态美丽宜居的国家级特色小城镇。近期发展目标，是以郎酒为核心、酱香为主题、时尚为特色，推进酱酒产业价值链升级，向“微笑曲线”两端的价值链高位升级，增加产业链深度，强化产业融合，推进“酱酒+”，拓展产业链宽度，实现强链补链发展，打造酱香白酒文化时尚小镇、国际名酒品鉴度假小镇、酱香酒谷康养运动小镇，创成省级特色小城镇。

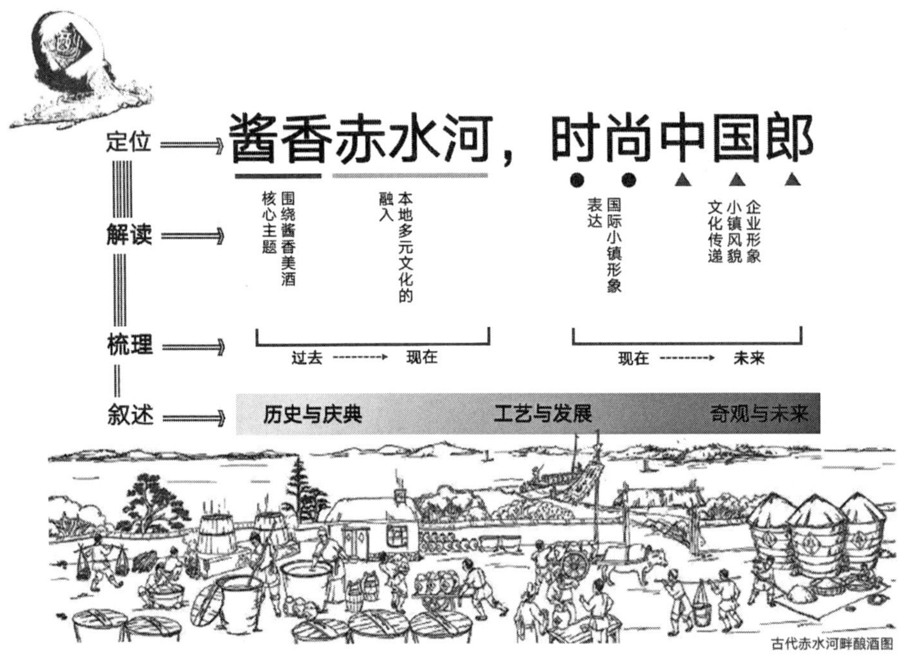

图 11.7.2-1　小镇形象定位解读

除了对小镇的发展定位，设计团队还对小镇的形象进行定位，城市设计围绕形象定位，通过对核心元素的提取和气质的凝练与提升，对空间设计提供指引。

2. 规划设计

功能布局规划遵循“一主三副，三轴三带，六片区”的思路展开。其中，一主三副包含酱酒原乡体验中心、美酒欢庆街和中国郎小镇客厅；红色文化教育中心、郎酒科创技术展示中心、国际白酒文化交流中心。三轴即历史文化传承轴（二郎滩、红军街、观音庙）、现代活力发展轴（美酒欢庆街）、未来创新黄金轴（美酒河大桥、赤水河黄金水道、天宝峰）。三带即滨水休闲体验带（赤水河）、酱酒文化休闲体验带（游览线）、康体运动休闲体验带（二陡岩）。六片区：酱酒原乡体验区、城镇生活区、黄金坝酒厂区、天宝峰包装物流区、两河口酒厂区、二陡岩休闲区。

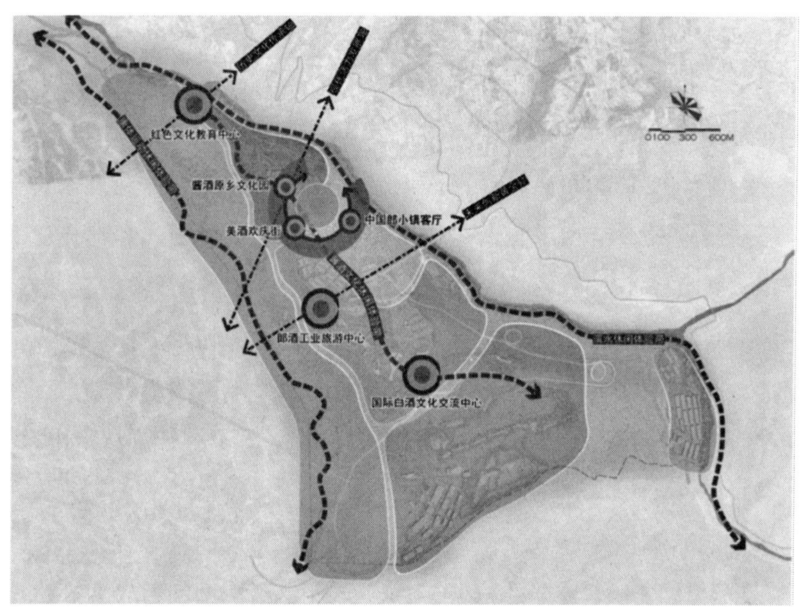

图 11.7.2-2　功能布局规划图

总体设计空间结构遵循“三区，一线，环山抱水”的设计思路，其中，三区是根据二郎历史发展、文化梳理、资源整合、风貌特质将规划范围分为三个主题区，分别为体现二郎历史传承与红色岁月的历史与庆典主题区，集中展示郎酒酱香精专高度与产业厚度的工艺与发展主题区，以及描绘二郎远见气度的奇观与未来主题区。一线，在三个主题区的基础上，梳理开发二郎老八景与新八景，通过一条中国郎主题游览线，将规划区内各重要的节点与功能点串联起来，带领前来参观的贵宾深入体会与领悟二郎的深邃与力量。环山、抱水描述的是二郎坐享自然之利，群山环绕，赤水河在镇下缓缓叙述着时间的流去，独特的环境与气候孕育着二郎的文化与精神，在城市设计中充分结合山水之势，通过二陡岩休闲康体区、诗酒画公园、跨区缆车将二陡岩、天宝峰、赤水河纳入新二郎整体形象中，环山抱水、醉享二郎。

交通系统的设计方面，提出了过境疏导，结构重塑；客货分离，安全高效；公交引导，停车换乘；天街云路，品质慢行四个方面的发展策略。其中，过境疏导，结构重塑，即结合镇区现状路网，新建重要对外通道，引导过境车辆由外围道路通过，减少对镇区交通的影响。对原有路网结构进行调整，新建、改扩建部分道路，对路网结构进行重塑。客货分离，安全高效，即设置集中货运停车场，货运管制区内限制大货车通行；基于新建道路合理规划货运通道，实现货运、客运空间分流，提高通行效率，提高交通安全，改善交通环境。公交引导，停车换乘，即通过在镇区内构建完善的停车—公交换乘体系，打造服务于居民通勤，游客游览的公交线路，在镇区重要出入口建设停车场和换乘枢纽，重要节点设置停靠站，实现高效换乘，引导游客公交出行。天街云路，品质慢行，是通过结合镇区现状错落的地形，陡峻的高差，发展特色竖向交通，如空中栈道、观光扶梯、旅游缆车等，丰富出行体验。在镇区内打造高品质慢行步道，有效串联各个景点，鼓励居民、游客的慢行出行。

3. 空间特色

贵州省郎酒小镇在规划编制过程中即充分考虑当地特殊的地形地貌对城镇空间布局和城市形态发展的影响。作为云贵高原典型河谷地貌，二郎镇山地地形特点明显，城镇背山面水，顺应地形。在景观格局上序列清晰，全镇依次为天 - 山 - 城 - 岸 - 水五阶格局，景观视线形式多远，视觉范围大，对岸有景观点；同时景观色彩上带有鲜明的地域性，赤水河，云贵地区建筑传统的白灰色基调。地形坡度大带来的对立体交通形态与坡度走势的要求。

因此从设计理念上，通过提出面块提升 - 线性串联的手法，在尊重地形地貌的前提下对郎酒小镇进行全方位的空间改造和景观设计。通过对赤水河滨水空间、二陡岩等山地空间的打造，形成丰富层次的、立体的小镇空间。充分尊重小镇现状基础与地形特征，结合概念策划要求，突出功能主题，打造多个相对完整的主题功能分区。各功能分区之间通过绿化景观、游览步道进行过渡，过渡段设计强调风貌的协调与统一。

图 11.7.2-3　贵州省郎酒小镇

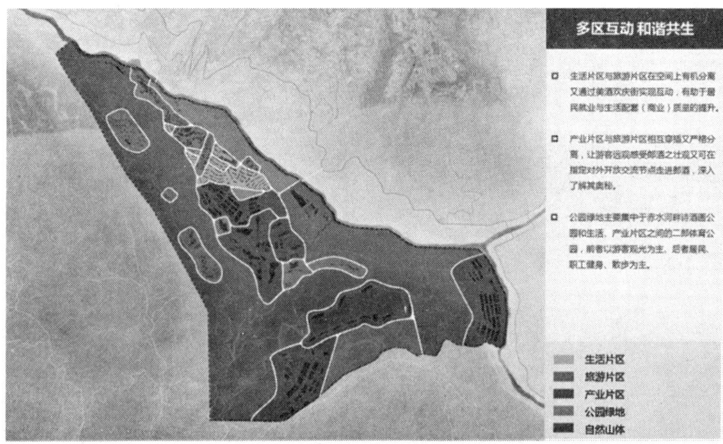

图 11.7.2-4　贵州省郎酒小镇规划图

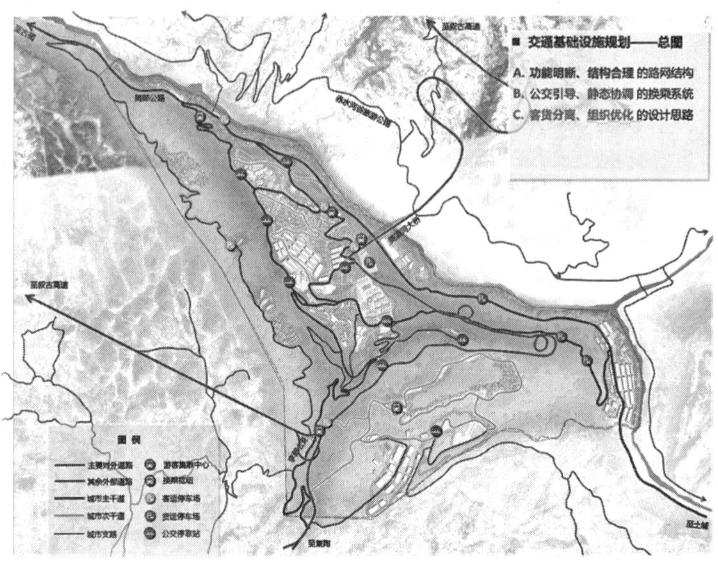

图 11.7.2-5　贵州省郎酒小镇交通基础设施规划图

郎酒小镇依托地形地貌，打造多区互动和谐共生的良性空间格局。尊重小镇现状地形条件，通过山间栈道、崖壁岩道、小径石阶、缆车天路创造跨越地形高差的郎酒小镇纵向串联系统，有效将赤水河岸、小镇镇区、山岭功能区联系在一起，打造具有郎酒小镇独特标识性的空间系统。在三个海拔高度区域，梳理现状的交通道路系统，通过结合景观、节点设计的步行游览线路，横向衔接同高区的各个主题功能区。对于衔接段的原有城市道路区域进行环境整治，提升街景、增加设施。针对垂直高差较大，提出沿等高线方向组织机动化交通，垂直等高线方向组织步行与缆车交通。

图 11.7.2-6　鸟瞰图

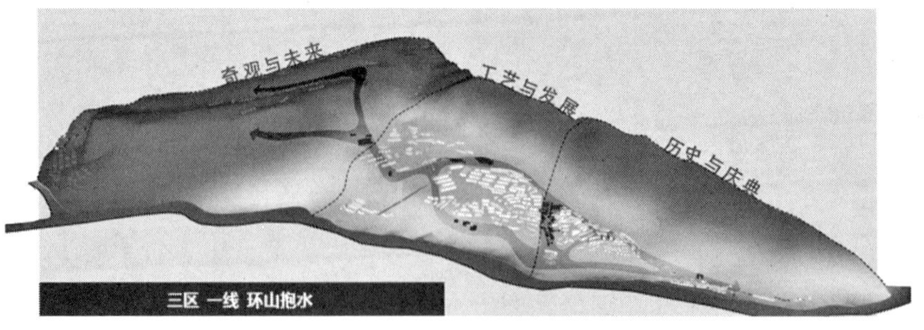

图 11.7.2-7　总平面规划图

美化方案：

通过使用主题色的方式，进一步美化厂区管道，使得这些管道系统成为地方标识，增加环境亮点。

图 11.7.2-8　热力管改造方案

图 11.7.2-9　挡土墙改造方案

空间特色的体现除了依据地形塑造独一无二的小镇空间，在设计细节上也要体现出二郎镇的独特性。如图所示的两处改造类设计细节，分别针对热力管线和挡土墙进行美化设计。热力管线是酒厂的原料、成品的高效运输方式，但给小镇造成了许多视觉障碍。设计团队通过主题化包装，以较低的造价解决此问题。挡土墙在小镇中也是有碍美观的一个重要负面因素。由于小镇建设的需要，尤其是路网的建设，不可避免的削山，所以产生了很多挡土墙。通过对重要节点处挡土墙设计优化，将景观的负面因素变为特色元素。这两处改造设计体现了对场地原有特质元素的继承和尊重，也在某种程度上塑造了场地的空间特色。

11.8　强化优势产业，延伸整合产业链：九溪花卉小镇

云南省玉溪市市委、市政府全面贯彻落实省委主要领导到玉溪调研指示精神和省政府花卉产业发展的重大部署，明确提出在江川区九溪镇规划建设"亚洲花卉科创谷"、打造"九溪花卉小镇"的花卉产业大发展思路，并将其列为市委、市政府"科教引领创新发展"的重大支撑项目。2017 年 3 月，玉溪市人民政府与云南省农业科学院签订了《建设"亚洲花卉科创谷"战略合作协议书》。2017 年 4 月，成立"亚洲花卉科创谷"建设工作领导小组及规划建设指挥部方案，全力开展亚洲九溪花卉科创谷的建设工作。

九溪花卉小镇的创建意义重大，具有良好的气候、区位、地势、资源条件，同时拥有政策的大力支持，但在项目具体落地实施过程中仍存在较多的规划设计难点。

核心问题一：科研能力不足，生产模式落后，如何突破？

目前玉溪乃至云南的花卉种苗大部分都依赖国外进口，种苗成本相当大，以玫瑰为例，每亩种植成本要增加 4000 元左右。且生产模式还停留在靠经验种花的阶段，小规模经营和兼业化的种植方式，造成专业化和标准化程度低，质量难以保障，由此导致的结果是中低档品质的花卉产量占全市鲜切花总产量的 80% 以上。

核心问题二：产城分离，如何融合、带动地方经济发展？

亚洲花卉科创谷由两个片区组成，一个是云南省农科院片区，一个是九溪镇区，两个片区在空间上是分离的，相距约 3 公里。在功能上是独立的，

农科院片区以花卉科研、生产为主，九溪镇区以满足日常生活所需的服务功能为主，两片区在功能上都相对单一，基本无关联。

特色小镇的打造需要着力解决这两个核心问题，其中重中之重是如何强化现有主导产业，寻找主导产业发力突破口，并构建有韧性可延伸的产业链。

1. 产业特色

花卉产业是世界各国农业中唯一不受农产品配额限制的产业。近十多年来，世界花卉业以年平均 25% 的速度增长，远远超过世界经济发展的平均速度，被誉为“朝阳产业”和“黄金产业”，是世界上最具活力产业之一。在 21 世纪最有发展前途的十大行业中，花卉产业被列为第二位。花卉产业是当今世界发展最快和最稳定的产业之一。从 20 世纪 90 年代起，花卉产品贸易额以每年 10% 左右的速度递增，已成为世界贸易的大宗商品。

但我国目前花卉出口额不到 3%，每年 60% 以上优良品种的种球和种苗仍靠进口。花卉小镇的建设将成为我国科技创新的一个新动力，为突破我国花卉产业多年发展瓶颈做出重要贡献。要实现突破首先要找准小镇在花卉产业链中的精准发力点，才能做到以点带链的全面突破。花卉产业链如图 11.8-1 所示，通常指鲜切花、盆栽花卉、观叶植物、绿化苗木、草坪等。花卉产业是农业产业中的一个分支产业。花卉的培育、养护、管理、服务、生产、流通几个环节密切相关融为一体，因此在产业结构中形成独立的产业体系。

图 11.8-1　花卉全产业链

花卉产业对标分析　　表 11.8-1

产业结构	内容	九溪	斗南	红河	荷兰
科创研发	花卉品种研发、育种育苗、科技种植、肥料土壤、采后处理、加工技术等方面技术创新，推动产品质量提升，实现专业化、标准化生产，增强市场竞争力和附加值	★★★★★	☆☆	☆	☆☆☆☆☆
花卉种植	依托有利的气候条件和技术优势发展大规模花卉种植产业，是花卉产业链主体。目前世界三大花卉主产区包括非洲肯尼亚、南美洲厄瓜多尔、中国云南省	★	☆	☆☆☆☆☆	☆☆☆☆☆
加工处理	在花卉上市拍卖和交易前，进行采后处理，通过技术延长鲜花观赏期，提升花卉观赏品质。包括低温贮藏、化学保鲜等	★	☆☆	☆☆☆☆☆	☆☆☆☆☆
交易批发	通过专业的花卉交易市场进行销售，比如云南斗南鲜花拍卖市场、荷兰鲜花拍卖市场等，或者结合互联网电商和快捷的物流体系，发展 C2C 的花卉电子商务	★	☆☆☆☆☆		☆☆☆☆☆
终端销售	将园艺中心－商场超市－花店结合起来，联合互联网平台，发展花卉销售产业，将“生产－花店”“生产－电商”连在一起	★	☆☆☆	☆☆	☆
花卉景观	将花卉种植与休闲观光相结合，打造创意花卉景观。如园艺景观、大地景观等	★★★	☆	☆	☆☆☆
特色旅游	依托花卉科研、创意花卉景观、小镇特色风貌，延伸拓展花卉美食、花艺生活、特色购物等，发展花卉主题特色旅游产业	★★★★	☆☆	☆	☆☆☆☆☆
花卉深加工	通过科技创新对鲜花进行深加工，延伸产业链，发展花卉衍生品，包括花卉食品、化妆品、香水等	★			☆☆
教育培训	依托花卉科研创新集群优势发展花卉科研与种植技术培训，花艺培训等，为花卉产业的发展提供专业服务平台，培养专业技术人才	★★★★	☆☆		☆☆☆☆☆

以产业链为工具，通过对标分析国际知名花卉生产大国荷兰，以及云南省内花卉种植主产区斗南和红河，精准分析九溪花卉小镇突破的关键点。通过分析可以发现，九溪花卉小镇的比较优势主要体现在发挥科研院所优势在科创研发和教育培训方面突破，并通过打造围绕花卉产业的特色旅游，将主导产业和旅游产业双轮驱动发展。

图 11.8-2　花卉小镇功能构成图

强化主导产业之后，需要进一步延伸主导产业，构建九溪花卉产业体系。通过打造花卉科技、研发、创新核心，搭建孵化、合作两个驱动平台，引进、推广育种育苗、组培快繁、病虫害、采后处理、加工一体化等一系列先进技术，实现新品研发国际化，育种育苗国产化，成果转化在地化。

通过产业延伸，发展花卉相关的会议会展、教育培训、花卉电商、花卉文创、花艺生活、旅游度假等丰富产业类型，并与地方资源相结合，提供餐饮、购物、住宿、休闲娱乐等服务支撑，实现两片区功能互补、融合，带动地方经济发展。

2. 生态特色

以花卉为主导产业将是生态特色构建的机遇与挑战并存。一方面鲜花给人视觉上的舒适感，对生态环境的营造具有积极作用。但同时，花卉的种植将面临多种环境问题。所以生态特色的打造需要着力解决花卉产业伴随的污染问题。

核心问题一：现状污染严重，且存在地质灾害，如何保障水质安全？

根据九溪河沿线 9 个排口的水质监测结果显示，只有矣文河的水质达标，其余 8 个排口均有不同程度的污染，尤其是小冲河、清水河、中营排口 2、小营排口，污染程度达到了劣 V 类。通过对污染成分的分析，目前九溪河水体污染主要是面源污染，来自生活污水和生活垃圾，其次是农业固废。此外玉江断裂纵贯九溪镇全区，第三系软弱岩组地层广泛分布，加上之前过度放牧，山体植被破坏严重，降雨时容易产生滑坡、泥石流等造成河道堵塞。

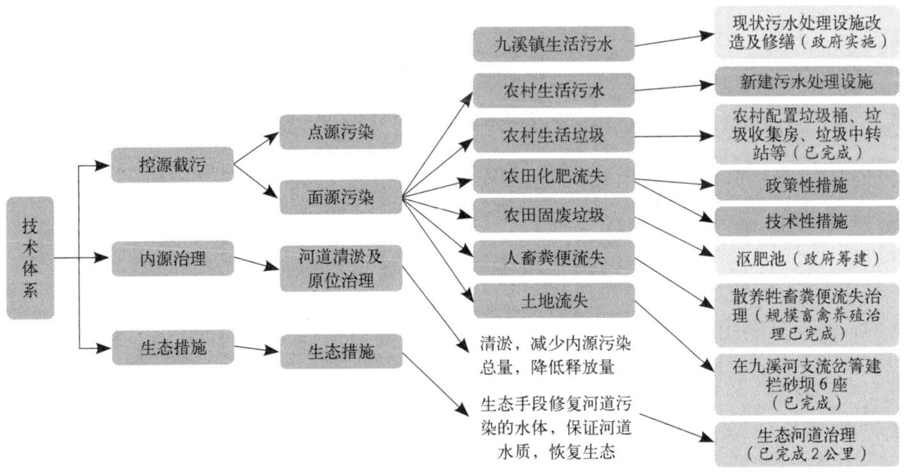

图 11.8-3　环境污染治理体系

核心问题二：环境保护要求高，新增建设项目如何保障污染控制？

亚洲花卉科创谷位于东风水库二级保护区范围内，必须符合国家相关法律法规的要求，禁止新建、扩建向水体排放污染物的建设项目，因此新建、扩建项目必须进行环境评估，对污染排放进行检测。

对策：源头控制、过程治理、终端治理

通过测土配方施肥工程、农田高效节水示范项目、水土流失防治工程等项目的实施，从源头上控制污染的排放；通过截流截污工程，避免农业面源污染直排入河，通过入库河道综合治理工程，避免水土流失，从过程上对污染进行治理；通过城市综合市政设施的建设，包括污水、雨水等管网的铺设，垃圾处理工程，避免污染物进入河道，并通过人工湿地净化工程，从终端上对入库水质进行治理，保障水质安全。

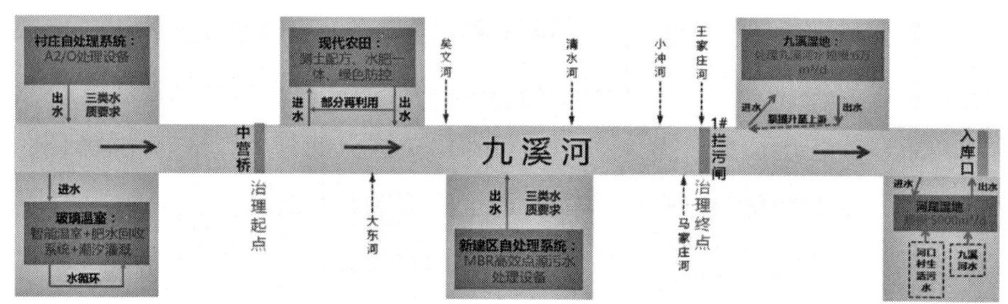

图 11.8-4　九溪河整治综合运行管理图

3. 空间特色

小镇的空间环境营造充分体现花卉主题。针对场地内基本农田多，可建设用地少的制约，通过集约土地利用，将建设用地集中开发集中布局科研办公、会议会展、教育培训等功能，集约利用土地资源；生产用的玻璃温室作为农用设施，不占用建设用地指标。建设综合性多功能建筑，将购物、餐饮、生活服务、文化娱乐、旅游服务等多个功能进行竖向叠加，综合利用土地资源。

另外，研中心片区南部以九溪亚洲花卉论坛建筑为视觉中心，用“基因组带”串联花卉培训学校、精英孵化中心和亚洲花卉科研中心，使之浑然一体。建筑将传统建筑的材质、特点和现代建筑的组合、体量协调融合，让会展片区方便使用且独具当地特色。

图 11.8-5　小镇鸟瞰图

此外，如图 11.8-6 以花卉为主题进行全域设计，将花卉小镇和九溪镇区联通，打造九溪花卉谷。在宏观层面通过大地艺术呈现具有视觉冲击力的花海艺术，给游人以震撼。在微观层面通过景观小品、街道家具的设计，营造花的艺术氛围。

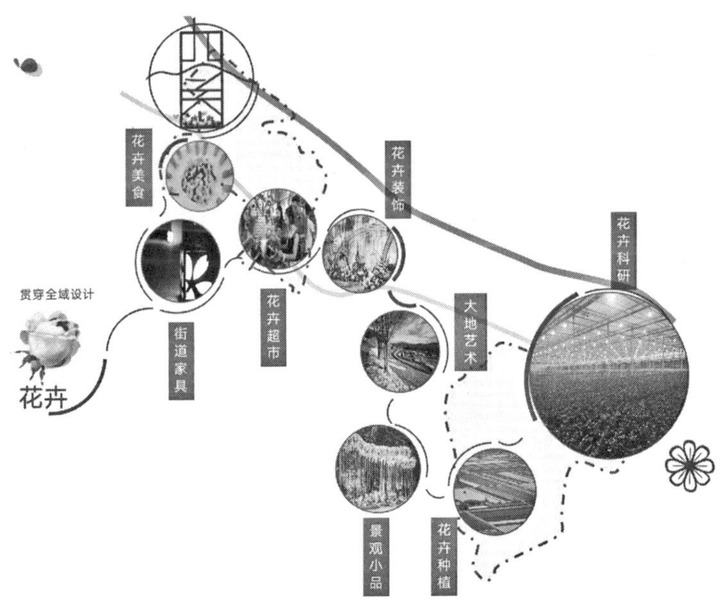

图 11.8-6　花卉全域设计

小镇花卉元素贯穿到吃、住、行等生活和旅游的各个方面，街道的花卉元素装饰，花卉主题的美食，花卉主题的商业超市卖场等，以及具有九溪 logo 和花卉元素的设计内容等，让人置身于梦境般的云花溪谷中。花卉科创谷中大面积的花田种植和温室花卉种植，科研等为花卉的生产提供强大的技术支撑。两个片区有机联合，不仅融入在花卉的运用上，更是对于设计语言的花卉符号的呼应，给予了全域更统一的主题。

11.9 市场驱动，个性化服务塑造特色：山东东营汽车小镇

11.9.1 项目背景

汽车小镇位于山东省东营市西郊现代服务区中心区域，经过多年的发展，已成为黄河三角洲最大的汽车贸易集聚区。从业人员过万，已建成汽车 4S 店 37 家，涉及各类汽车品牌 48 个，汽车销量占全市总量的 60% 以上，2017 年销售总量将超过 40000 辆，营业收入近 60 亿元，基本上已形成了购车 – 纳税 – 上牌 – 保险 – 车贷 – 驾培 – 维修 – 二手车交易的产业集群，先后被省政府评定为“山东省重点服务业园区”“省级先进服务业园区”“省级重点推进的电子商务产业园区”，成为“全省十大商贸流通园区”之一。

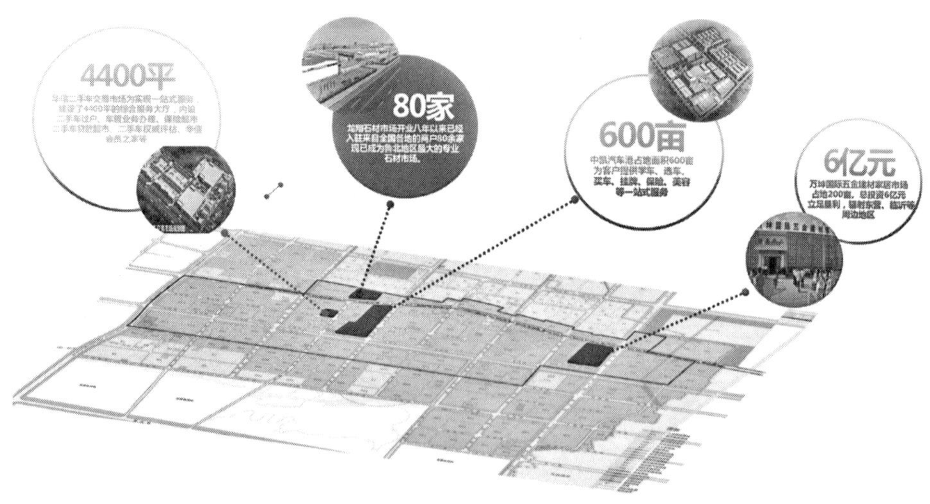

图 11.9.1–1　产业基础

东营西郊现代服务区总体规划中将其定位为汽贸产业组团。汽车小镇产业基础强，然而产业链不够完善，未来发展需补充后续动力。根据《山东省创建特色小镇实施方案》的相关要求，山东省特色小镇的创建需围绕优化产业结构，培植主导产业，拉长产业链条，配套产业集群，做优、做强、做特。

11.9.2　核心思路

1. 产业特色

1）继续做大做深主导产业

汽车小镇规划范围内已建成的汽车 4S 店 37 家，涉及的汽车品牌达 48 个，年销量 40000 辆以上，占全市汽车销量的 60% 以上，是全市规模最大的汽车贸易集聚区。但是由于各销售店各自为营，同时缺乏高起点的汽车品牌和展销窗口，难以进一步规模化经营和精细化运作，缺乏区域竞争优势。汽车后市场服务业处于单一的维修服务业态，难以面对未来客户多样化的需求。

继续做大做深汽车销售产业，向上下游进行产业延伸。打通汽车销售相关产业全向部门，形成汽车“体验－销售－保险－维修－保养－个性化消费”一站式服务和管家式管理。打造统一的 E-Car 小镇服务平台，整合产品、商户、用户、服务、监管等完整的产业信息资源，通过先进的信息技术，以 E-Car 小镇为保障平台，对各种资源进行合理配置。积极拓展汽车小镇的用户覆盖半径，拓展线上线下同步市场。

2）提供市场多样化服务

区域产业厚度不足，缺乏横向延伸区域内基本上形成了购车－纳税－上牌 - 保险车贷－驾培－维修－二手车交易功能，汽车产业主体业态基本成型，特别是汽车销售和汽车维护保养均初具规模。但是区域内产业厚度不足，附加值不高，抗风险能力较弱，缺乏有机整合和多样性，不足以形成乘数效应，对关联产业的示范和带动作用较弱。由于缺少相应的休闲娱乐产业，客户黏度不足，难以形成长久的市场需求，拓展客户层面。

做广汽车产业，产业链横向延伸，为 E-Car 小镇来访的消费者与游客提供多样化的服务，包括汽车主题的观光、餐饮、娱乐、休闲、文化体验等。一方面进一步挖掘产业经济价值，另一方面吸引更多的目标群体激发区域活力，同时亦可强化 E-Car 小镇的主题，并进一步反向促进主体产业的发展。

3）产业与城市环境协同发展

现状城市建设和产业发展缺乏联动，区域内基础设施初步完善，交通网络初具规模，水、电、气、暖设施完备。“智慧园区”建设效果显著。区域内部分产业不符合服务区产业功能，当前城市产业发展对城市建设缺乏反哺作用。城市建设对产业发展缺乏助力作用。

通过产业和城市空间环境的协同发展，强化汽车主体产业的地位，同时通过独特的空间规划和场地设计进一步对 E-Car 小镇的主导产业与延伸产业进行支撑与促进，从而带动经济与空间环境品质的同步发展。

2. 产业策划

1）汽车销售

强化汽车销售产业在汽车小镇产业结构中的主体地位。继续加强品牌汽车 4S 店引进，形成高端车型和普及型不同层次汽车品牌销售格局。扩大二手车交易市场规模，强化中高端二手车交易市场。同时面向未来，通过窗口期积极筹备汽车销售行业 4S 店转型发展。汽车新兴产业：瞄准市场前沿，针对当前新兴汽车后市场产业推动汽车小镇特色产业新型汽车后市场行业发展，从而在产业发展过程中与其他汽车市场形成代差优势。将当前初具规模的汽车贷款、汽车评估、汽车电子产品相关行业通过产业创新对接当前热门的汽车新兴后市场产业。汽车后市场服务：针对当前汽车后市场服务产业水平弱、资质低、产业效应不足等短板。引入汽车维修、美容保养、装饰等汽车相关产业行业引领者和成熟的连锁品牌，通过“引进 - 消化 - 吸收 - 整合”形成汽车小镇特有的汽车后市场服务体系和品牌。

2）衍生产业

衍生产业作为汽车小镇产业结构重要组成部分，一方面通过多样化的业态增强客户黏度和产业广度，拓展客户层次。同时也能从侧面强化汽车小镇主导产业，增强汽车小镇品牌影响能力。包括：文化休闲旅游、汽车主题展会、汽车服务创新、汽车金融创新、汽车信息技术创新、汽车文化创新等。

3）旅游产业

旅游产业作为双轮驱动的产业之一，紧密围绕主导产业。结合汽车小镇主要功能节点和景观轴线，重点发展四条旅游线路：滨水景观小游线：以五六干合排和红线串联儿童休闲娱乐区、滨河栈道平台、湿地小径、汽车工业、滨水平台、红线节点，形成滨水主题的景观。概念购车小游线：以北二路沿街汽车 4S 店和汽车超市、汽车广场为主体的购车主题线路。性小镇核心区小环线：以云桥为骨架，串联博物馆、水之韵广场、微地形乐园、小镇客厅、水岸景观、重点雕塑、公园节点形成的小镇客厅和主题公园的核心小环线。规划未来新能源及生活展区游线：以汽车新兴产业、未来广场展区、低碳生活区、红线为基础的面向未来的新能源及低碳生活游线。同时，如图 11.9.2-1 在游线设计的基础上策划分时令的旅游活动，以惯常性的通过旅游增加小镇人气。

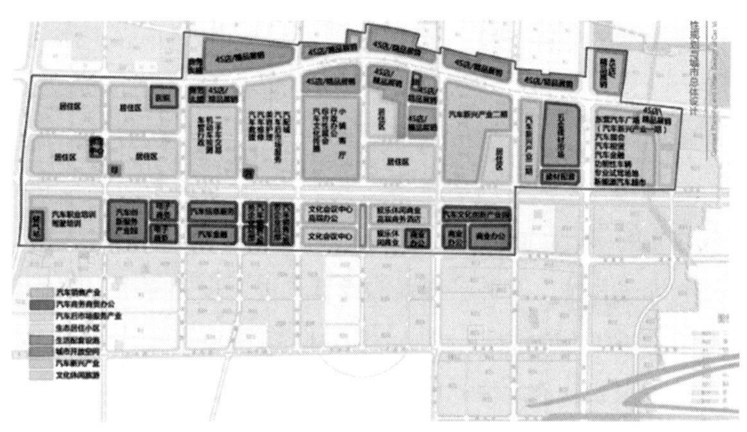

图 11.9.2-1　业态规划布局图

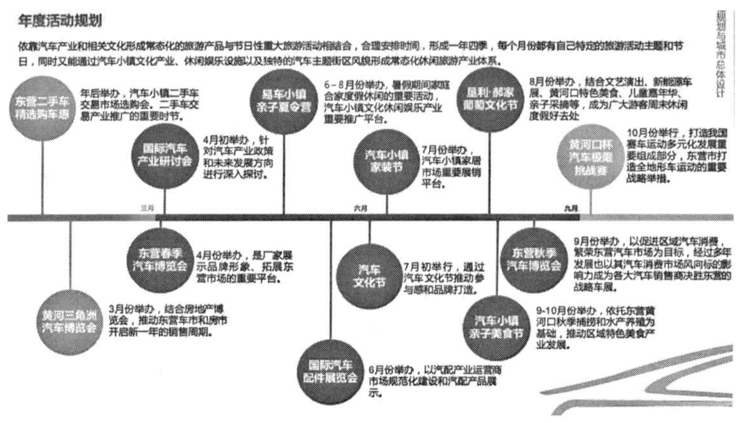

图 11.9.2-2　旅游活动策划

3. 功能结构

通过产业和城市空间环境的协同发展，强化汽车主体产业的地位，同时通过独特的空间规划和场地设计进一步对 E-Car 小镇的主导产业与延伸产业进行支撑与促进，从而带动经济与空间环境品质的同步发展。

汽车小镇现状内部空间问题主要集中在三个方面：

1）缺乏核心，公共空间人群凝聚力不足；

2）空间功能混杂，基地内部已有的建设项目相关性较弱，缺乏联系；

3）空间环境设计粗糙，建筑风貌不协调，景观设计层次单一，缺乏品质。

针对上述问题，方案采取了以下设计策略：

强心——通过设计，重点打造“小镇核心 - 功能核心 - 景观节点”的 E-Car 小镇核心节点体系；

层叠——在立体层面通过功能与景观方面的叠合设计，进一步加强核心的中心性与标识度；

串联——利用特别设计的步道系统串联 E-Car 小镇不同核心节点与功能地块，形成完整的联通网络；

延伸——通过步道、景观、视线的设计，进一步延伸这一联通网络，结合每一个小的空间环境的设计，形成独特的小镇空间序列；

填充——对现状功能地块外围或内部空缺的部分进行设计填充，丰富景观内涵；

编织——通过混合设计手法，有机编织多元景观纹理；

主题——突出 E-Car 小镇设计主题，通过标识、小品、街道家具等的细节设计，烘托 E-Car 小镇的主题，强化整体风貌形象。

小镇分为六大片区，分别为 A 区：文化旅游休闲区，包括小镇客厅、游客服务中心、社区服务与办公、公园与广场、文化会议中心、高端办公与商务酒店等重要项目。B 区：汽车贸易服务区，以汽车 4S 店与汽车精品销售功能为主，提升北二路景观。C 区：汽车后市场服务区，包括 E-Car 汽车服务世界、E-Car 二手车交易中心、汽车电子商务产业园、汽车创新服务产业园、汽车金融产业园、汽车信息产业服务园、汽车贸易服务企业总部以及汽车职业与驾驶培训等功能。D 区：汽车新市场产业区，包括东营 E-Car 汽车广场、E-Car 新能源世界和汽车文化创新产业园、新能源汽车贸易、汽车主题会展、汽车超市、试车竞速、文化创新等功能。R 区：居住区，主要是西苑丽景、和园等 E-Car 小镇内的居住区域。

图 11.9.2-3　总平面图

图 11.9.2-4　功能分区图

4. 空间特色

空间特色的营造上，除了对小镇整个空间尺度和高度的控制，主要通过红线云路系统由北至南分别串联起汽车主题商业街、游客服务中心、社区服务与办公、小镇客厅、滨河公园、文化会议中心、高端办公、综合商业中心、高端商务酒店、花园与广场等主要项目。通过红线云路串联构成了小镇功能主轴，是小镇的功能核心和人气吸引核心。红线云路设计灵感来自于汽车赛道，突出汽车主题。小镇标志性建筑——小镇客厅的改造上也体现对汽车文化的彰显。如图 11.9.2-6 小镇客厅基于现有箱式建筑，为凸显汽车主题，在节约造价的情况下，设计了具有汽车车头造型，又像海中贝壳造型的轻钢上盖，将原有建筑遮盖，最小影响采光的情况下，打造小镇的建筑标识。

图 11.9.2-5 汽车小镇鸟瞰效果图

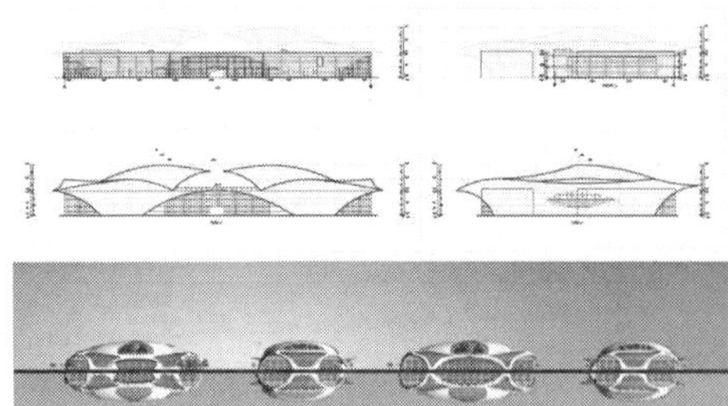

图 11.9.2-6 小镇客厅设计

11.10　特色小镇集聚化发展：天津市京津州河高新技术产业园

11.10.1　项目背景

京津州河科技产业园位于蓟州区南部平原核心位置。产业园规划范围东至塘承高速（规划）、西至州河西生态黄线控制范围、北至京秦铁路、南至上仓镇永昌街，用地面积约 62 平方公里。距离蓟州县城约 7km，距离蓟州新城约 2km。包含 2009 年起成立的蓟州专用汽车产业园与蓟州上仓工业园两个产业园区。目前两个市级示范工业园总面积 28.4 平方公里，已开发建设面积 16.9 平方公里，落地项目 66 个，总投资 292 亿元，形成了相向拓展、联动开发的发展格局，重点发展生物医药、现代装备制造、新能源新材料、绿色食品加工等产业服务功能。

近年来随着北京非首都功能的疏解，产业园迎来了快速的发展机遇。产业园西距北京 88 公里、南距天津 110 公里，通过深度融入京津冀协同发展，强化与北京的同城效应，深耕首都资源，加大对优质外溢资源的承接，北京高等院校、科研院所和北京亦庄开发区的一批项目纷纷落地，蓟州的产业基础更加雄厚。通过引龙头、强链条、促集聚，一批优质高端项目相继进驻，2017 年全年签约重点项目 100 个，其中北京地区项目 70 个。可以说，作为产业园区，地块的区位优势明显，是最重要的发展优势。此外，州河从地块西部流过，当前州河大堤及沿岸支流均种植防护林，宽度从 50 米到 350 米不等，形成重要的生态和景观廊道。

但园区的发展也面临着巨大的挑战。工业用地为现状用地重要组成部分，整体功能单一，产业与产业之间缺乏关联性，没有形成相互关联的产业链关系。需要一定的产业升级，集群效应不突出，没有品牌化的产业集群优势。目前园区主要以现代装备制造和以磁性材料为代表的新材料产业为主。其中装备制造和新材料占园区工业总产值大约 87%，绿色食品和生物医药占 6%，单位面值产值与国内其他同类型成熟产业园相比，但还存在一定差距。在分类上，现状产业发展比较光鲜，但实际上大部分企业为北京疏解来的低端制造业，土地产出效率低、土地利用率低，生产的产品也无明显的比较优势。造成了园区主导产业发展集群尚未形成，规模化效益不明显，技术平台打造较为薄弱、投融资发展模式不健全等问题。

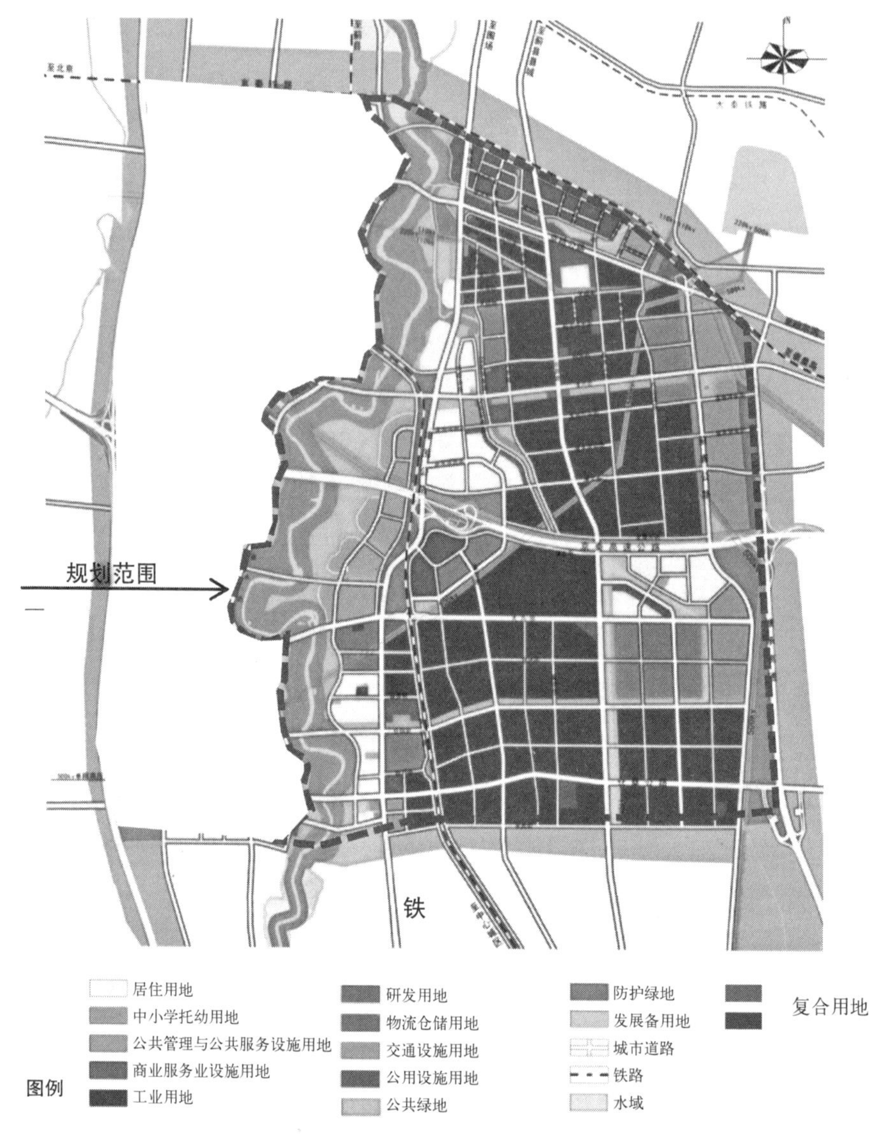

图 11.10.1-1　上版规划用地图

从规划用地图 11.10.1-1 上不难看出，本案在原有规划中按照传统产业园区的模式发展，以于工业用地为主，而且集中连片。这样势必会造成土地的低效利用，同时配套功能分散在外围也，会造成生活的不便，难以形成支撑。还有至关重要的一个难点是破解用地的破碎化问题。上版用地没有充分考虑到现状用地的诸多限制，实际上地块内分布河道红黄线、主要交通线路红线、输水暗渠红黄线、高压走廊及基本农田，将地块冲击的七零八落，集中连片的用地难以实现。此外，州河的滨水空间没有纳入到园区的功能区之中，浪费了这一特天独厚的生态资源。因此，急需突破传统工业园区的发展模式。在客观分析现有优势和挑战的基础上，考虑到场地规划面积较大，设计团队提出了“园中镇、园中园、园中景、园中林”的发展理念，将连片的工业用地分解成子板块，将功能复合的板块打造成若干特色小镇，将占地较大的产业放入自产业园，这样可以留出更多空间植入生态空间和其他功能功能空间。而核心即是在于通过特色小镇提高土地的利用效率和地均产值，集聚高端要素并使丰富园区的各项功能。

11.10.2　核心思路

1. 总体定位

对园区总体定位为：京津生态科技新城、京津冀协同发展示范区、具有区域影响力的国家级科技产业基地及高端服务中心、绿色发展示范价值的健康宜居品质新城。

是彰显州河水系的生态之城：以州河水系为生态核心，以湿地为生态绿廊，塑造景观廊道渗透辐射形成以观光、休闲娱乐等为主要功能的生态之城。

是引领科技创新的智造之城：保留提升现有支柱产业，有计划地发展高端制造业，走“高端引领、技术先进”的智造发展之路。

是充满生长活力的希望之城：完善商务办公、生态休闲、健康养生、居民服务等功能，建设功能齐全的商务配套设施，打造一个充满活力的希望之城。

是塑造环境优美的宜居之城：打造精品生活区，设置生态公园、广场、体育文化等公共服务设施，构建生活空间宜居适度、生态空间秀丽的宜居港湾。

2. 产业特色

州河科技产业园积极响应国家产业发展战略，重点打造智能制造、新材料、节能环保、现代服务业等战略新兴产业，重点打造产城融合高地、城市休闲中心、文旅康养乐园、人文生态标杆。在京津冀协调发展过程中，成为传统工业园区转型升级的典范。首先制定产业发展原则，通过高位、占位、错位、补位、借位等途径，最终达到出位的产业发展目标，形成京津冀协同发展区内的产业品牌和产业园名片。

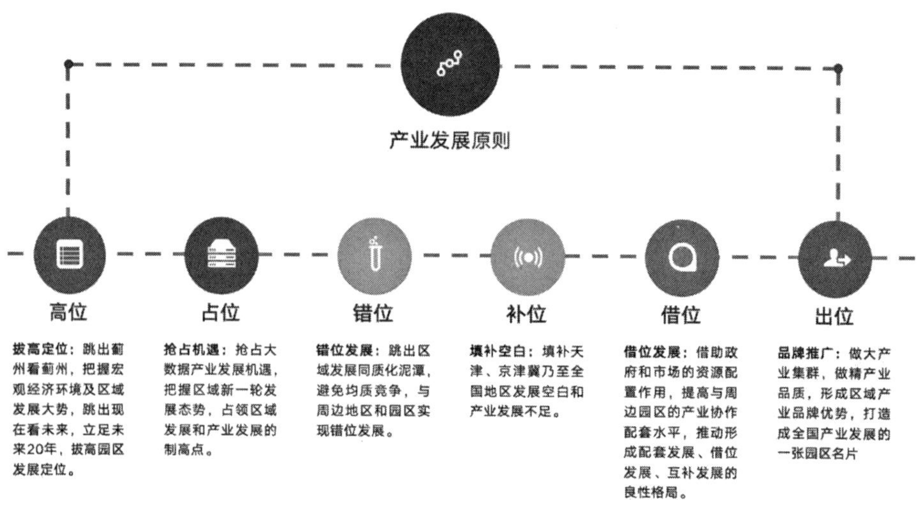

图 11.10.2-1　产业发展原则

在既定产业发展原则下，需要确定产业发展门类和方向。在区域产业转移的背景下，产业发展机会较多，所以严格按照现状产业为判定依据会丧失可能的发展机会。基于这一考虑，产业研究过程中创造性地提出了网筛工具(图 11.10.2-2)，将区域内主体产业统统过筛，留存下来的经过进一步整合形成产业体系。网筛的网眼设置上综合考虑园区的发展趋势、产业基础、区域错位发展、城市发展、科技发展和产业政策导向。

京津州河生态科技城重点打造 3+2 产业集群，包括智能制造产业集群、新材料产业集群、节能环保产业集群和健康产业集群及现代服务业集群。其中，智能制造产业集群包括了新能源汽车和零件制造业、海洋装备制造、智能装备制造业。新材料产业集群包括了新材料产业和光电新材料产业。节能环保产业集群包括了节能环保装备制造和节能环保服务业。健康产业集群包括了健康食品制造、生物医药和健康服务业。现代服务业产业集群包括了生产性服务业和生活性服务业两类。

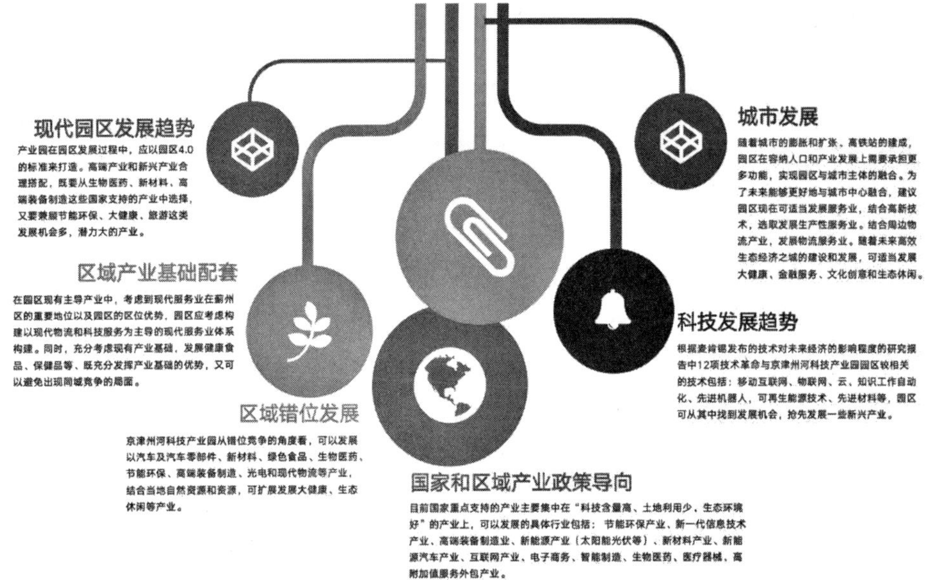

图 11.10.2-2　网筛工具图

智能制造产业集群以智能、自动化、一体化为产业发展导向，以新一代信息技术、人工智能、数字识别技术、自动化技术、光机电一体化技术为核心，以新能源汽车及汽车零部件制造、智能装备制造、海洋装备制造主导的大产业集群。

新材料产业集群以新型光电技术、新材料技术和节能环保技术为核心，大力发展特殊金属功能材料、高端金属结构材料、新型无机非金属材料、前沿新材料等新材料产业。

节能环保产业集群以高性能、节能低耗、清洁环保为产业发展导向，充分利用中交、浙大资源，围绕污水处理、土壤修复、资源循环利用、海水淡化等，构建节能环保技术研发、节能环保设备生产、节能环保服务于一体的产业集群。

健康产业作为支撑产业之一，一方面作为园区配套，一方面形成自身特色，以健康、绿色、为产业发展导向，以生物技术、新型食品加工技术为核心，以食品、医疗器械为主导，包括健康养生、医疗器械内的大产业集群。

现代服务业集群以满足大生产需求、满足高新技术创新需求、满足区域产业升级需求，以及满足区内生产生活人员生态休闲需求为发展导向，以现代物流、生产性服务、生活性服务为主导，涵盖生态旅游的现代服务产业集群。

3. 空间特色

规划方案在充分尊重州河沿线自然环境、地域文化内涵的基础上，统筹布局各类用地，对规划范围内的各类用地重新整合使用充分发挥其最大价值。方案提出了三大愿景，分别是：彰显州河水系的生态之城，以州河水系为生态核心，以湿地为生态绿廊，塑造景观廊道渗透辐射形成以观光、休闲娱乐等为主要功能的生态之城；引领科技创新的智造之城，保留提升现有支柱产业，有计划地发展高端制造业，走“高端引领、技术先进”的智造发展之路；充满生长活力的希望之城，完善商务办公、生态休闲、健康养生、居民服务等功能，建设功能齐全的商务配套设施，打造一个充满活力的希望之城。

规划结构为“一水化魂、双轴聚核、三镇联区、六园筑基、蓝绿润城”。

“一核”，即州河生态科技新城的综合服务核心。“一带”，沿州河国家湿地公园形成的生态景观带。“双轴”，分别沿津蓟公路、京秦高速形成的津蓟功能拓展轴和京秦功能联系轴。“两区”，沿州河生态景观带规划形成的两个生态居住区。“三镇”，即规划形成的三个特色园中镇，分别为智慧水净小镇、州河康养小镇、运河新材料小镇。“六园”，以新能源汽车、电子信息、智能机器人、智能装备智造等为主导的智能智造产业园，以水净产业、环保材料、环保设备等为主导的节能环保产业园，以稀土材料、纳米材料、永磁材料等为主导的新材料产业园，以生物医药、健康食品为主导的健康产业园，以及保税物流产业园和商贸物流产业园。“蓝绿”，基于现状水系和防护绿廊，规划形成多条蓝绿交织的生态网络，将州河生态景观渗透整个新城功能板块，充分体现其生态化新城特色。

依托州河湿地公园优良的自然资源，针对生态州河、科技之城、乐活水岸、宜居港湾的规划愿景，以及产业、空间形象定位，整体勾勒出一个集湿地公园、特色小镇、水系湖泊、产业园区、生态社区等多元的特色空间要素为一体的空间规划结构体系。

整体空间布局策略上，综合考虑公共核心、产业空间、居住空间、公服设施、生态景观的均衡布局，打造产城融合的产业新城。在公共核心的打造上，以中部的新城中心为核心，南北的智慧水净小镇、运河新材料小镇和州

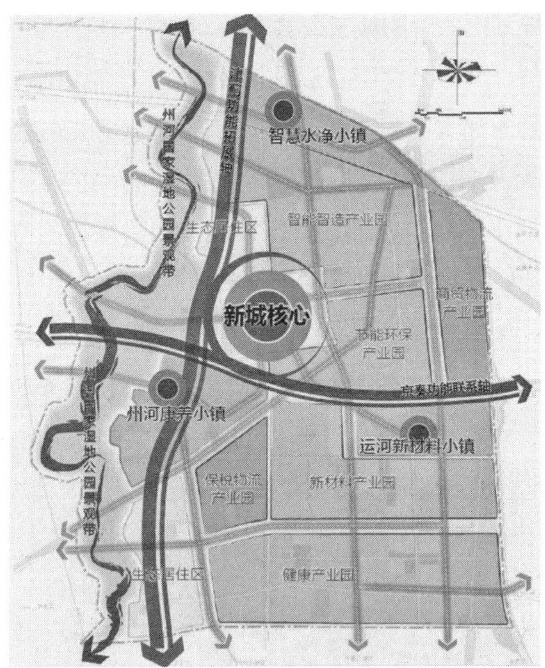

图 11.10.2-3　空间结构规划图

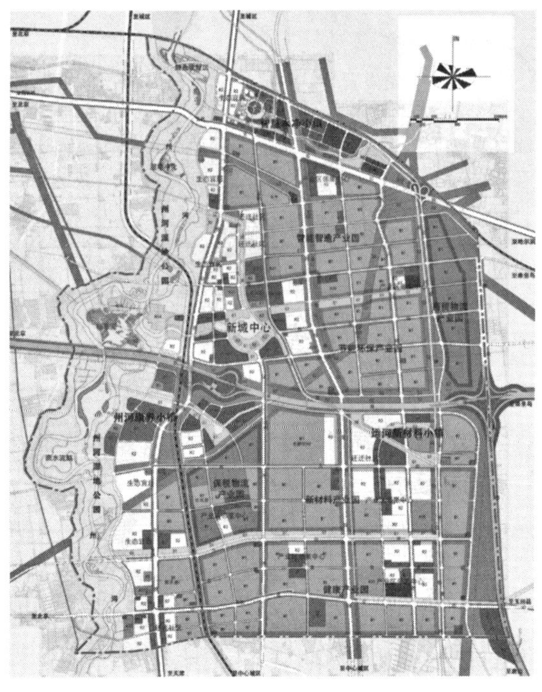

图 11.10.2-4　用地规划图

河康养小镇分别规划次一级的城市公共中心，形成一心引领，三镇辉映的格局，公共设施的布局结合城市公共中心形成新城核心 - 小镇中心 - 邻里中心的三级体系。产业空间的布局方面强调智能制造、商贸物流、节能环保、保税物流、新材料、健康六大产业园的协同布局。生态景观布局上，充分开发场地的蓝绿系统资源，构建生态廊道，形成蓝绿入城，网络纵横的空间结构，居住空间的布局上紧靠片区蓝绿空间设置。

4. 功能特色

规划三级公共活动中心体系构架，上下级中心在服务功能和设施规模上互为补充和支撑，空间上依据各自等级的服务半径形成网络体系。可以形象地概括为：三级能量极点体系，星座状活力网络。

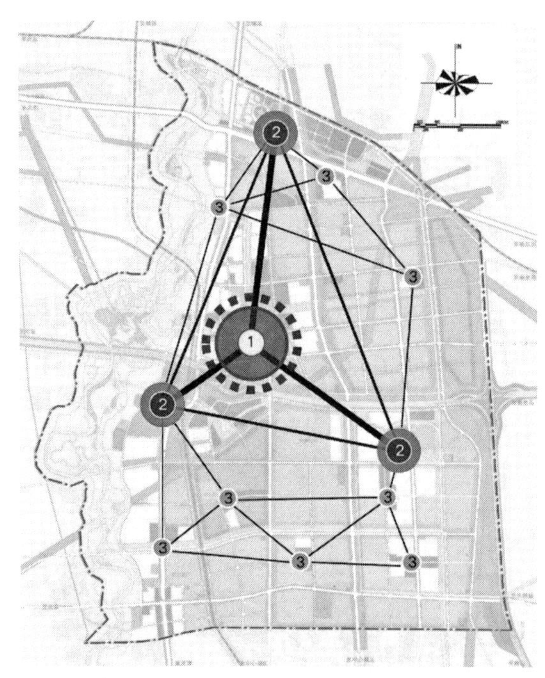

图 11.10.2-5　公共服务体系图

依托京秦高速和津蓟公路的区位交通条件，规划州河生态科技新城的核心，作为第一层级的公共活动中心，主要功能包括生态居住社区、高品质居住区、中央活力区、科技湖、总部办公区、文体中心等。

第二层级的公共中心由三个园中镇中心构成，分别是北部智慧水净小镇中心、州河康养小镇中心和运河新材料小镇中心。该三大中心或综合性，或功能主题性明确，同时又承上启下，在三级体系中起到非常重要的作用。

各生态居住区和产业区的公共中心构成第三级中心层次。其中生态居住区规划 2 个社区公共服务中心，产业园规划 6 个邻里中心。

5. 生态特色

州河科技产业园正是通过树立生态优先的发展战略，通过产业园产业转型和改造升级，实现区域产业绿色发展。同时重点整合绿化和水系，达到绿化提升、生态修复的绿色发展目标。

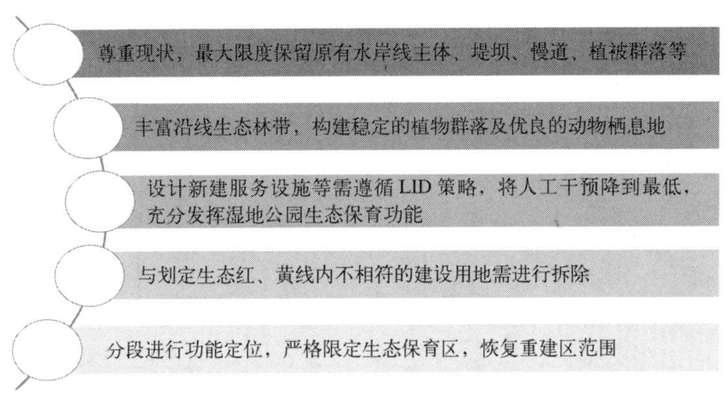

图 11.10.2-6　生态优先策略

规划以州河湿地生态景观廊带为基底，依托良好的自然景观资源，构建廊带为主，点面结合的生态景观总体布局。通过纵横交织的高压走廊网络和交通防护绿廊，营造层次丰富、各具特色的绿化空间，创造集湿地、公园、高压廊道景观为一体的绿化体系。规划以多个特色小镇为基础，打造多个主题公园，丰富地块绿化层次，提升地块整体生态品质。

突出州河的水资源特色，一方面优化州河水环境，最大化提升州河景观品质，规划在良好的水系自然环境基础上，丰富沿线景观植配，打造具有地域特色的生态体系，优化区域生态环境，提升区域景观品质；另外，疏通区域水系，实现各河道间的联通，疏通辽运河、洵河水系，实现与州河的贯通，进一步完善了区域生态水网体系。

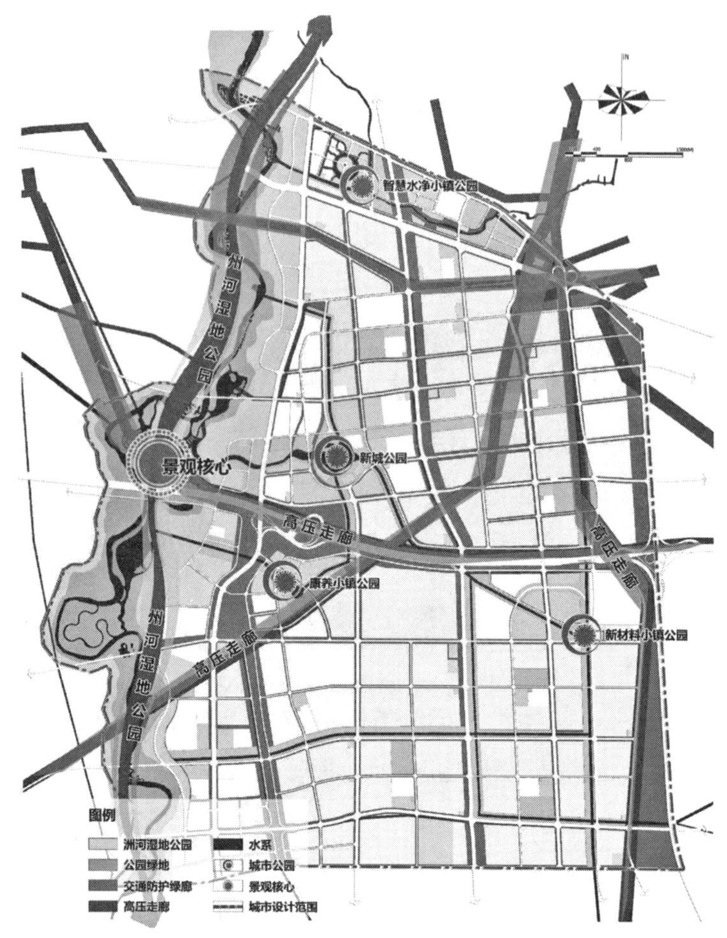

图 11.10.2-7　生态景观空间分析图

在生态空间的营造上，重点保护以州河为主的水系以及沿岸生态林。设计方案以保护生态系统不受破坏为前提，充分利用项目基地所具备现有的人文和自然景观资源以及基础设施，适度开展具有地方特色的游憩体验活动，提高湿地资源的综合利用效率，在满足大众休憩游玩要求的同时，将湿地文化融于娱乐中，提升游客对湿地环境的认知与保护意识。以上效果图展示，在河道生态型优化上，设计生态水泡，这一设计理念一方面强化滩涂景观，生态保育，同时也是适应北方地区季风气候干湿分明的气候特点，体现多样性与特色形态。第二个效果图通过设计挑空栈道，在针叶林下在不妨碍生态连续性的前提下，植入游览乐趣与进入性，增加对大自然的亲近感。

图 11.10.2-8　生态水泡设计效果图

图 11.10.2-9　防护林挑空栈道设计效果图